G. Büchli

2. 1. 08

Marie Heim-Vögtlin –

die erste Schweizer Ärztin

(1845–1916)

Ein Leben zwischen Tradition

und Aufbruch

Verena E. Müller

2007   hier + jetzt, Verlag für Kultur und Geschichte, Baden

Wir danken für die Unterstützung:
Regierungsrat des Kantons Aargau

Schweizerische Gemeinnützige Gesellschaft
Präsidialdepartement der Stadt Zürich
Stadt Brugg
Stiftung der Schweizerischen Landesausstellung 1939 für Kunst und Forschung
Dr. Adolf Streuli-Stiftung, Zürich
Aargauische Gemeinnützige Frauenvereine
Stiftung für Erforschung der Frauenarbeit, Zürich
Chan Schrafl, Maur
Walter Stoll & Co., Kaffee-Rösterei, Zürich
Zonta-Club, Zürich

Dieses Buch ist nach den neuen Rechtschreibregeln verfasst. Quellenzitate werden jedoch in originaler Schreibweise wiedergegeben. Hinzufügungen sind in [eckige Klammern] eingeschlossen, Auslassungen mit […] gekennzeichnet.

Lektorat: Simon Wernly, hier + jetzt
Gestaltung: Christine Hirzel, hier + jetzt
Bildverarbeitung: Humm dtp, Matzingen

©2007 hier + jetzt, Verlag für Kultur und Geschichte GmbH, Baden
www.hierundjetzt.ch
ISBN 978-3-03919-061-4

Inhalt

Einleitung

Für mehrere Generationen war Marie Heim-Vögtlin ein wegweisendes Vorbild. Sie gehörte zu den wenigen Frauen, die an der Landesausstellung von 1939 in der Galerie bedeutender Schweizerinnen und Schweizer mit einem Porträt geehrt wurden. Mit der Neuen Frauenbewegung nach 1968 verblasste ihr Stern. Diese Generation stiess sich daran, dass Marie Heim-Vögtlin keiner politischen Bewegung angehörte, dass sie als verheiratete Frau den Schutz eines prominenten Gatten genoss und dass sie private Wohltätigkeit betrieb, statt eine gerechtere Gesellschaftsordnung zu fordern.

Nachdem diese «Neue» Frauenbewegung ihrerseits ins Alter gekommen ist, fördert ein Blick auf Maries Leben Erstaunliches zu Tage. Genau wie die erste Schweizer Ärztin jonglieren auch heutige berufstätige Familienmütter mit zu vielen Bällen aufs Mal. Marie bewältigte ihren anspruchsvollen Alltag trotz regelmässig wiederkehrenden Migräneattacken. Für sich und ihre Nachfolgerinnen hatte sie das Recht auf Bildung erkämpft. Zahlreiche andere Pionierinnen der alten Frauenbewegung setzten sich ihrerseits für die rechtliche und politische Besserstellung der Frau ein. So veränderte sich in der Schweiz gerade in den letzten Jahrzehnten manches zugunsten der Frauen. Marie hätte sich über das Stimmrecht und die rechtliche Gleichstellung von Frau und Mann gefreut, denn die damalige juristische Benachteiligung der Frau zermürbte sie im Alltag.

Als sich die 23-jährige Marie Vögtlin zum Studium entschloss, hatte sie das Glück, an der Universität Zürich auf verständnisvolle Professoren zu stossen. Solche Männer waren die Ausnahme. Die älteste Schweizer Universität, Basel, liess Frauen erst 1890 zu. Marie stand bereits über zwei Jahrzehnte im Beruf, als der Direktor des Klinischen Instituts für Chirurgie an der Charité Berlin, Ernst von Bergmann, 1896 die Frage nach dem Frauenstudium mit einem Satz abschmetterte: «Ich halte die Frauen zum akademischen Studium und zur Ausübung der durch dieses Studium bedingten Berufszweige für in körperlicher und geistiger Beziehung für völlig ungeeignet.»[1] Im Jahr 1900 gab es in der Schweiz erst 26 Ärztinnen, 1928, im Jahr der ersten SAFFA (Schweizerische Ausstellung für Frauenarbeit), waren von den rund 3300 in der Schweiz praktizierenden Ärzten 128 Frauen, knapp 3,9 Prozent. In den 1930er-Jahren meldete sich gar eine – allerdings einsame – Stimme in der «Schweizer Ärztezeitung», die Frauen seien vom Medizinstudium auszuschliessen und zum Pflegeberuf hinzuführen, um die Konkurrenz unter Ärzten abzuschwächen.

Der stille Held dieser Biografie ist Maries Vater Julius David Vögtlin. Ohne die Unterstützung dieses konservativen Theologen hätte sie nie ihren Weg gehen können. Er verdient umso mehr Bewunderung, als er persönlich ein Gegner des Frauenstudiums war und aus reiner Liebe zu seiner Tochter handelte. Mutig setzte er sich über die Vorurteile seiner Umgebung hinweg. Nicht nur vertraute er seiner Tochter, er war bereit, für ihre Ausbildung ein halbes Vermögen zu investieren. Die Familienkonstellation erwies sich für Marie ebenfalls als günstig: Die ältere Schwester Anna war bereit, dem verwitweten Vater den Haushalt zu führen. Da der Bruder als Kleinkind gestorben war, standen finanzielle Mittel für eine Ausbildung der Tochter zur Verfügung.

Wäre Marie ein berühmter Staatsmann gewesen, hätten öffentliche Amtsstellen rechtzeitig ihre Dokumente gesammelt und archiviert. Bei Privatpersonen ist die Überlieferung mehr oder weniger zufällig. Kurz nach Maries Tod verfasste die Schriftstellerin Johanna Siebel (1873–1939) eine Biografie. Das Buch erlebte sechs Auflagen, und der Verkauf von 12 000 Exemplaren ist ein Hinweis für das Ansehen, das Marie in jener Zeit genoss. Eine Reihe Briefe, die Siebel zitierte, sind heute verschollen.

Bei jenen Briefen, die zum Beispiel im Medizinhistorischen Institut der Universität Zürich erhalten sind, lässt sich Siebels Zuverlässigkeit überprüfen. Alle direkten Zitate sind korrekt, einzig Auslassungen werden nicht angegeben. In der Regel betreffen diese Auslassungen Drittpersonen. In dieser Biografie werden inzwischen verschollene Briefe, die Siebel wörtlich zitiert, als Quelle benutzt.

Johanna Siebel und die Autorinnen und Autoren der zahlreichen Nachrufe betonen, Marie Heim-Vögtlin sei eine wunderbare Hausfrau und keine emanzipierte Frauenrechtlerin gewesen. Sie verstanden es als Kompliment. Spätere Generationen übernahmen diese Wertung unkritisch und machten Marie die Häuslichkeit zum Vorwurf. Wer die Quellen mit heutiger Brille liest, entdeckt eine junge Frau, die das überlieferte Frauenbild radikal in Frage stellte. Dass Marie daneben eine tüchtige Hausfrau und fleissige Gärtnerin war, sollte niemanden erschrecken. Sie war ebenso eine weit überdurchschnittlich sportliche Bergsteigerin, die einige Professoren von der Gleichwertigkeit der Studentinnen ausgerechnet auf strengen Touren überzeugte, wo sie und ihre amerikanische Freundin mehr Ausdauer als die jungen Männer zeigten.

Von Anfang an war sich Marie bewusst, dass sie im Interesse der Frauen nicht scheitern durfte. Als sie die nachgeholte Maturitätsprüfung bestanden hatte, jubelte sie: «*Ich bin doch so froh; niemals dachte ich, dass es so gehen würde; mehr froh noch wegen der Frauen im allgemeinen als wegen mir selbst.*»[2] Diese Vorbildfunktion war nicht immer einfach.

Maries Gatte, Albert Heim, war bedeutender Geologe und Kynologe und wichtiger Professor am Polytechnikum (ab 1911 Eidgenössische Technische Hochschule ETH). Die Familie überliess seinen und den Nachlass des Sohnes Arnold der ETH. In diesen Nachlässen befinden sich Dokumente, die sich direkt auf Marie Heim-Vögtlin beziehen. Andere Papiere sind indirekt mit ihr verknüpft, wie die betont wissenschaftliche Chronik der Hochzeitsreise oder das Tagebuch, das der Vater über seinen kleinen Sohn Arnold verfasste und das einen Einblick in Alberts Gemütsleben erlaubt. Im Medizinhistorischen Institut der Universität Zürich sind vor allem Dokumente aus der Studienzeit verfügbar.

Mehr noch als heute lebten die Menschen im 19. Jahrhundert in einem engmaschigen Netz. Auf kleinem Raum wohnte man nahe bei-

Lauter tüchtige Hausfrauen: Die Schwestern Roth aus Lenzburg, später Elise Ringier-Roth und Emilia Louise Tobler-Roth, Trogen, waren mit Marie befreundet. Im Album für Arnold gibt es immer wieder knappe Hinweise auf Begegnungen. Marie, zweite von links, sitzt im Vordergrund.

einander, so dass es kaum private Rückzugsmöglichkeiten gab. Innerhalb der Familie besuchte man sich regelmässig oder pflegte fortwährend schriftlichen Kontakt. Marie schrieb beispielsweise ihrer Schwester Anna jede Woche einen Brief. Diese Korrespondenz ist zum grössten Teil verloren, weshalb die Persönlichkeit Anna Vögtlins blass bleiben muss. Von Maries Vater ist kein einziges privates Schriftstück überliefert.

Freundinnen waren wichtige Vertraute. Glücklicherweise schrieb Maries Jugendfreundin Marie Ritter aus Schwanden ihre Lebenserinnerungen auf, die einen ausgezeichneten Einblick in das Leben einer unverheirateten, hochintelligenten Frau ihrer Epoche erlauben. Hätte Marie keine Gelegenheit zum Studium gehabt, wäre ihr Leben vielleicht in ähnlichen Bahnen verlaufen. – Für die historische Überlieferung wirkte sich der frühe Tod von Maries amerikanischer Studienfreundin Susan Dimock ebenfalls günstig aus. Die geschockten Freunde sammelten Erinnerungen und veröffentlichten sie als «Memoir», das Einblicke in Studien- und Arbeitsbedingungen jener Zeit gibt.

Andere Freundinnen Maries kennen wir höchstens mit Namen. So gab es mehrere Schwestern Roth aus Lenzburg, die gemäss Alberts Kindertagebuch als «Frau Tobler-Roth oder Frau Ringier-Roth» zu Besuch kamen, aber weiter nicht fassbar sind.

Verschiedene Männer spielten in Maries Leben eine grosse Rolle. Mit ihrem Vater muss sie zutiefst verbunden gewesen sein. Ihr erster Verlobter, Friedrich Erismann, öffnete ihr den Blick auf eine grössere Welt. Als er sie verliess, um Nadejda Suslova, die erste russische Ärztin zu heiraten, fand Marie nach einer schweren Krise die Kraft, das Leben in die eigene Hand zu nehmen. Ihr Ehemann Albert Heim liebte seine Frau und legte ihr keine Steine in den Weg. Seine eigene Berufstätigkeit nahm ihn allerdings voll in Beschlag, sodass Marie in vielem auf sich selbst gestellt war. Eine enge, teils recht konfliktreiche Beziehung verband sie mit ihrem erwachsenen Sohn Arnold. Ihre Freundschaft mit dem Vater ihres Pflegekindes, Johannes Hundhausen, lässt sich nicht mehr dokumentieren, war aber zeitweise sehr herzlich.[3]

Maries Leben spielte sich vor dem Hintergrund eines rasanten politischen und gesellschaftlichen sowie wirtschaftlichen und technischen Wandels ab. In ihrem Leben spiegelt sich immer wieder diese bewegte Epoche. Marie war zwei Jahre alt, als die erste Eisenbahn zwischen Zürich und Baden den Betrieb aufnahm. Am 3. Oktober 1898 überquerte ihr Gatte im Ballon «Wega» die Alpen, vier Jahre nach ihrem Tod kaufte sich Sohn Arnold 1920 ein Flugzeug. Marie erlebte die Einführung der Elektrizität und des Telefons. Sie war drei Jahre alt, als der Bundesstaat gegründet wurde, als Studentin verfolgte sie 1871 die Entstehung des deutschen Kaiserreichs mit, sie starb mitten im Ersten Weltkrieg, der den Untergang des alten Europa einläutete.

Als Marie zum Studium nach Zürich kam, zählte die Stadt rund 20 000 Einwohner. Im Jahr von Arnolds Geburt, 1882, verkehrte in Zürich das erste Rösslitram. Mit der Eingemeindung der umliegenden Dörfer – auch Maries Wohnort Hottingen gehörte ab dem 1. Januar 1893 zur Stadt – schnellte die Einwohnerzahl auf 121 057. 1901 lebten bereits 150 000 Menschen in Zürich, 1912 über 200 000.

Solche Veränderungen kannten nicht nur Gewinnerinnen und Gewinner. Gegen Ende des 19. Jahrhunderts taten sich Frauen zusammen, um den Menschen auf der Schattenseite des Lebens beizustehen. Marie Heim-Vögtlin nahm ihre soziale Verantwortung wahr und engagierte sich nicht nur in privater Wohltätigkeit, sondern auch in der Sittlichkeits- und Abstinenzbewegung. Als eine der Gründerinnen der Schweizerischen Pflegerinnenschule schuf sie ein Frauenwerk, das rund 100 Jahre Bestand hatte. Die Privilegien, die sie dank ihrer akademischen Ausbildung genoss, empfand sie – ganz im Geist des 19. Jahrhunderts – stets als Verpflichtung.

Das Kind vom
Land – Leben in Bözen

«Ich erlebte meine ganze Kindheit auf dem Lande. Da ich in dem einsamen Dorfe Bözen keine Gespielen hatte, so suchte ich meine Vergnügungen in Feld und Wald und es ist wohl dieser Umstand, dem ich meine spätere Liebe zu Naturwissenschaften verdanke. Die Freude meiner frühesten Kinderjahre, zu denen meine Erinnerung zurück reicht, waren Blumen und Wurzeln auf Wiesen und Feldern zu Hausmitteln zu suchen; ich sammelte Schneckenschalen von allen Arten, erzog Raupen zu Schmetterlingen, beobachtete die verschiedenen Arten von Ameisen und brachte ihnen allerlei Futter [...].»[1] Mit dieser Beschreibung einer idyllischen Welt beginnt die 25-jährige Studentin Marie Vögtlin einen Lebenslauf, den sie für die Aargauer Erziehungsdirektion schrieb.

Am Zürcher Schreibtisch erinnert sich die junge Frau 1870 an die Abgeschiedenheit ihres Dorfes, an das Fehlen seelenverwandter Freundinnen, an beglückende Naturerlebnisse, an erste wissenschaftliche Neugier. Dann kokettiert sie mit Wissen, das sie sich wohl vor nicht allzu langer Zeit erworben hatte: *«Die Glanzpunkte meiner Tage waren die Entdeckungsreisen auf die benachbarten Hügel, wo ich in glühender Sonne stundenlang umher kroch, um die im Jura häufig versteinert vorkommenden Ammonites und die gegliederten Stiele des Haarstern Cuerium liliformis zu suchen.»*[2] Maries Liebe zur Botanik begleitete sie ein Leben lang, wie Briefe aus der Studienzeit und Fotos der alten Frau belegen.

An ihre Schwester Anna Vögtlin schrieb Marie während Jahrzehnten jede Woche einen Brief, die Korrespondenz ist grösstenteils verschollen. Anna besorgte den Haushalt ihres verwitweten Vaters bis zu dessen Tod.

Marie Vögtlin kam als jüngstes Kind ihrer Familie am 7. Oktober 1845 im Pfarrhaus des «einsamen Dorfes» Bözen zur Welt. Das Aargauer Strassendorf Bözen liegt westlich des eigentlichen Bözbergs, damals die kürzeste Landverbindung von Zürich nach Basel. Bis heute sind in der Nähe Spuren der alten Römerstrasse sichtbar; völlig im Abseits, wie es dem kleinen Mädchen schien, lag Bözen also nicht.

Die Volkszählung von 1850 zeichnet ein buntes Bild von Maries Umfeld. Die Statistik führt neben der fünfjährigen Marie ihre Mutter Henriette Vögtlin-Benker (*1802), den Vater, Pfarrer Julius David Vögtlin (*1813), die zwei Jahre ältere Schwester Anna (*1843) sowie die Dienstmagd Elisabeth Brändli (*1799) als Bewohnerinnen und Bewohner des Hauses auf – für damalige Verhältnisse eine ausgesprochene Kleinstfamilie. Der ältere Bruder Julius (1842–1843) war im Alter von knapp einem Jahr gestorben und bleibt unerwähnt. – Das Pfarrhaus selbst wurde 1824/25 als schlichtes, klassizistisches Gebäude errichtet. An der Rückseite befindet sich eine Holzlaube über vier dorischen Eichen-Säulen.[3] In Maries Kindheit war die Liegenschaft recht modern, aus heutiger Sicht wirkt sie romantisch und bescheiden.

Am Stichtag der Volkszählung hatte die Gemeinde 539 Einwohner, die vornehmlich in Landwirtschaft und Rebbau – rund 50 Hektaren – tätig waren. Während Maries Kindheit besserten zahlreiche Haushalte ihr mageres Einkommen mit dem Zurichten von Stroh für die Strohindustrie auf.[4]

In Bözen lebten der Gemeindeschreiber, je ein Wagner, Krämer, Küfer und Steinhauer, zudem jeweils ein Drechsler, Wegknecht, Stationsadjunkt, Bäcker und Schmied. Es gab je zwei Metzger, Zimmerleute und

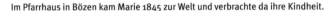

Im Pfarrhaus in Bözen kam Marie 1845 zur Welt und verbrachte da ihre Kindheit.

Schreiner, Näherinnen und Maurer, ebenfalls zwei Wirte und zwei Postillione (Postkutscher). Später wurde Marie Zeugin des Eisenbahnbooms, doch während ihrer Kindheit bedeutete die Pferdepost Mobilität.

Die Schneider waren zu viert, man zählte diverse Dienstmägde, Dienstknechte sowie Lumpensammler-Landarbeiter. Der Pfarrer mit seinem Siegrist und schliesslich ein Johann Heuberger (*1764), der als Beruf «Capitalist» angab, waren vermutlich zusammen mit dem «medicinischen Doktor», dem 1817 geborenen Johann Gottlieb Märk, so etwas wie die Prominenz des Ortes. – Im Dorf lebten auch einige Fremde: Vier Dienstknechte, zwei Dienstmägde und die beiden Postillione stammten aus dem benachbarten Grossherzogtum Baden. – Am Stichtag hielten sich andererseits 20 Bözener im Ausland auf, 19 lebten in Amerika und einer in Frankreich.[5]

Die zwei Schullehrer betreuten jeder eine Abteilung, die Unter- und die Oberstufe. 1825 hatte Bözen diese Aufteilung eingeführt und für die Oberstufe Johannes Kistler eingestellt. Dieser war einer der ersten Aargauer Schulmeister, der eine fachliche Ausbildung im damals neu gegründeten Lehrerseminar besucht hatte. Seine Klasse zählte jeweils zwischen 60 und 70 Kinder. Zu Beginn seiner Laufbahn erhielt er eine Entschädigung von jährlich 130 Franken. Über fünf Jahrzehnte prägte er das Schulleben, erst am 28. Mai 1878 ging er in Pension.[6]

Unter mühseligen Bedingungen produzierten Kleinbauern auf winzigen Flächen für den Eigenbedarf. Im Dorf gab es zudem eine Anzahl Rebberge. 1866, zwei Jahre nachdem Marie mit ihrer Familie Bözen verlassen hatte, fand eine Viehzählung statt. Sie erlaubt einen Blick auf die wirtschaftlichen Verhältnisse. In Bözen lebten im Stichjahr 1866 82 Kühe, 99 Schweine und 85 Ziegen, jemand besass zwei Schafe, keiner der Bauern hatte ein Pferd.[7] Der Charakter dieses Viehbestands deutet auf ein armes Dorf, man zählte mehr Ziegen als Kühe, die Milch diente in erster Linie der Selbstversorgung. – Im April 1902 machte Marie mit ihren Kindern einen Ausflug nach Bözen und zeigte ihnen ihr Geburtshaus und «Grossdättes» Kirche. Ihr Sohn Arnold hielt das Ereignis fotografisch fest: Noch zu Beginn des 20. Jahrhunderts holten die Frauen Wasser am Dorfbrunnen.[8]

Im April 1902 fotografierte Maries Sohn Arnold auf einem Familienausflug den Dorfbrunnen in Bözen. Noch immer holten die Frauen hier das Wasser.

Die kleine Pfarrerstochter ging nicht nur in der freien Natur auf
Entdeckungsreise, sondern half – wie die Bauernkinder ihrer Umgebung – tüchtig mit: «*Daneben arbeitete ich viel auf dem Feld mit unsern
Tagelöhnern, und mein grösster Stolz war, wenn ich ebenso schwer gelade-
ne Kartoffelkörbe, ebenso grosse Garben wie unsere Nachbarskinder nach
Hause tragen konnte.*»[9] Ihre Biografin Johanna Siebel berichtet über
Maries Kindheit: «Die kleinen Mädchen wurden streng gehalten, mussten stundenlang nähen und stricken, und für geringfügige Vergehen wurden sie mit Freiheitsstrafen bedacht.»[10] In Maries Lebenslauf für die Aargauer Regierung sind Handarbeiten kein Thema. Für eine junge Frau
waren solche Fertigkeiten selbstverständlich und, im Gegensatz zu den
Naturbeobachtungen, für Maries angestrebtes Berufsziel unerheblich.

Die sonnige Erinnerung an das Bözen ihrer Kindheit steht in merk-
würdigem Gegensatz zu tragischen Vorfällen, die in jenen Jahren den
Kanton Aargau und die künftige Schweiz erschütterten. In Maries Geburtsjahr schlossen sich die katholischen Kantone zum Sonderbund zusammen – ein Entscheid, der 1847 den bislang letzten innerschweize-

rischen Bürgerkrieg auslöste. Erst nach dem Sieg über die «Sonderbünd-ler» war ein moderner Bundesstaat möglich, gab es Platz für die neue Schweiz. Ob die dreijährige Marie «hinter den sieben Bergen» etwas davon mitbekam? Ihre etwas ältere Freundin Marie Ritter (1842–1933) beschrieb in ihren Lebenserinnerungen den Abmarsch der Soldaten in ihren farbigen Uniformen.

Doch zurück ins Jahr 1845. Damals vernichtete eine Pilzkrankheit, die Braunfäule, europaweit die Kartoffelernte. Innert weniger Wochen wurden grüne Felder braun, die Erdäpfel schrumpften schon im Boden und waren ungeniessbar. – Bereits seit rund hundert Jahren waren Kartoffeln im Aargau ein Hauptnahrungsmittel der Kleinbauern und Kleinhandwerker. Deshalb hatte die Kartoffelfäule vor allem für die arme Bevölkerung verheerende Folgen. In zahlreichen Gemeinden mussten Sparsuppenanstalten die Menschen vor Hunger und Krankheit bewahren. Diese Katastrophe läutete eine Auswanderungswelle ein. Die Missernte von 1850 war ein weiterer Rückschlag für arme Dorfbewohner. 1854, auf dem Höhepunkt der Auswanderung, suchten 41 Bözener ihr Glück in Übersee.[11]

Wie erwähnt, war Marie im Lauf ihres Lebens Zeugin, wie die Schweizer Industrie aufblühte und wie ihre Heimat zum Eisenbahnland wurde. 1847 fuhr die sogenannte Spanischbrötlibahn zwischen Baden und Zürich. Während ihrer Kindheit stritt man sich heftig über die Frage des Verlaufs der Bahnlinien. Grosse wirtschaftliche und lokale Interessen standen auf dem Spiel. Durch welche Gegenden sollte beispielsweise die Bahnlinie von Baden in Richtung Basel führen? Die Zürcher «Handels- und Gewerbezeitung» kommentierte: «Der Plan [einer Bözbergbahn] erhält eine europäische Wichtigkeit. Der diametrale Handelsweg über die Landenge von Suez nach Ostindien kann für den Westen Europas keine kürzere Route einschlagen.»[12]

Maries Landschaft als Teil der grossen Welt – ein Punkt auf der Landkarte zwischen Paris und dem 1869 eröffneten Suez-Kanal? Maries Bözener Träume waren handfester. In jenem Jahr 1869 schrieb die Studentin aus Zürich an ihren Vater, sie habe von der Pfarrwahl in Bözen geträumt: «*Am Himmelfahrtstag früh träumte ich so lebhaft, ich war in der Kirche von Bözen und sah, wie man die Stimmen zählte und Herr*

Keller hatte die Mehrheit für sich.»[13] Jakob Keller wurde tatsächlich gewählt.

Während ihres ganzen Lebens blieb das Dorf in Maries Briefen gegenwärtig. Wenige Wochen vor ihrem Tod bat sie ihre Schwester Anna um Hilfe: «*Wo muss man dies Jahr Härdöpfel hernehmen? [...] Wie steht es wohl damit in Bözen? Haben sie gute und übrig zum Verkaufen? Ich würde ja den höchsten Preis bezahlen. Und dann nimmt mich wunder, wie es dort dem Chüeli geht.*»[14] Wie in ihrem Geburtsjahr waren auch 1916 die Kartoffeln im Boden verfault.

Die Eltern:

Henriette Benker

und Julius David

Vögtlin

Maries Mutter Henriette Benker stammte aus einer Thurgauer Theologendynastie. Ihr Vater – Maries Grossvater – Johann Ulrich Benker[1] (1766–1850) war Theologe wie schon zuvor sein Vater, sein Grossvater und der ältere Bruder. Einzig der jüngere Bruder Conrad entzog sich der Familientradition und wurde Arzt. Gute Stellen waren damals rar, junge Theologen warteten oft jahrelang auf ein geregeltes Auskommen und sahen sich gezwungen, eine Familiengründung immer wieder aufzuschieben. In Benkers Heimatstadt Diessenhofen hatte sich bereits Johann Ulrichs Bruder Leodegar niedergelassen, als sich mit dem Untergang des Ancien Régime Johann Ulrich Benker eine unerwartete Karrieremöglichkeit eröffnete.

Nach dem Einmarsch der französischen Truppen brach 1798 die Alte Eidgenossenschaft zusammen. Die meisten Berner Theologen, die bis anhin die kirchlichen Ämter im Aargau besetzt hatten, zogen sich überstürzt aus dem ehemaligen Untertanenland zurück.[2] Die militärische Besetzung brachte viel Leid ins Land, doch eröffneten die Wirren manchen Menschen auch neue Perspektiven. Maries Grossvater nutzte seine Chance, verliess die thurgauische Heimat und wanderte aus.

Ein Blick auf Benkers Stammbaum zeigt eine Familiengeschichte, wie sie für jene Epoche typisch ist. Innerhalb von 24 Jahren brachte Johann Ulrichs Mutter neun Kinder zur Welt. Susanne Benker-Huber,

Maries Urgrossmutter, wurde 39 Jahre alt und starb vermutlich in Zusammenhang mit der Geburt ihrer jüngsten Tochter. Drei Buben und drei Mädchen hatte sie als Kleinkinder verloren, nur drei Söhne – die beiden Theologen und der Mediziner – erreichten das Erwachsenenalter. Beim Tod seiner Mutter war Johann Ulrich elf, sein jüngster Bruder, der spätere Arzt, ein Jahr alt. Sterben war in jener Zeit allgegenwärtig und nicht wie heute mit Alter oder Gebrechlichkeit verknüpft.

Johann Ulrich Benker hatte in Zürich und Halle Theologie studiert. Von 1787 bis 1800 wirkte er in seiner Heimatstadt Diessenhofen, dann setzte er seine Laufbahn als Provisor in Brugg fort. 1801 wurde er Lateinlehrer und Klasshelfer. In Brugg kam 1802 die Tochter Henriette, Maries Mutter, zur Welt. Drei Jahre später verheiratete sich Johann Ulrich zum zweiten Mal.[3] 1808 schaffte Benker den Sprung ins Pfarramt Bözen, 1813 verpflanzte er seine Familie nach Schinznach-Dorf.

Bis zu ihrer späten Heirat lebte und arbeitete Henriette Benker im elterlichen Haus. Nach der Kindheit in Bözen verbrachte sie ihre Jugend in Schinznach-Dorf, wo der Pfarrer damals gleichzeitig auch Zivilstandsbeamter, Schulinspektor und Sittenrichter war. Als einziger Auswärtiger hatte Johann Ulrich Benker im Sittengericht allerdings einen schweren Stand. Niemand wollte sich mit Wirtsleuten anlegen, die sich nicht an das Gesetz hielten. So donnerte er am 28. November 1813 von der Kanzel: «[…] ein solches Unwesen ist besonders in der gegenwärtigen Zeit sündlich, wo Gottes Führsehung uns durch das Stillestehen der Gewerbe, durch Misswachs in den Weinbergen und durch die Gefahr, in der sich unser Vaterland befindet, vom herrschenden Leichtsinn heilen und zum Ernst, zur Mässigkeit und Nüchternheit führen will.»[4]

Benkers Weltbild stand im Einklang mit seiner Zeit. In der aargauischen Kirche war in der Predigt zu Herzen gehende Erbauung nicht gefragt: «Vernunftgemässe Tugendlehre und staatserhaltende Pflichterfüllung waren die Hauptthemen.»[5]

Die folgenden Jahre brachten neues Elend. Mit der Verbannung des Kaisers nach St. Helena war die napoleonische Epoche 1815 endgültig zu Ende, doch konnten die Europäer noch immer nicht aufatmen. 1816 herrschte nasskaltes Wetter: «An keinem Baum war Obst zu finden, die Weinreben blühten spärlich im August, die Trauben erfroren vor Michaeli, die Kornernte begann Ende August, [...] der Hafer wurde im Christmonat und im Jänner noch unter dem Schnee hervorgesucht. Die Kartoffeln waren verfault, das Futter vergraut.»[6] Nicht nur die bisherigen Armen, auch rechtschaffene Familienväter gerieten in Not. Das Pfarrhaus war gefordert.

Pfarrer Benker empfahl die Verteilung der sogenannten Rumfordischen Suppe und anerbot sich, «dieselbe in seinem Hause und von seinen eigenen Leuten bereiten zu lassen.»[7] Es meldeten sich 52 Familien, an die im Februar 1817 pro Tag 133, im März 169 und im April 183 Portionen ausgeteilt wurden.

Die Rumfordische Suppe war eine Armenspeise, die nach dem Rezept des Amerikaners B.Thompson – «Graf Rumford» – gekocht wurde. Im Protokoll der Armenpflege beschreibt Benker die Zutaten: «Es wurde beschlossen, unter den verschiedenen Rezepten dasjenige auszuwählen, welches die Aargauische Kulturgesellschaft bekannt gemacht hat. Es besteht dasselbe für 100 Portionen aus 38 Maass Wasser, 6 Mässlein Habermehl, 8 Mässlein Erdäpfeln, ½ Pfund Anken, 1 Pfund Salz und 6 Pfund Brot.»[8] Mit keinem Wort werden die Frauen des Hauses erwähnt, die diese grosse Zusatzarbeit leisteten.

Benker vertrat eine harte Linie. Teuerung und Hunger hatten in diesem Unglücksjahr 1817 sieben Kinder veranlasst, täglich Lebensmittel zu stehlen. In der Schule wurden sie mit der Rute bestraft, ihre Eltern vor die Armenpflege zitiert, der Pfarrer hielt eine Predigt, alles umsonst. Schliesslich verfügte der Oberamtmann auf Bitte Benkers, «dass der Landjäger die ertappten sieben Kinder vor Anfang des Morgengottesdienstes zur Kirche führen, dieselben in dem Chor auf eine besondere Bank setzen, nach vollendetem Gottesdienst aber sie vereint mit ihren Vätern und Müttern in Gegenwart der ganzen Gemeinde vor das ehrenwerte Sittengericht stellen soll [...].» Zum Schluss kommentiert der Pfarrer: «Dies geschah an dem heutigen Tage, zur Zufriedenheit und Sicherstellung aller Rechtschaffenen und hoffentlich zur Warnung so vieler [...].»[9]

Im Alter von 63 Jahren traute sich Benker letztmals eine neue Aufgabe zu. Er liess sich 1829 nach Schöftland wählen, wo er 1850 im Amt starb. In seinem neuen Wirkungskreis betreute er fast 4000 Gläubige, ein Riesenpensum für einen älteren Herrn, kein Wunder also, dass ihm ein junger Vikar wie Julius Vögtlin zur Seite stehen musste. Zudem hatte Benker allerhand Ärger mit seinem Umfeld. Mit der Schulpflege stritt er sich wegen der Ansetzung des Konfirmandenunterrichts, der mit dem Stundenplan der Bezirksschule kollidierte. Auch der Staat machte ihm gelegentlich das Leben schwer. So sollte die Pfarrscheune in ein Schul- oder ein Spritzhaus umgewandelt werden.[10] Trotzdem war er mit seinem Schicksal nicht unzufrieden. Es wäre undankbar gewesen, den Kanton Aargau zu verlassen, da habe er viel Freundschaft und Zuneigung erfahren, schrieb er neun Monate vor seinem Tod.[11]

Der Bildungsstand der männlichen Angehörigen der Familie Benker beeindruckt. Dies umso mehr, als damals ein Grossteil der Bevölkerung weder lesen noch schreiben konnte und der Besuch der Universität ein Vermögen kostete. Immerhin gab es in Diessenhofen eine ausgezeichnete Lateinschule, sodass die Grundausbildung lokal gesichert war. Als sich die Thurgauer in den 1830er-Jahren ernsthafte Gedanken zur Verbesserung der Lehrerbildung machten, organisierten die Verantwortlichen aufgrund der Lateinschule an diesem Ort einen ersten Kurs. Die Behörden vertrauten dem Ortspfarrer Leodegar Benker den erfolgreichen Lehrgang an. Leodegars Sohn wandte sich als Theologe ebenfalls der Pädagogik zu. Henriette Benker kannte diesen Cousin von seinen Besuchen in Schinznach-Dorf.[12] Er wurde zum ersten Rektor der neu gegründeten Thurgauischen Kantonsschule in Frauenfeld ernannt.[13] Benkers durften sich zur Thurgauer Bildungselite zählen, die von den Errungenschaften des 19. Jahrhunderts unmittelbar profitierte.

Mit weiblicher Gelehrsamkeit dagegen taten sich diese bildungsfreudigen Männer schwer. Über Henriette Benker schreibt Johanna Siebel: «In ihrer Jugend ein hochstrebender Mensch, geistreich und witzig und voller Ideale, war Henriette Benker durch die Macht der Zeitverhältnisse, die sich der harmonischen Entwicklung der Frau entgegenstellte und sie in Haus und Küche bannte, nicht dazu gelangt, ihre Talente auszubilden. Ihr grosser Wunsch, Lehrerin zu werden, scheiterte an der Strenge ihres Vaters, der trotz leidenschaftlichen, kniefälligen Flehens von einer beruflichen Ausbildung der Tochter nichts wissen wollte.

Maries Mutter, die Pfarrerstochter Henriette Vögtlin-Benker, heiratete spät und war oft krank. Sie muss eine für ihre Zeit gebildete Frau gewesen sein.

Auch die übrigen aristokratischen Verwandten stellten sich mit ihren starren Anschauungen dem Bildungsverlangen des Mädchens entgegen.»[14]

Es ist unbekannt, wie es Henriette Benker gelang, sich trotz ungünstigem Umfeld eine gewisse Bildung anzueignen, denn, berichtet Marie, ihre Mutter habe sie in «Französisch und Clavier» unterrichtet.[15]

1829 folgte Henriette ihrer Familie nach Schöftland. Dort begegnete sie dem viel jüngeren Vikar ihres Vaters, Julius David Vögtlin, und entschloss sich zu einer späten Ehe. Sie hatte Zeit gehabt zu lernen, was die Gesellschaft von einer Frau Pfarrer erwartete.

Maries Beziehung zu Henriette bleibt ein Geheimnis. Nach einer recht stürmischen Pubertät verlor sie als 19-Jährige ihre Mutter. In ihren Briefen taucht ihre Mutter nicht mehr auf. Nur einmal – vermutlich im Sommer 1867 – spricht sie von ihr zu Marie Ritter: «*Wenn ich bei Dir bin, so fühle ich mich wie ein ganz kleines Kind von Dir geschützt und behütet; es ist ein Gefühl ganz ähnlich dem, was ich für meine Mutter hatte, als ich noch ein kleines Kind war. Aber auch ebenso wenig als damals für sie, kann ich jetzt für Dich tun.*»[16]

Ihrem Vater, dem konservativen Theologen Julius David Vögtlin, stand Marie sehr nahe. «*Wenn doch mein Vater ein anderes Amt hätte! Er ist auf der äussersten Rechten, und zwar einer von denen, welche es kaum der Mühe wert halten zu polemisieren, weil die Ansichten der Gegner ihm unmoralisch vorkommen [...]. Wunderbar ist die Kombination von soviel natürlicher Güte und Gerechtigkeitssinn mit diesen Theorien. Wunderbar namentlich seine Toleranz mir gegenüber. Er sucht nie eine Kontrolle auf mich auszuüben, er lässt mir die absoluteste Freiheit, und trotz meiner für ihn verwerflichen Theorien hat er zu mir das vollkommenste Vertrauen. – Aber nun musst Du daraus nicht ein Vorurteil gegen meinen Vater schöpfen, – erinnere Dich an die Selbständigkeit, an die Stärke, mit der er meinen Gegnern widerstand, nachdem er sich einmal entschlossen hatte, mich ziehen zu lassen, und du wirst ihn darüber wie ich bewundern und lieben.*»[17]

Mit kritisch-zärtlichen Worten beschrieb Marie Vögtlin ihrem Verlobten Albert Heim die Persönlichkeit Julius David Vögtlins (1813–1894). Sie war ihm zutiefst verbunden, wie die Briefe aus der Studienzeit zeigen. Nachdem sich Julius durchgerungen hatte, seine Tochter den

Beruf ihrer Wahl lernen zu lassen, war er offensichtlich stolz auf sie. Nur wenige Monate nach Studienbeginn schrieb Marie: «*Mein lieber Vater scheint nun völlig beruhigt; er ist sehr guter Dinge –, hört sehr gern von allen meinen Angelegenheiten und erzählt andern gern davon.*»[18] Auch als berufstätige Frau besuchte Marie ihren Vater regelmässig in Brugg, der glückliche Grossvater tauchte gelegentlich in Zürich auf.[19]

Aus Julius' Feder sind keine Originaldokumente erhalten, Maries Antworten lassen seine Sicht der Dinge nur vermuten, einiges lässt sich rekonstruieren. Im Vergleich zu anderen Vätern seiner Generation verbrachte der Pfarrherr während Maries Kindheit recht viel Zeit mit seiner kleinen Tochter. So gab er ihr Unterricht in Deutsch und Rechnen. «Von ihm lernte Marie die Pflanzen und Gesteine ihrer Heimat nach Namen und Eigenschaften kennen; unter seiner Leitung legte sie auch systematisch die ersten Sammlungen an und vertiefte ihr grosses Interesse für Naturgeschichte», ergänzt Siebel Maries Beschreibungen in ihrem Lebenslauf.[20] Die Tochter begleitete den Vater auf seinen Gängen zu den Pfarreiangehörigen. Früh entwickelte sie einen Sinn für soziale Verpflichtungen, der ihr bis zum Lebensende erhalten blieb.

Die Vögtlins sind ein altes Brugger Bürgergeschlecht. Wie bei Henriette finden sich auch in Julius' Stammbaum Theologen. Sein Vater sowie sein Grossvater dagegen arbeiteten bei der Post, Maries Urgrossvater als Postcommis in Brugg, ihr Grossvater als Postkontrolleur in Aarau, ein Amt, das mit der Führung einer heutigen Kreispostdirektion vergleichbar ist.[21]

Am 8. November 1830 immatrikulierte sich Julius an der theologischen Fakultät der Universität Basel.[22] Sein um ein Jahr älterer Bruder Jakob Samuel studierte dort bereits Jurisprudenz, was dem 17-Jährigen den Abschied von zu Hause bestimmt erleichterte. Die Studienzeit fiel in eine unruhige Epoche. Nach der Pariser Julirevolution von 1830 forderten Liberale die Revision und Modernisierung des Bundesvertrags von 1815. Ein bürgerkriegsähnlicher Konflikt lag unmittelbar vor der Basler Haustüre. Julius' Studienkollege Johann Georg Ritter erinnerte sich: «Die ganzen zwei Jahre meines Basler Aufenthaltes waren erfüllt mit Kriegslärm. Professoren und Studenten taten Militärdienst, De Wette

«Wunderbar namentlich seine Toleranz mir gegenüber», schrieb die junge Marie über
ihren Vater, den Pfarrer Julius David Vögtlin.

stand Schildwache.»[23] Der Schildwächter De Wette lehrte Neues Testament. – Nach längeren Wirren und einer bewaffneten Auseinandersetzung, die 67 Menschen das Leben kostete, anerkannte die Tagsatzung 1833 die Aufspaltung Basels in die beiden Halbkantone Basel-Stadt und Basel-Landschaft. Ganz besonders schmerzlich war für die Stadt die Aufteilung des Vermögens.

Julius David Vögtlin war Mitglied der 1819 gegründeten Studentenverbindung Zofingia.[24] Ihre Devise lautete: Vaterland, Freundschaft, Wissenschaft. Vögtlins Karteikarte vermerkt, dass er keine Chargen übernommen hat. Der Verein förderte das Chorsingen, Turnen, organisierte patriotische Feste und wünschte eine Bundesverfassung, wie sie schliesslich 1848 verwirklicht wurde. In welchem Mass sich der – in den Augen seiner Tochter – konservative Julius mitreissen liess, ist nicht bekannt.

Wie immer er sich dazu stellen mochte, Zeitfragen interessierten Julius. Gemäss Vorlesungsverzeichnis besuchte er im ersten Semester neben theologischen Veranstaltungen «Die Geschichte der letzten 40 Jahre oder neueste Geschichte» bei Friedrich Kortüm. Im folgenden Sommersemester 1831 hörten die beiden Brüder Vögtlin die «Geschichte der gegenwärtigen Zeit».[25] Friedrich Kortüm war eine berufene Persönlichkeit, um über Gegenwartsgeschichte zu referieren. In jungen Jahren hatte er an den Freiheitskämpfen der Deutschen und der Spanier gegen Napoleon teilgenommen, fand Zuflucht vor den Verfolgungen der Reaktion in der Berner Erziehungsanstalt Hofwil und kam dann für kurze Zeit nach Basel. Seine Laufbahn beendete er als gefeierter Professor in Heidelberg.[26] Mit Kortüm lernte Julius einen Vertreter jener deutschen Gelehrten kennen, denen später auch seine Tochter Marie begegnete. Es waren Männer, die sich neben ihrer wissenschaftlichen Berufung zumindest zeitweise politisch engagierten und denen die jungen Schweizer Hochschulen, Zürich, Bern und das Eidgenössische Polytechnikum, viel verdankten.

Wenige Monate nach Studienbeginn starb Julius' Vater. Die Witwe Verena Vögtlin-Erismann kehrte mit der einzigen Tochter Rosa nach Brugg zurück, wo sie ihren Gatten um über drei Jahrzehnte überlebte. Ob der Tod des Vaters die jungen Studenten in eine finanzielle Klemme brachte? Am 8. Oktober 1831 reichte Julius ein Stipendiengesuch ein:

«Die Candidaten Frey und Voegtlin bitten um eine Unterstützung zur Fortsetzung ihrer Studien in Berlin oder doch um Prolongation ihrer bisherigen Beneficien und Stipendien.»[27] Die Antwort liegt nicht vor.

Julius' Studienfreund Johannes Georg Ritter schildert die Reise der drei Theologen nach Berlin. Zunächst rüsteten zwei Professoren die jungen Männer mit Empfehlungsschreiben für die Berliner Kollegen Schleiermacher und Neander aus. Dann ging es mit der französischen Post nach Strassburg: «Von da nach Karlsruhe, Heidelberg, Mannheim, Mainz, Coblenz, Wiesbaden, Frankfurt, Leipzig, Wittenberg […]. Ich […] sage nur, dass wir in Frankfurt Schnyder von Wartensee und den jungen Fichte und in Leipzig Alexander Schweizer kennen lernten; dass wir die Festung Ehrenbreitenstein genau besichtigten und einem Manöver beiwohnen durften; auf der Wartburg und in Weimar vergangener Zeiten gedachten.»[28] Ritter kommentiert die damalige Art des Reisens: «Reisen überhaupt, aber besonders solche, wie man sie damals machte, nicht im Eisenbahnwagen, sondern bald zu Fuss, bald mit einem Hauderer [= Lohnkutscher], der überall, auch auf dem Lande, die Pferde füttern und warten muss, haben etwas Befreiendes, Bildendes. Meine Reise nach Berlin hat mir mehr genützt, als ein fünftes Semester in Basel hätte tun können.»[29]

Die Schweizerkolonie an der Universität Berlin zählte 75 Studierende. Die Neuankömmlinge fanden freundliche Aufnahme: Am Donnerstag traf sich die Gruppe jeweils zu einer gemeinsamen Kneipe. Nach Schleiermachers Tod verliess Julius mit zwei Kollegen Berlin, Ritter blieb länger in Deutschland. Doch auch Julius wagte sich nochmals in die grosse Welt hinaus. Seinen zweiten Urlaub von der Universität Basel verbrachte er im Wintersemester 1833/34 in Bonn.

Julius' Beziehung zu Ritter hatte später für Marie unmittelbare, glückliche Folgen. Wie zuvor ihre Schwester Anna freundete sie sich mit Ritters Tochter Marie und deren Bruder Johannes an. Schwanden, wo Johann Georg Ritter während Jahrzehnten als Pfarrer wirkte, wurde für Marie zum wichtigen Bezugspunkt. Marie Ritter begleitete Marie Vögtlin als treue Freundin durchs Leben. Die an sie gerichteten Briefe sind eine der wichtigsten Quellen dieser Studie. Auf die Schwandener war in jeder Hinsicht stets Verlass, wie sich noch und noch zeigen wird.

Julius begann seine berufliche Tätigkeit als Vikar in Kulm, dann zog er zu Pfarrer Benker nach Schöftland. Am 22. Oktober 1840 heiratete er die Tochter seines Vorgesetzten. 1842 liessen sich Henriette und Julius in Bözen nieder. Für Henriette war es eine Art Heimkehr. Wie wir uns erinnern, hatte ihr Vater zwischen 1808 und 1813 fünf Jahre hier gewirkt. Fast das ganze Eheleben der Vögtlins spielte sich in diesem Dorf ab, hier kamen die Kinder zur Welt, hier erlebten sie Schmerzliches, wie den Tod des kleinen Sohnes Julius, verschiedene Fehlgeburten, die Kränklichkeit Henriettes, und hier in Bözen verbrachte Marie ihre «Kindheit auf dem Lande».

Eine durchaus gediegene Mädchenbildung

«Ich wage nun [...] dennoch vor Sie hinzutreten, indem ich Sie erinnere an die grossen Schwierigkeiten, welche einem Mädchen in den Weg treten, das sich eine Bildung zu verschaffen wünscht, ähnlich derjenigen, zu deren Erlangung den jungen Männern alle Thüren offen stehen. Wäre mir früher Gelegenheit geboten worden, ein Gymnasium zu besuchen, so hätte ich mich glücklich genug geschätzt, dies zu thun und in diesem Falle würde ich auch keine Schwierigkeit gehabt haben, allen Forderungen einer normalen Maturitätsprüfung zu entsprechen.»[1]

Mit deutlichen Worten beklagte sich Marie in ihrem Gesuch um Zulassung zur Maturitätsprüfung an der Kantonsschule Aarau über die fehlenden Bildungschancen für Mädchen. Sie wusste, dass ein Pfarrerssohn mit ihrer Begabung das Gymnasium besucht hätte. Ihre spontane intellektuelle Neugier liess sie früh Fragen stellen, auf die eine traditionelle Mädchenbildung keine Antwort hatte. Vor allem vermisste sie gründliche naturwissenschaftliche Kenntnisse. Nach dem Entscheid zum Studium verbrachte Marie Jahre damit, Lücken in ihrem Allgemeinwissen zu stopfen.

Bei ihren Zeitgenossen hätten Maries Bemerkungen Kopfschütteln ausgelöst, denn in deren Augen schien ihre Bildung richtig «gediegen». Die Eltern Vögtlin hatten sich redlich bemüht, der Tochter einen soliden schulischen Rucksack auf den Lebensweg mitzugeben, und dafür weder

Aufwand noch Kosten gescheut. In den modernen Fremdsprachen Französisch und Englisch beispielsweise war sie jungen Männern überlegen. Allerdings sollte sie ihre Schulung nicht auf wissenschaftliches Denken oder einen Beruf, sondern auf das Leben einer Ehefrau ihrer Gesellschaftsschicht vorbereiten. Dazu gehörten handwerkliche Fertigkeiten wie Nähen, Stricken, Flicken, Sticken, Kochen, aber auch Fremdsprachenkenntnisse und eine gewisse musikalische Bildung. In den Jahrhunderten vor Radio und Schallplatte hörte man nur Musik, die man selbst machte. Einzig in Städten gab es ein bescheidenes Konzertleben. Marie spielte Klavier und in der Kirche Harmonium;[2] auch in späteren Jahren sang sie häufig und offensichtlich gerne. Doch all das war der jungen Frau zu wenig.

Aus der Perspektive des 21. Jahrhunderts fällt auf, dass Marie stets privat unterrichtet wurde. An der Universität nutzte sie erstmals das Angebot einer öffentlichen Institution. Über ihre Grundausbildung berichtet sie: «*Bis zum zwölften Jahr wurde ich aber nicht zu strenger Arbeit angehalten, sondern trieb mit aller Musse die Elementarfächer entsprechend den Stadtschulen für Kinder meines Alters. Mein Vater lehrte mich Deutsch und Rechnen, meine Mutter Französisch und Clavier, und bei meinem Lehrer, der die übrigen Schulfächer übernommen hatte, trieb ich mit vorzüglicher Freude Schweizergeographie, Singen und Zeichnen.*»[3] Interessant ist der Hinweis auf die Stadtschulen. Offenbar hatte die Familie Vögtlin Vorbehalte gegen die Bözener Dorfschule und setzte die Latte für ihre Tochter etwas höher. Ob es in einer Aargauer Dorfschule zuging wie auf den Bildern Albert Ankers?

Siebel glaubte, die schwächliche Gesundheit der Mutter sowie Konflikte zwischen den beiden Schwestern Marie und Anna hätten die Eltern veranlasst, die Zwölfjährige zur weiteren Ausbildung zu Jakob Immanuel Hunziker und seiner Frau ins Pfarrhaus in Thalheim zu schicken.[4] In Maries Thalheimer Zeit fällt Annas Welschlandaufenthalt in Montmirail 1859.

In einer grosszügigen Liegenschaft aus dem 18. Jahrhundert betrieben Hunzikers eine kleine Pension.[5] Marie beschreibt diese erste Internatszeit: «*Mit zwölf Jahren kam ich, da in unserem kleinen Dorf keine Gelegenheit zu weiterer Ausbildung geboten war, in eine kleine Privat-*

Im Pfarrhaus in Thalheim AG besuchte Marie mit zwölf Jahren als Internatsschülerin den Unterricht bei Pfarrer Jakob Imanuel Hunziker und seiner Gattin.

---

mädchenanstalt im Aargau, wo ich während der folgenden 3½ Jahre unterrichtet wurde. Hier fing ich an, Englisch zu lernen, und da wir nur abwechselnd Französisch und Englisch sprechen durften, so lernte ich rasch, mich etwas in diesen Sprachen zu unterhalten. Ich genoss guten Unterricht in allen Schulfächern; Naturwissenschaft trat in den Hintergrund, dagegen trieb ich mit grosser Freude allgemeine Weltgeschichte, Geographie, Rechnen, Zeichnen und Musik. Unsere Anstalt war in einem völlig abgeschlossenen Dorf, wir hatten keine Gelegenheit, mit anderen Mädchen zusammen zu kommen, um so grössere Freude hatten wir am Lesen, und ich werde nie den tiefen Eindruck vergessen von den Abenden, als uns zuerst Götz von Berlechingen, Schillers Wallenstein und Jungfrau von Orléans vorgelesen wurde. An den Sonntagen pflegten wir die Kinder des Dorfes zu versammeln und hielten ihnen, in viele Classen abgetheilt, Schule.»[6]

Gerade die «Jungfrau von Orléans» war Marie aus nahe liegenden Gründen ans Herz gewachsen: eine junge Frau, die ihrer Berufung folgt und Grosses leistet. In ihrem Maturitätsaufsatz über die Rolle der Frauen in der Geschichte schreibt sie: «*AUS DEM VOLKE sind keine Frauen her-*

vorgegangen, welche DIREKT *ihrem Staat in der Administration desselben Dienste geleistet haben, selten solche, welche ihrem Vaterland durch ihren Arm gedient haben. Die grösste und unvergesslichste Frau, welche, von reiner Vaterlandsliebe getrieben, das letztere gethan hat, ist Jeanne d'Arc.»*[7]

Das Vorlesen spielte früher eine ähnliche Rolle wie heute der gemeinsame Fernsehkonsum. Bücher waren so teuer, dass sich selbst bürgerliche Familien höchstens eine bescheidene Bibliothek leisten konnten. Vortragen mit verteilten Rollen oder Lesungen des Familienvaters, während sich die Frauen mit Handarbeiten nützlich machten, waren klassische Abendvergnügungen. Zuhörerinnen und Zuhörer sassen oft im Dunkeln, Elektrizität gab es keine, Petrollampen oder Kerzen spendeten kärgliches Licht.

Während der Thalheimer Jahre verbrachte Marie ihre Ferien nach wie vor in Bözen: *«In den Ferien, die ich zu Hause zubrachte, eilte ich dann wieder meinen alten Freunden unter Blumen und Thieren in Wald und Feld nach.»*[8] Über das Familienleben erfahren wir nichts.

Die Beziehung zu den «Thalheimern» hielt mindestens bis in die Zürcher Zeit. Im Mai 1869 erhielt die Studentin Besuch von der «alten treuen Luise». Im Brief an ihre Schwester Anna lässt sie durchblicken, dass Hunzikers noch immer wenig Verständnis für ihren Berufsentscheid haben. *«Ihr [Luises] Besuch hat mich herzlich gefreut [...], sie schien auch über mein Leben etc. beruhigt, als sie mich so gesund und frisch und zufrieden fand, dass hoffentlich ihr Befund in Thalheim ein kleines Gewicht in die Waagschale zu meinen Gunsten legen kann.»*[9]

Das Welschlandjahr galt als Höhepunkt eines traditionellen Jungmädchenlebens. Erstmals war die Grundschulabsolventin weit von zu Hause fort, sie erhielt den letzten intellektuellen und gesellschaftlichen Schliff und schloss oftmals Freundschaften für das Leben. Marie besuchte – wie zahllose Pfarr- und Bürgerstöchter vor und nach ihr – das Herrenhuter Internat Montmirail bei Neuenburg, eine Schule mit internationalem Ruf.

Kern der malerischen Anlage ist ein Schloss aus dem Jahr 1618. 1766 übernahm die Herrenhuter Brüder-Sozietät das Anwesen. Das Gegenstück für junge Männer befand sich im Schloss Prangins in der Nähe von Nyon, dem heutigen Westschweizer Landesmuseum. Kurz bevor

Marie in Montmirail eintrat, waren neue Bauten entstanden, so 1853 ein Haus für die Pensionärinnen.[10] Die Bildungsstätte überlebte bis 1991, als die Brüder-Sozietät das Institut aufgab und die Liegenschaft umnutzte.

«Während dieser Jahre wurde ich in den Schulfächern so weit geför-dert, dass, wie ich im sechzehnten Jahr in ein grösseres Internat im Ct. Neuenburg eintrat, ich mit den höhern Classen folgen konnte. Hier wurde die Abwechslung zwischen französischer und englischer Conversation fort-gesetzt, so dass ich bald mit diesen Sprachen völlig vertraut war. Ich fing nun auch Italienisch zu lernen an, trieb mit grossem Eifer alle übrigen Fä-cher, namentlich Musik und Zeichnen.»[11]

Maries spätere Freundin Marie Ritter schildert in ihren Lebenserin-nerungen das Leben im Internat: «Es gab so viel Neues zu erleben, dass ich nicht dazu kam Heimweh zu haben [...]. Ich kam ins 5te Zimmer [...]. Im Zimmer waren 15 Mädchen und 2 Lehrerinnen. Es waren im Ganzen 5 Zimmer und ein Haufen Lehrerinnen zum Theil recht gute.»[12]

In Montmirail wurde Marie am 22. Dezember 1861 konfirmiert.[13] Das heisst, sie hatte auch ausgedehnten Religionsunterricht besucht, was sie jedoch in ihrem Lebenslauf unterschlägt. War ein Hinweis dar-auf in einem offiziellen Bewerbungsschreiben überflüssig, oder hatte sie sich innerlich bereits so sehr von der Kirche entfernt, dass sie nicht mehr darüber sprechen mochte?

Religiös mündig verabschiedete sich Marie von Montmirail. Das Niveau ihrer Allgemeinbildung war für eine Frau überdurchschnittlich gut. Für Alltag und Erwachsenenleben gerüstet, konnte sie sich dem Ernst des Lebens stellen.

Rudolfine oder die
grosse, städtische Welt

Zurück in Bözen zeigte sich der Ernst des Lebens zunächst in Form von gelangweilter Verlorenheit. Modern ausgedrückt: Marie erlebte einen kleinen Kulturschock: «*Nach einem Jahr kam ich in meine Heimat zurück. Hier fühlte ich schmerzlich den Mangel an Gelegenheit, das was ich gelernt hatte, weiter auszudehnen, ich fand nicht die Bücher, welche meinem Standpunkte entsprachen, und so war ich genöthigt, neben den häuslichen Arbeiten mich auf Musik und Italienisch, worin ich mir am besten allein helfen konnte, zu beschränken.*»[1] Die «alten Freunde Blumen und Thiere», tröstende Gefährten während der Ferien in der Thalheimer Zeit, reichten nicht mehr aus. Zu viele geistige Türen hatte der Aufenthalt in Montmirail aufgestossen.

Nach Siebel rieben sich auch die beiden Schwestern Anna und Marie aneinander: «Räumlich getrennt, doch durch regen Briefwechsel verbunden, fühlten sich die Schwestern immer einander näher, als im täglichen, ihre Gegensätze offener aufdeckenden Beisammensein.» Ablenkung fand Marie am Klavier: «Am liebsten versenkte sie sich in die Werke Beethovens.»[2]

Maries kränkliche Mutter war inzwischen 60 Jahre alt. Auf engem Raum mit einer unzufriedenen 18-Jährigen zusammenzuleben, strapazierte das Umfeld sowie die betroffene junge Frau. Dank ihrer weitläufigen Familie fand Henriette Vögtlin-Benker einen Ausweg. Sie wandte sich an eine Verwandte in Zürich, Rudolfine Blumer, und bat sie, Marie für einige Zeit bei sich aufzunehmen. Dieser Aufenthalt wurde ein Erfolg: «*Dann brachte ich einen Winter in Zürich zu, wo ich zum ersten Mal Gelegenheit hatte, das rege geistige Treiben einer Stadt kennen und schätzen zu lernen.*»[3] Nach der Natur entdeckte Marie also ein zweites kongeniales Umfeld, die Stadt.

Anna Rudolfina Blumer-Eckenstein (1831–1923), über ihre Mutter Susanne Benker eine direkte Cousine, war nur 14 Jahre älter als Marie. Obschon erfahrene Familienmutter, war sie also noch recht jung. Wie Marie hatte sie ihre Kindheit in einem Aargauer Pfarrhaus verlebt – in ihrem Fall in Reitnau. Ihr Gatte Johannes Blumer, Teilhaber der Seidenstofffabrik «Nägeli, Wild & Blumer», entstammte einer alten Glarner Textildynastie. Die junge Familie war kurz vor Maries Zürcher Aufenthalt aus der französischen Seidenmetropole Lyon in die Schweiz zurückgekehrt.

Beruflich war der Seidenhändler Johannes Blumer international, ja interkontinental vernetzt und entsprechend weltoffen.[4] Anders als bei ihren beiden Internatsaufenthalten trat Marie nun erstmals wirklich aus dem Schatten des Pfarrhauses heraus. Die neue Umgebung nutzte ein städtisches Kulturangebot und verfügte über ganz andere finanzielle Ressourcen als Maries Eltern, selbst wenn man berücksichtigt, dass sich konjunkturelle Hochs und Tiefs unmittelbar auf die Geschäfte auswirkten.

In Bözen – und später in Brugg – hiess es, knappe Mittel möglichst geschickt und sparsam einzusetzen. In Zürich lernte Marie, wie man einen gepflegten Grosshaushalt nach französischem Muster führt, ohne sich von dieser Aufgabe völlig vereinnahmen zu lassen. In den Kreisen, in denen sich Blumers bewegten, waren die gängigen Grundfähigkeiten einer Hausfrau selbstverständliche Voraussetzung. Die Gattin sollte sich jedoch nicht nur auf Kochen, Waschen oder Kindererziehung verstehen, sondern ein offenes, gastfreundliches Haus führen, sich für Kultur aufgeschlossen zeigen sowie sich gelegentlich sozial engagieren. Solch vielfältige Ansprüche setzten grosses organisatorisches Talent voraus. Im Hause Blumer erwarb sich Marie Fertigkeiten, die ihre Chancen auf dem traditionellen Heiratsmarkt enorm verbessert hätten. Obwohl sie schliesslich einen andern Weg einschlug, war der praktizierenden Ärztin das

Gelernte bei der Bewältigung von Berufs- und Familienarbeit später sehr nützlich.

Als Marie nach Zürich kam, hatte Rudolfine bereits vier Kinder: Die Töchter Mina (8), Alice (6), Emma (3) und den Sohn Albert (1). In einem Brief vom 11. April 1864 an ihre Familie in Brugg schildert Marie ihren Alltag. Rudolfine war für einige Tage verreist: *«Die letzte Woche ist unter den vielen Beschäftigungen, die sie mir brachte, pfeilschnell dahingegangen. Ich bin jetzt also Haushälterin und als solche habe ich manches zu denken und zu besorgen; es ist aber bisher alles auf's Beste gegangen und ich bin schon sehr fröhlich und vergnügt bei meinen Geschäften, obschon ich mich auch wieder herzlich auf unserer rechten Hausmutter Rückkehr freue […]. Alice hat bis morgen Ferien; da habe ich mich auch viel mit ihr abgegeben und sie hat mir recht Freude gemacht. Ich muss mich oft verwundern, wie sie so sehr an mir hängt. Ich glaube, ich könnte alles mit ihr anstellen, ohne dass sie bös auf mich würde. Auch Emma will nun bei niemand anders sein, als bei mir und ich muss sie fast immer tragen oder auf dem Schoss haben. Ich habe aber eine grosse Freude an dieser Anhänglichkeit […]. Am Freitag hatte ich fünf kleine Freundinnen für Alice eingeladen, um ihr eine rechte Ferienfreude zu machen. Ich spielte die ganze Zeit mit den Kindern und wir machten es uns sehr lustig zusammen.»*[5] Von Mina und dem kleinen Albert hören wir in diesem Brief nichts, vielleicht waren sie in diesen Tagen auswärts.

Eine Hausmutter musste improvisieren können: *«Gestern war ich in einem argen Pech. Ich kam eben von einer wundervollen Predigt von Dr. Held zurück; da hiess es, ein Lyoner Freund von Herrn Blumer sei hier gewesen und werde wahrscheinlich hier bleiben; ich hatte schon viel von ihm gehört, als dem vornehmsten und reichsten von all den befreundeten Lyonern […], um 11 Uhr endlich liess man mir sagen, Herr Dobler werde bei uns zu Mittag essen und zwar gleich nach zwölf […], stellt Euch meine Verlegenheit vor; ich hatte ein ganz einfaches Mittagessen bestellt.»*[6] Offensichtlich beschäftigten Blumers eine Köchin, der Marie in Rudolfines Abwesenheit die entsprechenden Aufgaben zuteilte. Die Bözener Wirklichkeit lag in weiter Ferne.

Marie durfte Blumers zu Gesellschaften begleiten, wo man sie als junge Dame von Welt behandelte, sie wurde auf den Ehrenplatz neben

Marie als junge Frau, vermutlich kurz nachdem sie bei Rudolfine Blumer die Führung eines Grosshaushaltes gelernt hatte.

dem Gastgeber platziert: «*Donnerstag Abend waren wir in einer grossen Gesellschaft bei Herrn Nüschelers; ich traf wenig Bekannte, hatte aber zum Tischnachbarn den Hausherrn, der sehr amüsant ist und mit dem ich mich auf's Beste unterhielt. Beim Heimgehen war es sehr kalt; ich hatte einige Tage nachher sehr entzündete Augen, die mir ziemlich Schmerzen machten.*»[7]

Bis ins hohe Alter spielte Rudolfine im Leben der Grossfamilie eine zentrale Rolle. In ihrem Haus herrschte stets ein lebhaftes Kommen und Gehen. Immer wieder drängten sie die Umstände in die Rolle der «Anstandsdame», die ihre ländlichen Verwandten bei ersten Gehversuchen in der Stadt vor allerhand Fallstricken bewahren sollte. Auswärtige Familienangehörige auf Durchreise nutzten ihre Adresse gerne als Hotel.[8]

So liess sich auch Maries Schwester Anna in Zürich beherbergen, um den Zahnarzt zu besuchen: «*Rudolfine ist gerne bereit, Dich zu empfangen, wenn Du kommen willst, das Zimmer sei immer bereit.*»[9]

Rudolfines Heim war Schauplatz einiger biografisch wichtiger Ereignisse und Begegnungen. Hier traf sich Marie immer wieder mit ihrem ersten Verlobten, Friedrich Erismann, und hier kamen die beiden am 3. Januar 1867 überein,[10] ihre Beziehung aufzulösen. «Fritz», Henriettes Neffe, war als Cousin mit Rudolfine genau so nahe verwandt wie Marie und profitierte in jungen Jahren häufig von ihrer Gastfreundschaft. – Kurz vor Studienbeginn musste Marie ganz besonders auf ihren guten Ruf achten. Was lag näher, als bei Rudolfine zu logieren, um in Zürich Einzelheiten über die Immatrikulation abzuklären? Nachdem sie in Zürich bereits eine eigene Adresse hatte, lernte Marie im Hause Blumer die Italienischlehrerin Sophie Heim kennen und traf – bei Rudolfine selbstverständlich – erstmals deren Bruder, ihren künftigen Gatten Albert Heim.

Wie sehr sich die Welt der Familie Blumer vom bescheidenen Pfarrhaus in Bözen unterschied, mögen einige Hinweise illustrieren. Wenige Jahre nachdem Marie ihre Praxis in Hottingen eröffnet hatte, bezogen Blumers in ihrer Nachbarschaft eine Mietwohnung an der Zürichbergstrasse,[11] für die sie eine Jahresmiete von 3000 Franken bezahlten. Möglicherweise war in dieser Summe die Miete für ein Seidenlager enthalten. Das damals neue Gebäude bot einen herrschaftlichen Wohnkomfort. (Zum Vergleich: Albert Heims Gehalt als junger Professor an der ETH betrug jährlich 3800 Franken.)

Die kleinen Mädchen, die Marie so sehr ans Herz gewachsen waren, heirateten alle erfolgreiche Ehemänner: Mina, die Älteste, wurde die Gattin des damals reichsten Zürchers, Gustav Adolf Tobler, und lebte in der Jugendstilvilla an der Winkelwiese. Alice und Emma lebten in Basel. Alice heiratete den künftigen Präsidenten des Schweizerischen Bankvereins, Emma einen Direktor der Gesellschaft für Chemische Industrie, der späteren Ciba-Geigy. Über die Ehe der kleinen, anschmiegsamen Emma schrieb eine Verwandte: «[…] Emma Blumer, die sehr energisch und streberisch war und ihn [Eduard Ziegler], den ‹Ultragutmütigen›, ganz leitete. Es war aber wirklich zu seinem Glück.»[12]

Fritz Erismann, charmanter Rebell und Maries erster Verlobter

«*Jetzt lese ich etwas Hochinteressantes. Tante Lotte hat unsere ganze Korrespondenz aus meinen ersten Jugendjahren, meiner ersten Brautzeit und dann der inneren Entwicklungsjahren aufbewahrt und angeordnet, immer Antwort auf Antwort, und mir die Briefe zum Aufheben übergeben. Ich habe sie schon jahrelang bei mir gehabt, aber nie Zeit zum Lesen gefunden. Jetzt in diesen Tagen des Hierseins nehme ich sie vor – und wie ist das hochinteressant! Es ist mir ja fast, wie wenn es ein anderes Wesen gewesen wäre, nicht ich. – Ich habe mich völlig in jene Werdezeit hinein gelebt, zuerst in meine erste Brautschaft, die kindliche, wie zu einem Gott aufschauende, grenzenlose Liebe, dann ihr allmählicher Rückgang von der anderen Seite, das Erziehungswerk, mein allmähliches, unter schwersten Leiden und Kämpfen erzwungenes Selbständigwerden. Dann die Trennung ohne Bitterkeit, aber für mich in grenzenlosem Leid; trotzdem Mut und Kraft zum Kampf für ein neues Leben: Die Bahn zu öffnen für Frauenärztinnen.*»[1]

Die Botschaft der 67-jährigen Frau ist eindeutig: Ohne die gescheiterte Liebe zu ihrem Cousin Fritz Erismann (1842–1915) hätte Marie kaum ihre traditionellen Pfade verlassen. Seine Bedeutung für ihr persönliches Schicksal und das Schweizer Frauenstudium ist zentral. Leider sind die Dokumente, von denen Marie ihrem Sohn Arnold schreibt, nicht mehr erhalten. Sie waren bereits vernichtet, als Johanna Siebel wenige Jahre nach Maries Tod ihre Biografie verfasste.[2]

Fritz Erismann (in der Bildmitte), Maries grosse Liebe, als Mitglied des schlagenden Studentencorps Tigurinia im Wintersemester 1862/63. Neben seinen Studien muss er Fechtunterricht genommen haben. In der Studentenverbindung lernte er den späteren General Ulrich Wille (1848–1925) kennen.

Die engere Beziehung mit Fritz begann Ende 1864 oder wenig später. Im Herbst 1864 verlor Marie kurz nacheinander im September ihre Mutter Henriette Vögtlin-Benker und im November ihre Grossmutter Verena Vögtlin-Erismann. In dieser emotional schwierigen Zeit war die junge Frau bestimmt für jede Art von Zuwendung offen und dankbar. Damals übernahm Marie die Pflege der Mutter von Fritz, ihrer Tante Willhelmine Erismann-Benker, in Aarau. Am Krankenbett kam sie Fritz näher. Ferner lernte sie hier die Haushalthilfe Jette Schaffner kennen, die später in der Familie Heim eine grosse Rolle spielte.

Das traurige Schicksal von Maries Tante war für die damalige Zeit nicht aussergewöhnlich. Nach wenigen Ehejahren starb 1846 Willhelmine Erismanns Gatte, der als Theologe in Gontenschwil tätig gewesen war. Nicht nur hatte sie ihren Partner verloren, sie musste auch ihr Logis für den Nachfolger räumen. Mit drei kleinen Kindern – Fritz, der Älteste, war vier Jahre alt – kehrte die Witwe ins elterliche Pfarrhaus nach Schöftland zurück, wo Fritz Kindheit und Jugend verbrachte. Seine beiden Schwestern starben in jungen Jahren.

Als sich Marie in ihn verliebte, studierte Fritz in Zürich Medizin. Wenn sie in ihrer Rückschau von «*kindliche, wie zu einem Gott aufschauende, grenzenlose Liebe*» spricht, übertreibt sie nicht. Fritz war nicht nur ein willkommener Gefährte, er baute für sie Brücken zu bislang unbekannten Welten, auf die Marie gleichsam gewartet hatte.

Während ihrer Verlobungszeit erkrankte Marie an Typhus. Ihr Liebesglück beschreibt sie in ergreifenden Worten: «*Wie war ich doch mitten in aller Krankheit innerlich so leicht und froh; mir träumte dann zuweilen, ich fühle seine liebe weiche Hand auf meiner Stirne, und dann erwachte ich und die Hitze und Unruhe war einem ganz süssen Gefühl gewichen, dass ich wieder ganz ruhig daliegen und im Gedanken an ihn mich freuen und erheitern konnte. Und dann hatte ich immer die lieben Briefe unter dem Kopfkissen, und wenn ich nicht zu schwach war, zog ich sie hervor und las ein paar Worte und hielt sie in der Hand, und dann war mir ganz wohl. Damals war ich noch ein rechtes Kind und sonnte mich in seiner Liebe.*»[3]

In der Familie weckte Fritz' Einfluss offenbar Misstrauen. Noch 1869, als sie bereits an der Universität studierte, verteidigte sich Marie bei ihrem Vater: «*Was ich jetzt denke, das denke ich* VÖLLIG SELBSTÄNDIG *ohne Rücksicht auf irgend einen Menschen.*»[4] Im selben Brief verglich sie den geistigen Austausch mit den zwei ihr damals unendlich nahe stehenden Menschen, Fritz und Marie Ritter: «*Der Unterschied liegt nur darin, dass Fritz mitten draussen in der Welt ist, wo er ein weiteres Feld zur Beobachtung hat, während Marie Ritter das Ihre in einem kleinen Kreise thut.*»[5]

Vetter Fritz, der «Bruder», wie sie ihn nach der Trennung in ihren Briefen an Marie Ritter nannte, war schon in jungen Jahren eine schillernde Persönlichkeit, brillant, charmant und unkonventionell. Der Mediziner spezialisierte sich auf Augenheilkunde und arbeitete als Assistent bei Friedrich Horner, Professor für Augenheilkunde in Zürich. Ausser in Zürich studierte er in Heidelberg, Wien, Würzburg und Berlin. Nach einiger Zeit wechselte er das Fach, bildete sich als Hygieniker in München weiter und leistete in diesem Bereich Bedeutendes.

Nach Siebel war Fritz über Nadejda Suslova zum sozialistischen Gedankengut gekommen. Denkbar ist ebenfalls, dass ihm die aargauisch-zürcherische Welt allmählich zu eng geworden war und er sich deshalb für die Russenkolonie an der Universität zu interessieren begann. War es Zufall oder Absicht, dass er in der gleichen Studentenpension wie Nadejda Suslova logierte? Am 14. Dezember 1867 bestand sie ihr Doktorexamen und im Februar 1868 heiratete sie in Wien Friedrich Erismann. Sie kehrte nach St. Petersburg zurück und eröffnete ihre Praxis. Fritz blieb zunächst im Westen und studierte weiter.[6] Fasziniert las er «Das Kapital» von Karl Marx, kam 1869 nach St. Petersburg, bestand die russische Zulassungsprüfung und nannte sich fortan Feodor Feodorovich.[7]

Bevor Fritz 1869 nach Russland übersiedelte, verbrachte er einige Zeit bei Professor Horner in Zürich. In Briefen bat Marie ihren Vater um die Erlaubnis, Fritz sehen zu dürfen. Vermutlich war auch Fritz in diesem Sinne bei Julius Vögtlin vorstellig geworden. Marie hatte Fritz und seine Kollegen bereits zufällig auf der Strasse getroffen, nun wollte sie sich – immer im Einverständnis mit ihrem Vater – mit ihm bei sich zu Hause verabreden. «*Die wenigen Male nun, die er zu mir kommen wird, fallen natürlich auf den Abend, wo ihn niemand sieht [...]. Ich glaube wirklich, dass es nur das grosse Misstrauen ist, das Ihr gegen alles, was in Zusammenhang mit Fritz steht, fühlt, was Euch die Folgen unseres jetzigen*

Die Russin Nadejda Suslova schloss als erste Frau ein Studium an der Universität Zürich ab und heiratete kurz darauf Maries ehemaligen Verlobten Fritz Erismann.

kurzen und beschränkten Verkehrs in so trübem Lichte erscheinen lässt.»[8]
Diese Argumente überzeugten den Vater wohl nicht wirklich, denn wenige Tage nachher doppelte Marie nach. «*Ich kann Dich heilig versichern, dass diese Gefühle, für deren Vernichtung ich die ersten Monate des Jahres 1867 alle meine Kräfte aufgewendet habe, auch wirklich innerhalb jener Zeit gänzlich verschwunden sind, um den Banden der unzertrennbaren Freundschaft zu weichen, die jetzt bestehen und immer bestehen werden.*»[9]
Wie die Geschichte ausging, ob sich Fritz und Marie je privat sehen durften oder ob die Angst vor dem Geschwätz obsiegte, ist nicht überliefert.

«*Wie war Nadejda Suslova?*», fragte Marie sich und andere. Gleich bei ihrer ersten Begegnung mit einer ihrer Studienkolleginnen, Mrs. Atkins, wollte sie es genauer wissen: «*Sie sprach mir mit grosser Verehrung von Nadeijda, sie sagte, ‹she is not pretty, but a very nice face, so good and gentle, she is exceedingly gentle.›*»[10]

Auch das Porträt einer unvoreingenommenen Zeugin überrascht. Im April 1872 traf eine russische Studentin in einer Zürcher Pension das Ehepaar Friedrich Erismann und Nadejda Suslova. «Ich erwartete eine energische, selbstbewusste Persönlichkeit. Das Gegenteil war der Fall. Frau Suslova hatte nichts von einer emanzipierten Frau an sich. Es war eine stille, ernste Natur von tiefem Gemüt und nachdenklichem, melancholischem Blick aus etwas tief liegenden braunen Augen.»[11] Ob Marie die Erismanns bei diesem Zürcher Aufenthalt auch traf?

Neben seinen medizinischen Zielen verfolgte Fritz auch seine politischen Pläne konsequent. Nach der vorübergehenden Rückkehr aus Russland schloss er sich im Frühjahr 1870 der Sozialdemokratischen Partei an: «Er war der erste Schweizer mit dem Doktortitel in unseren Reihen. Jung wie wir, aber uns überragend durch sein Wissen und sein klares Denkvermögen leistete er unserer Bewegung unschätzbare Dienste», erinnerte sich der sozialdemokratische Nationalrat Hermann Greulich an Erismanns Abdankung 1915.[12]

Friedrich Erismann wollte seine sozialen Vorstellungen im Zarenreich in der Arbeitsmedizin umsetzen. So suchte er nach Schulbänken, die nicht krank machten, untersuchte die Kurzsichtigkeit bei Kindern, kämpfte für gesunde Arbeiterwohnungen usw. Immer mehr wandte er sich von der praktischen Medizin ab und widmete sich der Wissenschaft sowie der Publizistik.

Nach einer kurzen Zeit des Einvernehmens lebten sich Erismann und Suslova bald auseinander. Vielleicht waren seine radikaleren Vorstellungen von einer idealen Zukunft der Grund, möglicherweise waren die beiden aber auch einfach in ihrer Art zu verschieden. 1873 interessierte sich die Geheimpolizei für Fritz, während einer gewissen Zeit durfte er nicht ins Zarenreich zurückkehren. – Suslova zog nach Nishni Novgorod zu ihren Eltern, 1885 heiratete sie den wohlhabenden Histologen A. Y. Golubew. Sie starb 1918 auf der Krim.

Erismanns Aufgaben wurden immer umfassender. Im russisch-türkischen Krieg von 1877 leitete er auf dem ausgedehnten Kriegsschauplatz die Desinfektionsarbeiten auf den Schlachtfeldern, in Kriegsspitälern und Wohnstätten. 1879 verlegte er sein Arbeitsfeld nach Moskau, wo er 1881 einen Ehrendoktorhut erhielt. 1882 berief die Universität Erismann auf den Lehrstuhl für Hygiene. Sein Privatleben nahm ebenfalls eine neue Wende: 1883 liess er sich von Nadejda Suslova scheiden, im gleichen Jahr kam sein ältester Sohn Theodor zur Welt, und 1884 heiratete er seine zweite Frau, die russische Ärztin Sophie Hasse. Auch sie hatte in Zürich studiert, schloss aber aus politischen Gründen das Studium in Bern ab, da der Zar ein Weiterstudium in Zürich verboten hatte.[13]

In seiner Wahlheimat genoss Erismann hohes Ansehen. 1894 wurde er Präsident der russischen Ärztegesellschaft. Auch in Amt und Würde blieb sein politisches Gewissen wach, was ihn an hoher Stelle weiterhin verdächtig machte. Mehrmals intervenierte er bei Studentenunruhen zugunsten der Studierenden. Im Sommer 1896 weilte er mit seiner Familie ferienhalber in der Schweiz. Der russische Unterrichtsminister nützte diese Abwesenheit und entzog Erismann die Professur. Sein berufliches Leben schien zerstört.

Die Familie liess sich in Zürich nieder – in unmittelbarer Nähe von Maries Praxis. Zunächst arbeitete Erismann als Privatgelehrter, doch dann holte ihn die Politik wieder ein. Seine letzte Karriere begann 1898 mit der Wahl in den Grossen Zürcher Stadtrat (Legislative), von 1901 bis zu seinem Tod 1915 war er Mitglied des Stadtrats (Exekutive) und von 1902 bis 1914 sass er zudem im Zürcher Kantonsrat. Im Stadtrat betreute er das Gesundheitswesen. Dies war ein vielfältiges Dossier, zu dem nicht nur Sanitäts- und Wohnungsfragen und die Planung des Stadtspitals auf dem Käferberg gehörten, sondern auch die Aufsicht über die Kehrrichtverbrennungsanlage, den Schlachthof und die Beseitigung von Tierkadavern. Ausserdienstlich engagierte er sich für den Bau des Volkshauses und die Pestalozzigesellschaft, die öffentliche Bibliotheken für ein breites Publikum betrieb.

In einer Hinsicht glich Fritz Maries späterem Ehemann Albert Heim: «Die Arbeit war Dr. Erismann ein Lebensbedürfnis»,[14] meinte Stadtpräsident Robert Billeter (1857–1917), als er seinen Kollegen im Stadtrat die Todesnachricht überbrachte. Und der Tagesanzeiger wusste: «Wenn er ausnahmsweise einmal Urlaub nahm, so gingen die Aktenmappen trotzdem eifrig zwischen seinem Amtszimmer und seiner Wohnung hin und her. Sein Leben war Arbeit.»[15]

Sogar die freisinnige «Neue Zürcher Zeitung», gewiss keine Freundin der Sozialdemokratie, fand lobende Abschiedsworte. In Russland hatte er sich Fähigkeiten erworben: «[…] die ihm bei der Leitung unseres Gesundheitswesens sehr zustatten kamen. Unter seiner Amtsführung hat denn auch die Stadt Zürich der Gesundheits- und Wohlfahrtspflege grosse Aufmerksamkeit zugewendet.»[16]

Erismanns Persönlichkeit kommentierte Billeter in seiner Trauerrede: «Wohl gewährte er mitunter seinem Temperament freie Bahn, aber es machte sich nie in verletzenden Formen Luft und deshalb freute man sich darüber. Wie alle mit SONNIGEM Humor begabten Menschen übte er einen wohltätigen Einfluss auf seine Umgebung aus.»[17]

Die Erismannhäuser, eine soziale Wohnsiedlung in Zürich-Aussersihl, erinnern noch heute an den rührigen Politiker und ungewöhnlichen Menschen. Marie erlebte ihre Einweihung 1928 nicht mehr.

«Zu sterben wäre ich freudig bereit gewesen» – Schicksalsjahr 1867

Bis Ende 1866 verlief Maries Leben in den üblichen Bahnen: Internat, etwas Grossstadtluft, Mithilfe in der Familie, Betreuung kranker Angehöriger, Verlobung mit einem angehenden Akademiker, ehrenamtliche Tätigkeit in der Armenpflege. 1867 wurde plötzlich alles anders. Ein schicksalhafter Bruch in ihrer Biografie wurde nach schweren inneren Kämpfen zum Ausgangspunkt für ein eigenständiges Leben. Dazu musste Marie das überlieferte Frauenbild in Frage stellen und aus der vorgegebenen Rolle ausbrechen. Sie tat dies zunächst für sich selbst und sehr bald auch für viele andere Frauen, wie ihr rasch bewusst wurde. In dieser Zeit des Übergangs stützte sie sich auf zwei Menschen, die kluge Freundin Marie Ritter und den etwas zögerlichen Vater Julius Vögtlin.

1867 begann mit einem Donnerschlag. Marie war zu Besuch bei Blumers in Zürich, wo sie mit Fritz zusammentraf und eine der grössten Erschütterungen ihres Lebens erfuhr. In einem Brief mit offiziellem schwarzem Trauerrand informierte Marie am 4. Januar 1867 ihren Vater in Brugg über die Auflösung der Verlobung. *Vor zwei Jahren habe ich dir geschrieben, gerade wie heute, mit vollem vollem Herzen, um dir zu sagen, dass ein Ereignis eingetreten sei, dessen Folgen meinem ganzen Leben eine neue Gestaltung geben werden. Dieses Geständnis kam dir aber nicht völlig unerwartet. Heute komme ich wieder zu dir, um dir zu sagen, dass meine Zukunft anders werden wird, als ich damals und seit zwei Jahren sie geträumt hatte, dass nicht mehr Freude und persönliches Glück auf mich warten, sondern ein Leben voller Ernst, voller Kämpfe und Beschwerden; dabei hoffentlich auch Arbeit, die mir Ersatz leisten soll für alles, was ich jetzt – unter wie bitteren Schmerzen! – dahin gegeben habe. Fritz und ich, wie haben uns gestern verständigt, dass wir uns nie verheiraten werden.»*

Dann erklärte Marie ihrem Vater, Fritz habe sich seit Frühjahr 1866 auf eine Weise entwickelt, die *«seiner socialen Laufbahn eine vollständig andere Richtung geben wird […]. Unsere Trennung ist eine nöthige und unabwendbare Consequenz davon.»* Auch sie selbst habe bereits viele Stadien dieser Entwicklung durchlebt, *«und ich schöpfe jetzt aus den Ergebnissen dieser Entwicklung die Kraft, allem zu entsagen, was zu meinem Glück die Grundbedingungen gewesen wären, denn in meinen Gefühlen zu Fritz hat sich bis jetzt noch nichts geändert.»*[1]

Marie stellte ihrem Vater in Aussicht, sie und Fritz würden ihm mündlich Rechenschaft über alles Vorgefallene geben. Sofort rief Julius seine Tochter zurück nach Brugg. Als die Katastrophe über sie hereinbrach, war Marie gut 21 Jahre alt. In diesem ersten Trauerbrief deutete sie bereits an, wie sie sich ihre Zukunft vorstellte: *«Arbeit, die mir Ersatz leisten soll für alles, was ich jetzt dahin gegeben habe.»* Eine erstaunliche Reaktion für eine junge Frau ihrer Zeit. In der Beziehung mit Fritz hatte sich nicht nur der junge Mann, sondern auch Marie entwickelt.

Zunächst aber war Marie einfach nur liebeskrank. *«Zu sterben wäre ich freudig bereit gewesen; aber lebend mein Leben zu opfern, ich fühlte, das konnte, das durfte ich nicht.»*[2]

Ihr wohlmeinender Vater hatte sie zur Kur nicht in die Einsamkeit, sondern nach Obstalden GL gebracht. Die andern Kurgäste nahmen neugierig Anteil an ihrem Schicksal, weshalb sie sich nicht gehen lassen durfte: *«Nun haben sie mich fortspediert, und ich bin wider Erwarten hierher gekommen, wo ich nun versuchen soll, gesund und heiter zu werden. Aber ich sehe, dass der Aufenthalt hier in verschiedener Beziehung gar nicht dem entspricht, was ich nach meiner vollen Überzeugung nötig hätte. Ich hatte gewünscht, an einen Ort zu gehen, wo sich niemand um mich bekümmert, und ich auf niemand Rücksicht zu nehmen hätte, wo ich ganz nach meinem Bedürfnis leben könnte, ohne von Leuten beobachtet zu werden, die meine Lebensgeschichte kennen. Und dann hatte ich ein so grosses Verlangen nach*

echter Alpenluft und hoher Lage und namentlich nach Alpenflora [...].
Statt fremd zu sein, habe ich hier fast ausschliesslich halbe Bekannte ange-
troffen, die sich in grosser Freundlichkeit meiner annehmen wollen als
einem jungen Mädchen, das doch nicht ohne mütterlichen Schutz an einem
fremden Ort gelassen werden darf. Mein guter Vater hat mich hieher ge-
führt und glaubte, es mit mir gar gut zu machen; aber ich kann mich hier
nicht recht zufrieden geben. Ich hatte mich so unendlich auf das schöne
hohe Klöntal gefreut, wo ich ohne Zweifel gefunden hätte, was ich bedarf.
Ich bin ja kein Kind mehr, das man nicht für sich selbst darf sorgen lassen,
darum fällt auch bei mir die Sorge wegen Mangel an Gesellschaft ganz
weg; – ich wünsche eben ganz bestimmt keine Gesellschaft und weiss, dass
es das ist, was ich nötig habe, nun einmal ausruhen zu können von der be-
ständigen Spannung und dem Zusammennehmen aller Kräfte, um die
Pein und Qual im Innern vor andern verbergen zu können.»[3]

Erneut gab ihr Vater nach und erlaubte den Umzug nach Richisau
GL. Endlich war Marie in ihrem Element. Ihr Leben lang blieb sie dieser
Landschaft und den Richisauer Wirtsleuten verbunden. Aus Schwanden

Mit den Wirtsleuten Friedli und Martha Stehli in Richisau war Marie während Jahrzehnten
eng befreundet.

kam Marie Ritter zu Besuch – und erfuhr das Neueste. Mit einem Sinn für theatralische Inszenierungen offenbarte ihr Marie am Grenzstein zwischen Schwyz und Glarus den Zukunftsplan. Sie wollte Ärztin werden.[4] Marie Ritter ermunterte sie. Dies ist umso beachtlicher, als die hochbegabte Marie Ritter keine Aussicht hatte, ihre vielfältigen Talente auszuleben und stets an ihre häuslichen Aufgaben im Glarnerland gekettet blieb.

Maries Ausbrechen liess sich als Egoismus deuten und verurteilen, weshalb sie sich in einem Brief an die Freundin verteidigte: «*Aber ich fühle so tief, wie sehr weit ich von dem Punkt bin, auf dem Du stehst, wie tief ich noch versunken bin im Sumpf der Selbstsucht, wie ich nicht aufhören kann, für mich immer noch etwas von diesem Leben zu verlangen, wenn ich auch glaube, einmal gesiegt zu haben über diesen bösen Feind. Weisst Du, das ist mir so furchtbar schwer, dass ich für Fritz nichts mehr sein kann, jetzt wenigstens, da wir so ferne von einander sind.*»[5]

Auf der Heimreise von Richisau nach Brugg fuhr Marie über Zürich, wo eben die Cholera wütete. «*Im ganzen steht es in Zürich schlimm, man sieht fast keine Reisenden. Als ich nun zu Hause ankam, da war Anna, die von meinem kleinen Aufenthalte in Zürich schon gehört hatte, in solcher Bestürzung, dass sie mich kaum mit Freuden empfangen konnte.*»[6] Obschon sich Marie bereits für eine unabhängige Zukunft entschlossen hatte, setzte sie kurzfristig ihre ganze Hoffnung auf die Epidemie. Entweder würde ihr die Infektionskrankheit den Tod oder interessante Arbeit bringen. «*Hier wird nun die Cholera ziemlich sicher erwartet, und bereits sind alle Massregeln getroffen, um Kranke zu verpflegen und abzusondern. Und denke, ich werde hoffentlich von meinem Vater die Erlaubnis erlangen, mich als Wärterin zu melden, wenn wir Kranke bekommen; ich bin ganz glücklich darüber, denn eines von den beiden Dingen, nach denen ich mich sehne, wird mir ja dann zuteil werden, entweder die ewige Ruhe, oder dann doch wenigstens rechte Arbeit.*»[7]

Anders als Epidemien wie die Pest breitete sich die Cholera erst im 19. Jahrhundert mehrmals von Asien nach Europa aus. Auch beim dritten Seuchezug von 1867 wurde sie von Italien in die Schweiz eingeschleppt. Cholerapatienten leiden unter Erbrechen und wässrigen Durchfällen, schlimmstenfalls dauert die Krankheit bis zum Tod nur Stunden oder einige Tage. Zwei Drittel der Betroffenen starben, im Kanton Zürich waren es über 500. Schuld an der Übertragung des Erregers war in erster Linie verunreinigtes Trinkwasser, weshalb in den folgenden Jahrzehnten Städte wie Zürich von Grund auf saniert wurden.

Vorsorglich richteten die Ärzte ein Absonderungshaus ein, die glücklichen Brugger blieben aber von der Cholera verschont. Marie war enttäuscht, erneut blieb sie auf sich gestellt. Ihr Liebeskummer hatte sich zu einer existenziellen Krise verdichtet. Für die Umwelt war Maries Schicksalsjahr alles andere als einfach. Oftmals musste die junge Frau in Aufruhr für alle eine echte Nervenprobe gewesen sein: «*Die schlimmste Einsamkeit ist die, alleine zu sein in einer Menge; das ist eben mein Los […]. Das Bewusstsein, dass die Atmosphäre, in der ein Mensch lebt, nicht die richtige wahre Lebensluft ist, ist doch gewiss einem stumpfen Dahinleben in der starren Kälte, ohne etwas Besseres nur zu kennen und zu verlangen, weit vorzuziehen. Wenn ein Mensch erfahren gelernt hat, was Liebe ist, so wird er diese Liebe doch wieder an andern ausüben, sie andere lehren können, und auf diese Weise sich selbst und andere glücklich machen. – Ich habe das an mir selbst gefühlt – früher lebte ich in meiner verhältnismässig kühlen Atmosphäre dahin, selbst um keinen Grad wärmer als das mich umgebende Medium, bis ich dann auf einmal erfahren lernte, dass ich selbst und mein Medium nicht die normale Temperatur habe, und ich darum vor allem aus [mir] selbst wärmer werden müsse. Das bin ich nun geworden, und ich verdanke es meinem Bruder. Nun allerdings ist die Temperatur um mich her die nämliche, niedrige geblieben und mich fröstelt darin in einem fort – dennoch bin ich weit entfernt, obschon dies Missbehagen mich fortwährend sehr peinlich drückt, zu wünschen, dass ich nie gelehrt worden wäre, was das Richtige ist. Allerdings strebe ich nun heraus aus der Kälte in ein wärmeres Land, in ein moralisches Italien oder auch Indien.*»[8]

Was für Maries persönliche Entwicklung notwendige Voraussetzung war, erlebte das Umfeld als unangepasste Aufmüpfigkeit. «*Ich weiss nicht, ob ich zu weit gehe, aber da ich einmal Überzeugungen, nicht nur Ansichten habe und diese so oft angefochten werden, so gewöhne ich mich nach und nach, hartnäckig fest daran zu halten, und kein Jota mir nehmen zu lassen. Darum herrscht so Entsetzen unter meinen Leuten über meinen fürchterlichen Starrkopf.*»[9]

Marie war sich bewusst, dass sie ihre Krise als Chance verstehen durfte – aber noch war nichts ausgestanden: «*Du musst nicht meinen, ich sehe nicht jetzt schon ein, dass mein Unglück mir zum Segen werden soll – ich habe mich darüber nie getäuscht; denn ich fühlte von Anfang an, wie nötig ich es hatte, ein schweres, ausnahmsweise schweres Kreuz zu tragen.*»[10]

In diesen Monaten verglich Marie in ihren Gedanken das Schicksal der Unterprivilegierten mit dem Leben der Privilegierten, das «*schauderhafte Missverhältnis*» der Möglichkeiten von Männern und Frauen ihrer Gesellschaftsschicht. Sie kam zu ernüchternden Schlüssen. «*Ich habe in dieser harten Zeit wieder manches fühlen und einsehen gelernt, was mir von grosser Wichtigkeit ist – wenn man so in seiner Bequemlichkeit dahin lebt, so vergisst man immer wieder an die zu denken und für die zu fühlen, welche ein so ganz anderes Leben haben, – denen die Arbeit, welche ich z. B. zur Seltenheit verrichte und die mir unsympathisch ist, das ganze Leben ausfüllt, welche so in dieser Arbeit versinken, dass sie nun nicht mehr ahnen, dass ein höheres Leben, ein Leben, dessen jeder Mensch würdig ist, auf der Welt von Rechts wegen jedem ohne Unterschied zugänglich sein sollte.*

Hast Du nicht auch ein unaussprechliches Mitleid für die Millionen, welche so dahinleben müssen in jämmerlichem Kampf um ihr Dasein, welche alle die geistigen Kräfte, welche ihnen so gut wie uns zur Benutzung geschenkt sind, elendiglich vergraben müssen? Ich habe viel Zeit während des Kochens und Abwaschens und Kehrens mit solchen Gedanken zubringen müssen.

Und andere Punkte auch sind mir wieder klar vor Augen getreten wie kaum je, so z. B. das schauderhafte Missverhältnis zwischen dem Leben der Männer und Frauen unserer Klassen. Es fährt mir manchmal bis in die Fingerspitzen, wenn ich sehe, wie die Männer durch nichts aus der Fassung und aus dem Genuss ihrer geliebten Bequemlichkeit zu bringen sind, wie das ganze Leben der Frauen eigentlich nur dazu da sein muss, um ihnen diese Bequemlichkeit möglich zu machen. Und das gilt gewiss von der überwiegenden Mehrzahl. Und doch ist es gar nicht so, dass ihre geistige Arbeit dann immer der Sorgfalt entsprechend sei, mit der wir sie umringen sollen, um alles Störende fern von ihnen zu halten.

Wenn ich so spreche, so musst Du nicht meinen, dass ich um meiner selbst willen diese Klage aufwerfe; die eigene Erfahrung und Beobachtung hat mich für mein ganzes Geschlecht wieder jammern gemacht.

Ich fange an wie Du innerlich zu jammern, wenn ein Mädchen zur Welt kommt – und die Sehnsucht, dass einmal alles anders werden möge – dass Erlösung komme aus dieser Sklaverei wird brennender als je.»[11]

Mit solchen Schlüssen musste Marie ihre Umgebung vor den Kopf stossen. Wie fast immer nahm sie auch hier ihren Vater in Schutz: *«Und glaube auch nicht, dass ich dies besonders in Bezug auf meinen Vater sage; er ist ja nur wie die andern, und allerdings auch in dieser wie in mancher anderen Beziehung besser als viele andere.»*[12]

Aus der Perspektive des 21. Jahrhunderts ist klar, dass Marie mit ihren Analysen ins Schwarze traf. Für ihr Brugger Umfeld waren diese Gedanken Häresien. *«Ich habe keinen Menschen, dem ich solche Gedanken aussprechen dürfte; ich denke aber, Du musst auch in dieser Hinsicht ähnlich fühlen wie ich. ‹Du denkst eben anders als andere Leute›, das ist immer die Bemerkung, mit der die Verhandlung schliesst, wenn ich einmal einen eigenen Gedanken ausspreche.»*[13]

Zu Recht vermutete Marie in Marie Ritter eine verwandte Seele. In ihren Lebenserinnerungen berichtet die Glarnerin, wie sie als Kind unzufrieden war, wie sie anders dachte als ihre Umwelt und deshalb glaubte, mit ihr stimme etwas nicht. Gerade im Schicksalsjahr 1867 war die Freundschaft der beiden Frauen entscheidend. Ein weniger kritischer Geist als Marie Ritter wäre erschrocken und hätte das kühne Vorhaben kaum unterstützt.

Gegen Jahresende war Marie bereit, sie setzte alles auf eine Karte, nun sollte der Vater von ihren Plänen erfahren. *«Was ich entschlossen bin, mir von meinem Vater zu erbitten, ist unendlich schwer zu erlangen, so schwer, dass ich oft an der Möglichkeit verzweifle. Und doch bin ich fest entschlossen, alles daran zu setzen, weil ich die Überzeugung habe, dass das, was ich verlange, recht ist, dass es mein wahrer Beruf ist. Nach Neujahr denke ich, das grosse Wagnis zu unternehmen, von dessen Resultat ich sowohl vor Furcht der Niederlage, als vor Hoffnung auf Erfolg zittere.»*[14]

Marie Ritter, die verlässliche Vertraute

Einzig ihre Schwester Anna begleitete Marie länger durchs Leben als die treue, gescheite Glarner Freundin Marie Ritter (1842–1933). Wie ein roter Faden zieht sich die jahrzehntelange Beziehung der beiden Maries durch ihre Biografien. Während den turbulenten Monaten des Abschieds von Fritz und des Entscheids zum Studium war Marie Ritter vermutlich die einzige Person, die Maries intimste Geheimnisse kannte. Stets begleitete und ermunterte Marie Ritter liebevoll-kritisch Marie auf ihrem Weg. Die Briefe aus Schwanden sind verloren, dagegen existieren Maries Antworten aus der Studienzeit. Neben den Briefen an Vater Julius sind sie die wichtigste Quelle für Maries Schicksalsjahre. In zwei Anläufen, im Alter von 81 und 86 Jahren, verfasste Marie Ritter einen Rückblick auf ihr Leben. Dank dieser Arbeit ist ihre Stimme nicht ganz verstummt.

Die um drei Jahre ältere Glarner Freundin blieb ledig. Ihr Werdegang ist beispielhaft für eine hochbegabte Frau, die auf ihre Weise – ähnlich wie Marie – nicht in ein vorgegebenes Lebensmuster passte. Selbst an der Abdankung war ihr Zivilstand ein Thema: «Man möchte vielleicht das Schicksal anklagen, das einem solchen tiefangelegten Menschen, in dem ein starker Familiensinn gewachsen war, die Gründung einer eigenen Familie versagte, aber gerade im Leben unserer Verstorbenen ist offenbar geworden, dass auch im Dasein der Ehelosen die feinsten, zartesten Lebensäusserungen sich entfalten können, dass auch ein solches Leben ein überaus reiches, gesegnetes und beglückendes werden kann.»[1]

Die Voraussetzungen der beiden Maries waren ähnlich. Die Väter Julius Vögtlin und Johann Georg Ritter hatten miteinander in Basel und Berlin studiert. Beide führten ein Pfarramt auf dem Land, waren theologisch der konservativen Richtung verpflichtet und intellektuell sehr interessiert. Pfarrer Ritters Eltern hatten ihr Vermögen verloren, in seiner Jugend lebte er in engen wirtschaftlichen Verhältnissen. Das Geld für sein Studium streckte ihm ein Onkel aus Diessenhofen vor, «mit sehr wenig Aussicht, es wieder zu erhalten.»[2] Als Johann Georg Ritter die erste Pfarrstelle antrat, nahm er seine Eltern zu sich. Während Marie Ritters Kindheit lebte die Grossmutter noch immer im Haushalt des Sohnes.

1845 zogen Ritters nach Schwanden. Hier verbrachte Marie Ritter, mit Ausnahme einiger weniger Jahre in Montmirail und Elm, den Rest ihres ausserordentlich langen Lebens. Sie erlebte tief greifende politische und wirtschaftliche Umbrüche. Als Fünfjährige fieberte sie 1847 im Sonderbundskrieg mit: «Die allgemeine Aufregung ergriff auch mich; ich stand auf der Fensterbank im Stillstandzimmer und sah zu, wie die Soldaten in ihren engen Fräcken und Tschakkos fortmarschierten.»[3] Marie Ritter starb im Januar 1933, im selben Monat wurde Adolf Hitler in Deutschland Reichskanzler, und in der Sowjetunion wütete Stalin. Statt zu Fuss oder mit der Postkutsche reiste man nun mit der Eisenbahn oder im Flugzeug, abends versammelte sich die Familie nicht mehr um eine einzige Kerze, in den Häusern gab es Elektrizität und fliessendes Wasser.

Doch zurück zur kleinen Marie Ritter: «Sie hatten bestimmt einen Buben erwartet [...], es war eine sehr strenge Zangengeburt [...]. Natürlich waren dann alle froh, wenn's auch NUR ein ganz mageres Mädchen war. Aber weil Alle so bestimmt auf einen Buben gerechnet hatten, so ist das wohl der Grund, dass ich mein Leben lang mehr Freude an Bubenbeschäftigungen hatte.»[4]

Marie Ritter besuchte die Primar- und Sekundarschule an ihrem Wohnort Schwanden. Das Lernen fiel ihr leicht. Da immer zwei Klassen gemeinsam unterrichtet wurden, schaffte sie die Unterstufe im Eiltempo,

Während den kritischen Monaten des Entscheids zum Studium war die Glarner Freundin Marie Ritter Maries engste Vertraute.

Marie Ritter, «eine ganz gemütliche alte Jungfer geworden», marschierte noch mit 90 Jahren regelmässig von Schwanden nach Glarus. Die Nachkommen ihres Bruders schätzten sie als hochintelligente, liebenswürdige Persönlichkeit.

mit 10½ Jahren (statt mit dreizehn) kam sie in die Sekundarschule. Das unterforderte Mädchen sorgte offenbar für Betrieb und liess sich, nachdem sie ihre erste Schüchternheit überwunden hatte, immer wieder neue Streiche einfallen. «Übermut und Frechheit kamen in volle Blüte.» Dieses Verhalten wurde im Pfarrhaus wenig geschätzt: «[...] daheim wartete meiner gewöhnlich die Ruthe. Die machte aber auch nicht den gewünschten Eindruck auf mich. Ich dachte, ich wolle es machen wie der berühmte Römer Mucius Scaevola, der Schmerzen erduldete ohne zu muksen. Ich liess also drauf los schlagen ohne einen Laut und dachte, es sei ja eigentlich gleich, ob ich mich so oder so aufführe, die Ruthe werde ich ja so wie so bekommen.»[5] Der kleine Bruder Hans dagegen verhielt sich unauffällig und angepasst und blieb von Schlägen verschont.

Marie Ritter liebte und achtete ihre Eltern, und doch war ihre Kindheit keine Idylle: «Ich war überhaupt als Kind gar nicht recht zufrieden. Ich fühlte, dass ich in den meisten Dingen anders denke als das allgemeine Publikum, und stellte mir vor, weil die Mehrheit anders denke, so werde ICH wohl nicht recht im Kopf sein. Im späteren Leben habe ich aber noch viele gleichgesinnte Seelen und Bücher gefunden und mich darüber beruhigt, wenn ich nicht ganz mit der öffentlichen Meinung übereinstimmte.»[6]

Die klassische Frauenrolle war nichts für Marie Ritter: «Die Puppen konnte ich nie ausstehen, sie stiessen mich förmlich ab mit ihren Glotzaugen und ihren steifen, unnatürlichen Leibern, höchstens grübelte ich ihnen etwa die Sägespäne heraus, um zu sehen, was sie eigentlich für Eingeweide haben.»[7] Auch Mode war für sie kein Thema: «Mir war schon von Kind auf alle Eleganz ein Gräuel; ich war todunglücklich, wenn ich etwas Neues oder Auffallendes anziehen musste [...]. Bei dieser Wertschätzung der Toilette kann man sich denken, dass ich meine Kleider nicht besonders schonte. In allem Schmutz und auf allen Leitern und Bäumen kletterte ich herum.»[8] Ihre Mutter reagierte verständnisvoll und sorgte für eine widerstandsfähige Ausrüstung.

Gerne arbeitete Marie Ritter im Stall, täglich holte sie am Dorfbrunnen viele Liter Wasser für die Küche, eine Arbeit, die besonders an Waschtagen streng war, Putzen war ihr lieber als Handarbeiten: «Lismen hatte ich schon ganz früh bei der Mutter gelernt; hätte es auch ganz gut können, that es aber nicht gern. Als ich dann grösser wurde, sollte ich täglich etwa 4 Gänge an meinem Strumpf lismen; wenn ich aber die andern Kinder auf der Gasse hörte, heulte ich so, dass ich vor Thränen die Maschen nicht mehr sah.»[9] Mehr als an Textilien war Marie Ritter an Pflanzen und Tieren interessiert. Mit sieben Jahren hatte sie Gelegenheit, auf der Reise zum Onkel in Diessenhofen in Zürich die Naturaliensammlung mit ihren ausgestopften Tieren zu sehen. Der Wissensstand der kleinen Besucherin beeindruckte den Konservator.

Zur Ergänzung der Volksschulbildung durfte Marie Ritter bei ihrer Patin, die länger in England gewesen war, Englisch lernen. Als Lehrbuch diente das Prayer Book der High Church. Frisch konfirmiert, reiste Marie Ritter 1859 zur Abrundung ihrer Ausbildung nach Montmirail. In Baden warnten sie zwei Cousinen, diese «schilderten mir Montmirail, wie wenn ich in ein Gefängnis käme.»[10] Glücklicherweise kam es anders: «Es gefiel mir alles sehr gut; nur das fehlte mir, dass man auch gar keinen Augenblick, weder Tag noch Nacht allein sein konnte. Da ich im alten Haus schlief, bin ich bisweilen dort auf die Russdiele hinauf gestiegen und habe ganz allein ein wenig zum Fensterchen hinaus geschaut, was aber Niemand wusste.»

Als Marie Ritter am 6. Mai 1859, begleitet von ihrem Vater, im Töchterinternat Montmirail ankam, traf sie noch am selben Abend auf Maries ältere Schwester Anna. «Als ich sie dann einmal in Brugg besuchte, lernte ich auch ihre jüngere Schwester Marie kennen, und da wir in Vielem übereinstimmten, schlossen wir in kurzer Zeit eine grosse Freundschaft und die hat meinem Leben viel Anregung und Freude gebracht.»[11]

Nach der Heimkehr aus dem Internat muss Marie Ritter eine ähnliche Krise wie Marie durchgemacht haben. Mit Freundinnen gründete sie ein französisches Lesekränzchen, doch eine wirkliche Aufgabe fehlte: «Auch wurde ich wieder mit einer armen, kinderreichen Familie bekannt und einige derselben waren auch täglich bei mir. Daneben half ich ein wenig im Hauswesen, wichtig war es nicht. Strengere Arbeit wäre besser für mich gewesen.»[12] Zwischendurch half sie in der Kinderschule aus.

Allmählich verschwanden ihre Freundinnen in die Ehe. 1872 wurde ihr vier Jahre jüngerer Bruder Hans als Pfarrer nach Elm gewählt. Die Geschwister gingen zu Fuss an den neuen Arbeitsort. Bis zu seiner Verheiratung führte Marie Ritter während drei Jahren dem Bruder den Haushalt. Wie sein Vater hatte Johann Ritter an verschiedenen Universitäten studiert und ein Semester in Deutschland, in seinem Fall in Tübingen, verbracht. Was Marie Ritter über die ungleichen Bildungschancen von Frauen und Männern dachte, ist nicht überliefert.

«Bis zum Tode ihrer Mutter waltete die Heimgegangene an der Seite ihrer Mutter; hernach war sie ihrem greisen Vater Stütze und Pflegerin.»[13] Zudem betreute Marie Ritter auch fremde Kinder, zweimal nahm sie Kinder mehrere Jahre bei sich auf. Ihren glücklichen Lebensabend verbrachte sie schliesslich mit der Familie eines ihrer Neffen, der 1908 mit seiner jungen Frau in ihr Haus einzog.

Für die Pflege der unterschiedlichsten Freundschaften hatte Marie Ritter eine grosse Begabung. Marie berichtet schwärmerisch über den Anfang der Freundschaft mit Marie Ritter: *«[...] als nun wirklich alles von Dir mir aus den Augen gerückt war, da habe ich lebhaft gefühlt wie vor zwei Jahren bei Deiner Abreise; ich denke, wir zwei gehören doch eigentlich zusammen; es besteht zwischen uns die Wahlverwandtschaft, die mir höher steht als die Blutsverwandtschaft, weil es ein rein geistiges Band ist, fern von dem Zwang, von dem blossen Zusammenhalten aus Pflicht, das so oft Verwandte allein aneinander bindet [...].»*[14]

Während Maries Studium zeichnete sich eine Krise ab, Marie Ritter fürchtete, sie stehe nun nicht mehr an erster Stelle. Marie stellte richtig: *«Und doch fühle ich so lebhaft, wie ferne ich bin von der Veränderung, die Du Dir dachtest; ich fühle, dass ich Dich immer mehr und mehr lieben werde, wenn das sein kann – ich weiss dass keine andere Frau – Mady[15] ausgenommen – mir so nahe stehen könnte wie Du.»*[16]

Und an anderer Stelle: *«Ich freue mich so sehr, wenn Du früher kommst; aber ist es möglich, dass Du nicht bei mir wohnen willst? Was kann dich zu diesem Entschluss bewegen? Ich wundere mich, ob doch zu innerst in Deinem Herzen ein Gefühl steckt, wie wenn mein jetziges Leben mich von Dir entfremden müsste? Ich wollte, Du sagtest es mir ganz aufrichtig. Ist es so, so kann ich nichts machen, bis wir einander sehen. Solche Gefühle lassen sich durch Worte nicht töten, ich weiss es.»*[17]

Wie Marie vermutete, schloss Marie Ritter auch Maries amerikanische Studienfreundin Susan Dimock (1847–1875) ins Herz. Grosszügig suchte sie für Susan Dimocks Weihnachtsferien 1868 eine Unterkunft in Schwanden. «Sie war ein seltsamer Mensch, angenehm, gebildet, gutherzig, dabei einfach und anspruchslos.» Und die 86-Jährige fährt fort: «Sie ist mir unvergesslich und wenn ich ans Sterben denke, so freue ich mich allemal darauf, sie wieder zu sehen.»[18]

Marie Ritter blieb lange erstaunlich rüstig. Noch im hohen Alter marschierte sie von Schwanden nach Glarus. «Man ist im Handumdrehen 90», soll sie jeweils gesagt haben.[19] Obschon ihr nicht die Möglichkeiten späterer Generationen offen standen, schliessen Marie Ritters Lebenserinnerungen versöhnlich: «Am meisten freut mich, dass ich es daheim so schön habe und eine ganz gemütliche alte Jungfer geworden bin.»[20]

Das Brugger Kinderspital und seine Gründerin «Tante Rahn»

«Durch die Pflege von kranken Familiengliedern lernte ich diese Beschäftigung lieben, und als ich während einiger Zeit in unserem kleinen Kinderspital die Stelle der Hausmutter versah, und dabei Wunden versorgen und innerliche Krankheiten beobachten lernte, überzeugte ich mich, dass das Gebiet der Sorge für Kranke meine Bestimmung sei. Anfänglich dachte ich blos an Krankenpflege, aber bald entstand in mir ein so grosses Bedürfnis nach medicinischem Wissen, dass ich beschloss, alle meine Kräfte darauf zu verwenden, um dahin zu gelangen, die medicinische Wissenschaft in ihrer ganzen Ausdehnung zu studiren, mit dem Ziel, später die ärztliche Behandlung von Frauen und Kindern übernehmen zu können.»[1]

Die Erfahrungen im Kinderspital mit seinen schwer kranken kleinen Patienten prägten Maries Weltbild. Ihr Wunsch, Medizin zu studieren, war nicht die Frucht einer romantischen Laune, sondern entwickelte sich aus der praktischen Arbeit am Krankenbett. Weshalb sie sich nicht mit Krankenpflege begnügen wollte, wie es ihre Zeitgenossinnen getan hätten? Vielleicht spielte der elende Zustand ihrer Schützlinge eine gewisse Rolle. Wirkliche Hilfe setzte gründliches medizinisches Wissen voraus.

In den schwierigen Monaten vor Beginn des Studiums (Frühling/Sommer 1868) fand Marie Trost im Umgang mit den kranken Kindern. Damals ging sie davon aus, dass sie nie eine eigene Familie haben würde:

«*Im Kinderspital geht mir das Herz am meisten auf, wo ich mich der Liebe der Kinder freuen und auch sie hin und wieder glücklich machen kann. Wenn ich so bei den Kindern bin, so kann ich mich oft kaum mehr von ihnen trennen, sondern möchte sie ganz alleine für mich haben, damit sie die unendliche Lücke in meinem Herzen füllen könnten.*»[2]

Emotional blieb Marie den kleinen Patienten im Spital auch als Studentin verbunden. Aus ihren ersten Semesterferien schrieb sie: «*Weihnachtsabend habe ich bei den lieben Spitälikindern zugebracht; ihr Willkommen hat mein Herz erfreut; ich weiss nicht, wie es kommt, dass sie mich so sehr lieben, während ich doch nichts für sie tue. Ich kleide auf Neujahr eine grosse Puppe für sie; die muss dann jedenfalls Marie heissen.*»[3]

Im «Aargauischen Hausfreund» erschien 1867 ein erster Jahresbericht über die Arbeit des Kinderspitals. Der medizinische Teil stammte aus der Feder des Hausarztes Rudolf Urech, mit dem sich Marie immer wieder austauschte. Er gab Auskunft über die Krankheiten der betreuten Patienten: «Knochenfrass[4] und Hüftgelenkvereiterung, Entzündung der Hals- und Rückenwirbel, Skrofuloseentzündung beider Augen und chronische Bronchitis, Lungenentzündung, Knochenhautentzündung und Beinfrass der linken Hand und beider Füsse, Herzübel und Wassersucht, Knochenschwamm, von Ungeziefer bevölkerter Ausschlag und fressendes Geschwür an der Backe (lupus), Beinhautentzündung und Knochenbrand.»[5] Die beschriebenen Knochen, Gelenke, die Haut sowie die Lymphknoten waren vermutlich alle von Tuberkulose befallen, eine damals weit verbreitete und gefürchtete Krankheit. Zwei Mädchen konnte nicht mehr geholfen werden, sie starben.

Gründerin des Kinderspitals war Maries Tante Rosa Rahn-Vögtlin (später Urech-Vögtlin, 1820–1897). Rosa Vögtlin, Julius Davids jüngere und einzige Schwester, war beim Tod ihres Vaters knapp elf Jahre alt. Mit der Mutter zog sie von Aarau zurück nach Brugg. Ihre beiden Brüder waren inzwischen Universitätsstudenten und lebten auswärts. Über ihre Kindheit und Ausbildung ist nichts bekannt. 1841 heiratete sie den Zürcher Juristen Johann David Rahn (1811–1853),[6] der in ihr, gemäss Stammbuch der Familie Rahn, eine «gleichgesinnte Lebensgefährtin»[7] fand.

Durch ihre Heirat wurde Rosa Vögtlin Teil einer bedeutenden, gelehrten Zürcher Familie, die zutiefst traditionellen Werten verpflichtet

Maries «Tante Rahn», Rosa Urech-(Rahn-)Vögtlin (1820–1898) gründete in Brugg das erste Aargauer Kinderspital, das 1866 seinen Betrieb aufnahm. Sie war eine begabte Organisatorin, die es verstand, für die gute Sache immer wieder die nötigen Mittel aufzutreiben.

war. Die Rahns sind ein altes Zunftmeister- und Ratsherrengeschlecht. Rosas Schwiegervater, Dr. med. David Rahn (1769–1848), war bis zur Gründung der Universität Zürich «Archiater», das heisst Staatsarzt beziehungsweise der höchste Zürcher Arzt. Nach seinem Rücktritt aus dem Berufsleben bekleidete er weiterhin verschiedene wichtige Ämter. Bis wenige Wochen vor seinem Tod präsidierte er beispielsweise die Vorsteherschaft der Höheren Töchterschule.

Rosa zog in eine Stadt, in der die politischen Wogen hochgingen. Die rasante Modernisierung, die sich die liberale Zürcher Regierung auf ihre Fahnen geschrieben hatte, machte auch vor der jungen Universität nicht halt. So hatte der Erziehungsrat den rationalistischen Bibelinterpreten David Friedrich Strauss (1808–1874) als Professor für Neues Testament berufen. Konservativen Christen – darunter Vertretern der Familie Rahn – missfiel dessen bibelferne Auffassung des Christentums. Auf der Zürcher Landschaft gärte es seit längerem, denn auch die Wirtschaft befand sich im Umbruch, die von der Obrigkeit bestimmte Zwangs-modernisierung verunsicherte viele Menschen. Die Ernennung des Theo-logen löste deshalb eine breite Protestbewegung aus. Im sogenannten Zürich-Putsch vom 6. September 1839 drang die unzufriedene Landbe-völkerung in die Stadt ein, bürgerkriegsähnliche Zustände wurden knapp verhindert. Strauss kam nie nach Zürich, sondern wurde gleich in Pen-sion geschickt.

Rosas Schwager, Hans Conrad Rahn (1802–1881), war wie sein Vater Arzt. In diesen unruhigen Tagen spielte er eine aktive Rolle, was sich un-mittelbar auf die Laufbahn seines jüngsten Bruders – Rosas Gatten – aus-wirkte. Für kurze Zeit hatten die Konservativen das Sagen. Hans Conrad Rahn zog in den Grossen Rat und in den Erziehungsrat ein, wo er für die Wahl einiger bedeutender Universitätsprofessoren verantwortlich war. Getreu seiner Überzeugung, ein Kanton habe sich nicht in die inneren Angelegenheiten eines anderen einzumischen, liess er einige Jahre spä-ter – im März 1845 – den Luzerner Schultheiss vor dem zweiten liberalen Freischarenzug warnen. Auf seine Weise bezog er – konservativ – Stellung in der Sonderbundsfrage und mischte diskret doch ein bisschen mit.

Rosas Ehemann Johann David Rahn hatte in Göttingen, Berlin und Bonn Jurisprudenz studiert. Nach dem Zürich-Putsch wurde auch er in den Grossen Rat gewählt und zudem zum Staatsanwalt des Kantons Zü-rich befördert. Als die Liberalen 1849 an die Macht zurückkehrten, ver-lor er diese Stellung wieder. Rahns juristische Fähigkeiten waren unbe-stritten. So kam er 1851 ans Bezirksgericht, das er bald präsidierte. Das Rahn'sche Stammbuch gibt einen Überblick über sein soziales Engage-ment. Johann David Rahn kümmerte sich um die Errichtung von Sonn-tagslesesälen für Arbeiter und Lehrlinge, schuf den Verein für entlassene Sträflinge und gründete mit Freunden die Rettungsanstalt Friedheim bei Bubikon.[8] Im August 1847 nahm dieses Heim für arme verwaiste und verwahrloste Kinder seinen Betrieb mit 18 Zöglingen auf.

Am 24. September 1853 starb Johann David Rahn im Alter von erst 42 Jahren ganz unerwartet – vielleicht an Typhus. «Nervenfieber», die offizielle Diagnose, existiert heute nicht mehr als anerkannte Krankheit. Irgendwann kehrte die junge Witwe nach Brugg zu ihrer Mutter zurück. Den Kontakt mit ihrer Schwiegerfamilie pflegte sie weiter. Während ihres Studiums übermittelte Marie immer wieder Grüsse von Onkel Doktor (Hans Conrad Rahn) aus Zürich.

Mit ihrem Unternehmen suchte Rosa Rahn-Vögtlin nach einer Lösung für eine eigentliche Versorgungslücke. Generell lag das Gesundheitswesen im Argen. Die Aargauer Kantonalen Krankenanstalten befanden sich im ehemaligen Kloster Königsfelden. Diese historischen Gebäude genügten modernen Anforderungen in keiner Weise. Rosas Berater und künftiger zweiter Gatte, der Arzt Rudolf Urech, hatte während Jahren in Königsfelden gewirkt und war mit den prekären Verhältnissen bestens vertraut. In einer Schrift beklagte er sich bei den Behörden «über die ganz ungenügenden Räumlichkeiten, über die dadurch bedingte Erschwerung und die Unmöglichkeit einer richtigen Behandlung.»[9]

Kinder hatten noch weniger Zugang zu medizinischer Versorgung als Erwachsene. Aus Platzgründen wurden sie in Königsfelden kaum aufgenommen. Hatte Rosa den Notstand erkannt, und sann sie auf Abhilfe, oder stand Urech hinter der Idee des Kinderkrankenhauses, wie gewisse Leute glauben wollten? Wer immer es war, Rosa nahm die Sache an die Hand und verfasste gemeinsam mit einflussreichen Freunden verschiedene Aufrufe, um das nötige Geld für das wohltätige Unternehmen zu sammeln.

In einem gemieteten Haus nahm das Kinderspital am 19. Juli 1866 seinen Betrieb auf. Rosa führte es zusammen mit einer Krankenschwester und einer Spitalmagd. Für bestimmte Brugger Kreise soll es anstössig gewesen sein, dass eine Frau ein solches Werk ins Leben rief.[10] Immerhin tat sie es nicht «zum Zwecke des Erwerbs, sondern aus Nächstenliebe und Erbarmen gegenüber leidenden Menschenkindern.»[11]

Als das Spital funktionierte, wendete sich das Blatt. Zahlreiche Brugger steuerten Naturalgaben wie Holz, Mobiliar oder Seife bei. Die Gemeinde bestimmte eine Weihnachtsgabe von 138.36 Franken, sieben Bäcker taten sich zusammen und spendeten 80 Franken, statt ihren Kunden Neujahrsgeschenke zu überreichen. Fräulein Elise Stäblin richtete ein Legat an «den hiesigen von Frau Rahn-Vögtlin gestifteten Kinderspital zur beliebigen Verwendung» aus. Aus dieser Formulierung geht klar hervor, dass Rosa tatsächlich als Stifterin wahrgenommen wurde. Selbst die Regierung in Aarau unterstützte die Einrichtung mit 200 Franken, was im Grossen Rat zu einem Nachspiel führte. Die Prüfungs-kommission beanstandete, dass der Regierungsrat das Geld seiner Kompetenzsumme entnommen habe, die ausschliesslich ausserordentlichen Aufwendungen vorbehalten war.

Zu Beginn konnten acht Kinder betreut werden, weitere Anmeldungen wurden aus Platzmangel nicht berücksichtigt. Bereits dachte die Leiterin über eine Erweiterung nach. Einen Spendenaufruf vom August 1867 unterzeichneten neben anderen wichtigen Bruggern Rosas Bruder Julius sowie Rudolf Urech.

Der Brugger Mediziner Rudolf Urech[12] (1815–1872), der Rosa seit der Gründung mit Rat und Tat zur Seite stand, betreute die Institution auch als Hausarzt. Als die beiden ihre Zusammenarbeit aufnahmen, hatte Urech bereits eine bewegte Karriere hinter sich. 1847–1862 war er Spitalarzt in Königsfelden gewesen, dann eröffnete er eine eigene Praxis in Brugg. Gleichzeitig sass er im Grossen Rat. 1862–1866 war er Regierungsrat, eine Aufgabe, die er nicht gesucht hatte und die er nach einer Amtszeit aufgab, um in seinen medizinischen Beruf zurückzukehren. 1868 wurde er in den Nationalrat gewählt.

Als Rudolf Urechs zweite Frau 1866 starb, lebten noch drei seiner Söhne zu Hause, Rosa und Urech dachten an Heirat. Wegen der angeschlagenen Gesundheit des Bräutigams zögerte sich eine eventuelle Hochzeit immer wieder hinaus. Marie verfolgte die Geschichte mit grosser Anteilnahme. «*Tante Rahn ist immer noch Tante Rahn, und denke, Hr. Dr. Urech ist letzte Woche sehr krank gewesen, so dass man ernstlich besorgt war. Ich denke mir immer wie merkwürdig es wäre, wenn er sterben müsste und Tante wieder frei würde. Es thäte mir aber sehr leid und Tante würde erst dann fühlen wie gross seine Liebe war*», kommentierte Marie im November 1868.[13] Im Dezember schrieb sie wiederum an ihre Freundin: «*Herr Dr. Urech ist immer noch nicht gesund, jede Erschütterung macht ihm Schwindel, diese Krankheit hat natürlich nun wieder alles in die Länge gezogen.*» Und im Januar 1869: «*Herr Dr. Urech ist an und für sich schon viel besser, aber die Schwindeldisposition ist immer da und auch hat er Ohrengeschichten; er glaubt, das eine Trommelfell sei zerrissen. Also ist der Bräutigam noch als solcher ins neue Jahr geschlittert; vor 14 Tagen sei von Heirathung keine Rede; nun vermuthlich ist der Januar wieder hin-*

ausgeschoben – du begreifst, dass ich unter solchen Umständen nicht blos nicht mehr fragen, sondern über die Sache auch nicht mehr nachdenken möchte – es kommt mir sonst in die Fingerspitzen.»[14]

Schliesslich wagten die beiden 1869 den Schritt, doch war das Glück nur von kurzer Dauer. Rudolf Urech starb 1872 bei einem ärztlichen Einsatz, nachdem er eine 3½-stündige Amputation abgeschlossen hatte. Rosa liquidierte das Erbe und baute sich als Alterssitz das Wohnhaus, in dem sie bis zu ihrem Tod 1897 lebte.

Das Kinderspital dagegen verblieb vorläufig in einem Mietshaus. Dies führte immer wieder zu prekären Situationen. Auf die Dauer brauchte das Spital für seine Schützlinge ein eigenes Gebäude. Erneut wandte sich Rosa an die Öffentlichkeit und bat um finanzielle Hilfe. Auf einem eigenen Grundstück und auf eigenes Risiko entstand 1881 endlich ein Haus für zwölf kleine Patienten. «Darin werden kranke Kinder aus mittleren und ärmeren Volksklassen gepflegt, namentlich solche, die langwierige Leiden haben oder die schwieriger Operationen bedürfen.»[15] Für einen Verpflegungstag bezahlten die Kinder pauschal 50 Rappen.

1894 übertrug die 74-jährige Stifterin die Spitalleitung einer Kommission. Der Stiftungsrat ernannte seinerseits zusätzlich ein «Damenkomitee», in dem bis zu Rosas Tod Marie Rahn, ihre Zürcher Nichte, einen Sitz hatte. Anna Vögtlin, die Nichte aus Brugg, löste sie ab und war von 1899 bis 1922 Mitglied.

Rosas Stiefkinder waren alle vor ihr verstorben. «Sie überlebte ihre Brüder, hinterliess allein ihre Nichten Anna Vögtlin und Maria Heim-Vögtlin, von ihrer Anverwandtschaft aus Zürich besonders die Nichte Maria», hiess es in der Todesanzeige. Der nicht dem Kinderspital übermachte Nachlass ging an Anna Vögtlin und Marie Heim-Vögtlin. Nach dem damaligen Stand des Rechts musste sich Marie von ihrem Ehemann Albert Heim vertreten lassen. Die Erben verkauften Rosas Wohnhaus. Dem Spital überliessen sie die vorhandenen Schuldbriefe, Obligationen und Sparhefte im Wert von 53 000 Franken.

Obschon 1887 in Aarau das neue Kantonsspital mit einer Kinderabteilung eröffnet worden war, hatte die Brugger Institution weiterhin Bestand. Eine Spitalmagd und zwei Diakonissen aus Riehen führten das Haus. Eine der Diakonissen war gleichzeitig die Gemeindeschwester.

Da die Kapitalbasis längerfristig nicht ausreichte, brauchte das Unternehmen ein neues juristisches Kleid. 1905 entstand deshalb eine gemeinnützige Stiftung unter dem Namen «Urech'scher Kinderspital Brugg» – ein ehrendes Denkmal für die Gründerin. Im 20. Jahrhundert wandelte sich das Krankenhauswesen von Grund auf, Tante Rahns Gründung wurde zum «Reformierten Kinderheim Brugg.»

Als Marie sich in Zürich mit ihrem ehemaligen Verlobten Fritz Erismann treffen wollte, musste sie von Tante Rahn äusserst heftige Kritik einstecken. Marie berichtete ihrem Vater: «*[…] vielleicht weisst du es zwar schon, dass Tante Rahn mir letzte Woche einen Brief geschrieben hat, der mich wirklich am ganzen Körper zittern machte, der mich furchtbar betrübt hat. Es ist mir unbegreiflich, wie eine Christin so mit solcher Härte und grenzenloser Rücksichtslosigkeit sprechen kann. Ohne auch nur von Ferne zu zögern, alle Gefühle seines Nebenmenschen anzugreifen, bitter zu verletzen. Ich habe gegen Tante durchaus keinen Groll gefühlt, weil ich überzeugt war, dass sie das Rechte zu thun glaubt, aber es hat mich unendlich betrübt, dass sie mit mir, dass sie überhaupt gegen einen Menschen so verfahren könne.*»[16]

Dass die Tante um den guten Ruf der Nichte besorgt war, ist nachvollziehbar. Aber auch mit Maries Entscheid, Ärztin zu werden, tat sie sich trotz ihrem erfüllten Leben – oder gerade deswegen? – schwer. Selbst nachdem ihre Nichte bereits über ein Jahr mit Vergnügen an der Universität studiert hatte, unterliess sie Sticheleien gegen Maries Werdegang nicht. So unterstellte sie im Gespräch mit Marie einem ihrer Professoren (Biermer), er habe gesagt, das Gesetz betreffend Maturitätsprüfungen sei «eine Demonstration gegen die studierenden Frauen.» Ausgerechnet jener Professor war ein überzeugter Anwalt des Frauenstudiums, und es war Marie selbst, die mit ihren Freundinnen auf eine Gesetzesänderung hingewirkt hatte. Marie rief ihrem Vater in Erinnerung: «*Zweitens hat sie ja zu Neujahr noch behauptet, ich meine und sage jetzt nur, ich sei glücklich in meiner neuen Lage, während jeder, der irgend unbefangen urtheilen will, gut genug sieht aus meiner ganzen geistigen Verfassung, dass alles für mich anders geworden ist […]. Dass sie es gut mit mir meint und mich in ihren Briefen sehr liebt, weiss ich und anerkenne ich vollständig.*»[17]

Im Sinn ihrer Zeit hatte Rosa trotz viel Schwerem eigentlich eine weibliche Bilderbuchkarriere gemacht. Ihre beiden Ehemänner waren erfolgreiche, bedeutende Persönlichkeiten, beruflich herausragend, politisch und sozial engagiert, finanziell abgesichert. Im gemeinnützigen Bereich fand die Witwe eine Aufgabe, bei der sie ihre vielfältigen Talente unter Beweis stellen und echte Not lindern konnte. Anders als ihrem Bruder gelang es ihr allerdings nicht, über den konservativen Schatten zu springen.

Die Würfel fallen ...

«Verzage nicht. Du hast ein schönes, weites Leben vor Dir, das Du gestalten kannst nach Deinem freien Willen, und Du wirst etwas schönes daraus machen. Ich weiss ja aus Erfahrung, dass ein doppelt gesegnetes Leben daraus werden kann.»[1] Mit diesen Worten tröstete Marie ihren Sohn Arnold, nachdem seine Freundin einen anderen Mann geheiratet hatte.

Im Januar 1868 hielt sich Marie im Kurhaus Brestenberg auf, das Adolf Erismann, einem Onkel von Fritz gehörte. Von dort aus schrieb sie ihrem Vater über ihren Plan, Medizin zu studieren. Was sie nie zu hoffen gewagt hatte, traf ein: Ihr Vater gab sein Einverständnis. Selbst für einen jungen Mann wäre ein Medizinstudium eine Herausforderung gewesen. Im ganzen Kanton Aargau praktizierten zu jener Zeit keine hundert Ärzte! Marie berichtete ihrer Freundin Marie Ritter die aufregenden Neuigkeiten: *«Wie soll ich es heute anfangen, Dir zu schreiben? Ich kann es fast nicht unternehmen, weil ich Dir so unendlich vieles sagen möchte, was ich ja niemals mit der kalten Feder tun kann – ich möchte bei Dir sein, o nur eine Stunde, wie wäre das für mich eine Wohltat!*

Seit ich zum letzten Mal geschrieben, habe ich mehr durchlebt, als früher in zehn Jahren zusammen genommen, und ich kann kaum glauben, dass von diesem Jahr erst ein Monat vorbei sei. Immer ist es für mich der Anfang des Jahres, der in meinem Leben zum entscheidenden Moment wird. Marie, ich werde voraussichtlich mein Ziel erreichen! Ich werde Me-

dizin studieren, irgendwo ein Staatsexamen machen und dann das Leben antreten, wonach meine heissesten Wünsche streben. Die letzte Woche war ich in Brestenberg; von dort aus habe ich schriftlich meinem Vater alles gesagt; ich habe ihm erklärt, wie es so hat kommen müssen, dass ich für keine Arbeit Lust und Mut habe als für diese. Als ich heimkam, zitternd vor Spannung, da erkannte ich mehr als je, wie gut, wie treu mein Vater an mir gehandelt, wie sehr er mich liebt. Er gibt mir seinen Segen zu meiner Arbeit, er lässt mich gewähren, mit grossen Sorgen allerdings, aber er versteht, dass dies für mich der allein richtige Weg sei. Und ich werde nun nicht einmal grosse Umwege einschlagen müssen, um zu meinem Ziel zu gelangen – ich kann ihm direkt entgegengehen. Wahrscheinlich bleibe ich nun bis zum Herbst noch zu Hause, um unter meines gütigen Onkels Doktors Leitung gründliche Vorstudien zu machen. Und nachher werde ich nach Zürich auf die Universität gehen.

O Marie, nicht wahr, Du freust Dich mit mir? Für mich war die Macht der Freude, die plötzliche Entladung der schweren Last so gewaltig, dass ich fast krank davon wurde, und mehrere Tage ganz betäubt war. Nach und nach komme ich nun zum Verständnis, wie gross die Erleichterung ist, und ich werde nun wieder zu leben anfangen.

Allerdings ein ernstes Leben, in welchem jede Minute mich erinnern wird an die grosse Verantwortlichkeit, die nun auf mir ruht. Denn wenn mein Weg auch ein schöner und lohnender ist, so ist er dennoch ein dorniger Weg, voller Schwierigkeiten. Aber keine davon ist unüberwindlich, ich will sie alle überwinden.»[2]

Gerne wäre Marie gleich im Frühjahr losgezogen, doch damit war Julius nicht einverstanden. Ob er in einem Winkel seines Herzens noch hoffte, Marie könnte ihre Meinung ändern? Die Verwandtschaft jedenfalls machte sofort Schwierigkeiten, ein junges Mädchen aus angesehener Familie sollte keine unpassenden Emanzipationsgelüste hegen. Die lieben Angehörigen zweifelten – wie so viele ihrer Zeitgenossen –, ob Frauen zu einer Hochschulbildung fähig seien. Um Maries guten Ruf nicht zusätzlich zu gefährden, verbot Pfarrer Vögtlin jeden weiteren Briefwechsel mit dem früheren Verlobten. Der Sturm der Entrüstung verbreitete sich von Brugg aus nach Bern und Zürich. Die Berner Zeitung «Der Bund» schrieb am 6. April 1868:

«Der Leser erinnert sich noch der Russin, die voriges Jahr in Zürich zur Doktorin der Medizin ernannt wurde. Bald darauf hiess es, sie sei bei der Rückkehr nach Russland verhaftet worden, weil die russische Polizei in Erfahrung gebracht habe, dass sie in Zürich Verkehr mit Polen gehabt und Briefe von denselben mitgenommen habe. Daran scheint nach der ‹Neuen Zürich Zeitung› kein wahres Wort zu sein, denn vor kurzem hat sich die Dame in Wien mit einem Dr. med. aus dem Aargau verlobt. Dies Ereignis habe eine Aargauerin zu dem Entschluss gebracht, ebenfalls Medizin zu studieren und sich den drei Engländerinnen anzuschliessen, die gegenwärtig die medizinischen Vorlesungen in Zürich besuchen.»

Übelwollende Brugger witterten Ungemach, anders lassen sich die folgenden Zeilen Maries an ihre Freundin Marie Ritter nicht verstehen: *«Die Zeit hat nun begonnen, wo der allgemeine Sturm losbricht, wo mein Plan das Tagesgespräch wird. Der ‹Bund› und die ‹Neue Zürcher Zeitung› haben sich bereits derselben bemächtigt, um ihn in die Öffentlichkeit zu tragen und ihm einen so unaussprechlich gemeinen Beweggrund zu geben, dass ich lange den liebenswürdigen Artikel nicht verstand. Mir selbst, wie Du Dir denken kannst, macht dies sehr wenig Eindruck – ich habe ein gutes Gewissen bei der Sache und werde mich vor niemandem ihrer schämen – es sind ja schon bessere Menschen als ich verdächtigt, verleumdet worden, und ich habe mich entschlossen, auch diese Widerwärtigkeit mir zum besten dienen zu lassen, indem ich dadurch nur fester und stärker werden will. Aber denke, nun hat dieser gemeine Zeitungsartikel, der keiner Notiz würdig ist und dem Einsender gewiss nur zur Schande gereicht in den Augen von rechten Leuten, meine Verwandten dergestalt in Aufruhr gebracht, dass sie sich gebärden, als wären sie die Träger und Märtyrer der Frauenschande, die ich nun über sie bringe. Es ist wirklich bunt!*

Fremde Menschen, um deren Urteil ich mich nicht zu kümmern brauche, mögen über mich sagen, was ihnen beliebt; ich weiss ja, sie können mir doch nichts schaden, und meine Sache kann dennoch triumphieren, ihnen zum Trotz; aber dass diejenigen, mit denen umzugehen ich beständig gezwungen bin, deren entsetzliche Vorstellungen und Bedenken ich nun noch sieben Monate lang anhören muss – mir nur mein Leben erschweren wollen, das ist wirklich schlimm, und mir kommt es vor, es sollte sich niemand

*wundern, wenn es mich an allen Haaren aus diesem Spektakel hinaus-
zieht.»*[3]

Unter dem Druck seiner Umgebung wurde Pfarrer Vögtlin beinahe
schwach. Er beriet sich mit zwei seiner besten Freunde, Dr. Stäbli in Aarau sowie Maries Pate, Pfarrer Hagenbuch. Die beiden Herren und die
Schwester Anna stellten sich auf Maries Seite. Andere Verwandte wollten
das verirrte Kind auf den rechten Weg zurückbringen.

*«Ich habe nur mit sehr wenigen Leuten in letzter Zeit über mein Pro-
jekt gesprochen und diese haben dasselbe mit grossem Interesse aufgefasst
und durchaus nichts von dem Entsetzen gezeigt, welches meine Verwandten beseelt; diese machen sich selbst und anderen immerfort weiss, ich
werde ‹will's Gott› bis zum Herbst noch anderen Sinnes werden. –*

*Nun muss ich Dir danken, dass Du mich auf die Gefahr aufmerksam
machst, ich möchte zu eigensinnig werden. Diese Mahnung ist gewiss am
passenden Ort angebracht, denn meine Naturanlage und meine augen-
blicklichen Verhältnisse kommen einander jetzt zu Hilfe, um meinen Kopf
zu einem unaussprechlichen Eigensinnbehälter zu machen. Es ist wahr,
ich bin durch all den Sturmwind noch um kein Haar breit in meinen
Überzeugungen wankend gemacht worden, denn alle diese Einwendungen
bin ich jetzt, wenn ich mein Gewissen genau befragt habe, zu überwinden
imstande gewesen. Überzeugungen kann und will ich nicht zum Opfer
bringen – nicht wahr, Du kannst das doch nicht unrecht finden? […]
Gegen meinen Vater und Anna habe ich jedenfalls am wenigsten Ver-
suchung, zu eigensinnig zu sein, da sie beide mich niemals auf die Spitze
getrieben haben. Ich glaube, dass sie nicht diesen Eindruck von mir haben;
denn sobald ich sehe, dass bei jemand auch nur eine Spur von Willen vorhanden ist, auf das, was ich vorzubringen habe, einzugehen, so bekomme
ich ein ganz anderes Gefühl, während in den Disputationen mit den andern ich in der Tat meinen Kopf jedes Mal in einen Eisenklumpen sich verwandeln fühle.*

*Bis jetzt haben dem Publikum gegenüber weder Vater noch Anna eine
unangenehme Stellung gehabt; mein Vater wird nicht, wie er gefürchtet
hatte, verurteilt, weil er seine Erlaubnis gibt, sondern die ganze Sache
wird, wie es mir am liebsten ist, mir selbst aufgeladen, und im allgemeinen
scheint hier zu Lande wirklich das Urteil entschieden gegen mich zu sein,*

während an grösseren Orten, wie z. B. Zürich und Basel, wo man noch ein bisschen über die Stadtmauern hinaussieht, man ganz anders spricht.»

Neben allen Schwierigkeiten, die sie in diesen Monaten zu überwinden hatte, litt Marie noch immer an der Trennung von Fritz.

«Übrigens habe ich unter dem ganzen Getümmel der mir entfernt Stehenden sehr wenig gelitten, denn ich habe ja immer genug anderes durchzukämpfen, was mir weit schwerer fällt. Die gewaltsame Trennung von meinem Bruder [Fritz] quält mich unaufhörlich, und oft fühle ich mich dadurch so unendlich vereinsamt, dass es mir schwer wird, geduldig zu sein. Und der Umgang mit ihm mangelt mir um so mehr, da ich nun von niemandem mehr zum Guten angeregt, sondern so ganz mir selber überlassen bin. Mir ist oft bange vor mir selbst; ich fürchte, ich werde in dieser kalten frostigen Luft, wo ausser Deinen Briefen mich selten ein warmer Hauch anweht, selbst wieder kalt und hart wie früher, und davor habe ich eine unaussprechliche Furcht. Wenn ich doch jemanden hier hätte, es wäre ein ganz anderes Leben! Der Umgang mit Armen könnte mir, ich weiss es, dies ersetzen; aber wir haben hier wenige und ich darf unmöglich jetzt so viel Zeit aufwenden, um sie in der Weite aufzusuchen – ich bin gezwungen, damit zu warten, bis mein Ziel erreicht ist.»[4]

Trotz allen Probleme war Marie erstaunlich selbstbewusst. Sie ging davon aus, dass sie ihre Prüfungen bestehen und als Ärztin praktizieren würde, die Frage war nur wo. *«Ich habe in letzter Zeit sehr viel nachgedacht über die Wahl meines späteren Wirkungskreises, welche ich um der Examen willen schon jetzt im Auge haben muss. Und ich bin so ziemlich zum Resultat gekommen, vom Kanton Aargau zu abstrahieren, wo man wahrscheinlich zuerst bereit wäre, mir für die Examen Schwierigkeiten zu machen, und statt dessen die Konkordatsprüfung zu wagen. Ich wäre dann frei für eine Anzahl von Kantonen; Zürich habe ich immer am meisten im Auge; denn wenn ich mir während meiner Studienzeit die Achtung der Professoren erlangen kann, so werde ich später für meinen Beruf eine bedeutende Stütze haben.»*[5]

Verschiedenste Gerüchte machten Marie Sorgen. So hiess es plötzlich, die Zürcher Regierung würde das Maturitätsexamen als Zutrittsbedingung verlangen. Marie geriet in Panik und erkundigte sich bei Marie Ritter nach den Glarner Verhältnissen. Ausgerechnet Marie selbst unternahm dann 1870 mit Kolleginnen Schritte, um die Zulassungsbedingungen zur Hochschule zu verschärfen![6]

Im August 1868 reiste Marie ins Wallis, bestieg den Gornergrat und erreichte als Erste den Gipfel. In diesem Brief verglich Marie die Wanderung mit ihrer Gemütslage und ihrem Lebensziel: «*Ich habe, seit ich wieder zu Hause bin, innerlich unendlich viel erlebt; – und selten habe ich so Minute für Minute, ich möchte sagen in gespannten Gedanken zugebracht, wie jetzt diese zehn Tage. Darum erscheinen sie mir auch wie zehn Wochen. Ich hoffe, die Reise ist mir auch moralisch zum Segen geworden in ihren Folgen; die Empfindungen alle, die sie in mir geweckt und zu einer so wilden Lebhaftigkeit gebracht hat, haben mich einen tieferen Blick in mein eigenes Herz hinein tun lassen, als dies seit dem Frühjahr der Fall war. – Freilich waren es lauter traurige Entdeckungen, die ich gemacht habe – aber immerhin besser, diese verborgenen tückischen Falten des Herzens kennen, als sie wie heimlich lauernde Abgründe in sich zu tragen. Ich bin sehr unglücklich gewesen diese Zeit, unglücklich über mich selbst in vielen Beziehungen, und ich habe mir aufs neue gesagt, wie hohe Zeit es ist, dass ich hinauskommen aus diesem Traumleben, das ich hier führe, hinaus in die Welt, die harte, kalte, raue, wo ich selber warm und lebendig sein muss – oder dann erfrieren und zugrunde gehen – es gibt keine andere Alternative in der Welt draussen [...]. Ich habe diese Zeit hier wieder deutlicher als je gefühlt, wie diese Arbeit meine Bestimmung, mein Beruf ist, wie ich ohne sie versumpfen und versinken würde in den alten Schlamm. Ich habe gefühlt, dass ich alles in der Welt, was mir teuer ist, eher hingeben könnte als diesen Beruf [...], mir ist, ich möchte mich freudig rädern und foltern lassen, wenn nur endlich aus mir das würde, was ich werden soll, und was ich einzig und allein, ich weiss es, durch bitteres Leiden werden kann. Glück und Schlaf und Lauheit sind für mich gleichbedeutend – nur nicht Ruhe für mich, lieber Sturm und Wellen und wildes Toben um mich her – ach, ich glaube, ich danke es den herrlichen Bergströmen, dass ich dies wieder so neu und lebendig erkennen gelernt habe. Aare und Rhone und Visp haben mich aufgerüttelt aus dem Halbschlaf mit ihrem wilden, herrlich frischen, immer ruhenden Leben; ja, das war Lebenslust für mich.*»[7]

Die Verwandten gingen davon aus, Maries Gesundheit würde den Anstrengungen eines Studiums nicht standhalten. Trotzdem verfolgte sie unbeirrt ihr Ziel. So fuhr sie nach Zürich, um den Rektor der Universität, Professor Fritzsche, aufzusuchen und mit ihm Einzelheiten ihrer Immatrikulation [= Einschreibung] zu besprechen.

In diesen anspruchsvollen Wochen sorgten gewisse junge Aargauer Ärzte für ein gewisses Kopfschütteln: «*Vorgestern musste ich nach Schinznach zur Weinlese, gestern den ganzen Tag nach Bözen. Alle Leute waren so freundlich – sie schwatzten wieder endlose Dinge über mich – alle jungen Herren der Umgegend wollen mich heiraten, und ich gehe nicht nach Zürich deshalb […]. Letzte Woche musste ich an einen grossartigen ‹Leset› bei Frau Stäbli. Wir waren 29 Personen, junge Herren und Mädchen; beim Essen sass ich neben dem jungen Dr. H. von Turgi, sprach aber nicht viel mit ihm. Nun kommt dieser Tage ein Brief von ihm mit der Bitte, ich solle mich doch den Bruggern nicht entziehen, indem ich nach Zürich gehe, er und Julius Stäbli wollten ein medizinisches Kränzchen bilden, in dem ich Gelegenheit haben sollte, alles mögliche zu lernen; in Königsfelden müsse ich präparieren etc. Mit dieser Einrichtung würde ich nicht nur meine Studien mir weit angenehmer gestalten, sondern auch jungen Ärzten ein Sporn sein zu studieren etc. Denke Dir, diese gelungene Idee! Ich habe bald geantwortet und hoffe, ihm verständlich gemacht zu haben, was ich will mit meinem Studium, und was ich für mein Leben will.*»[8]

Maries Tischherr muss Johann Hunziker von Turgi gewesen sein. Sein Kollege Julius Stäbli arbeitete damals als Unterarzt in Königsfelden, beide hatten 1867, also ein Jahr zuvor, ihr Diplom erworben.[9]

Am 7. Oktober feierte Marie ihren 23. Geburtstag, am 19. Oktober traf sie in Zürich ein. Die Würfel waren gefallen.

Ein «schüchterner Versuch, vom Baum der Erkennnis zu naschen»[1]

Mit diesen Worten beschrieb Jahrzehnte später Friedrich Erismann die Anfänge des Frauenstudiums. Mindestens seit den 1830er-Jahren diskutierten Frauenrechtskreise in den USA und in England die Frage einer besseren Mädchenbildung. 1833 liess das Oberlin-College in Ohio gleichzeitig Frauen und Schwarze zu. Renommierte Universitäten dagegen blieben für Studentinnen auf beiden Seiten des Atlantiks lange unerreichbar. Bezeichnenderweise war die junge Londoner Universität frauenfreundlicher als englische und schottische Hochschulen mit mittelalterlichen Wurzeln. Deutsche Universitäten, die damals weltweit einen hervorragenden Ruf genossen, verhielten sich besonders abweisend. In Preussen waren Frauen ab 1908 zugelassen – 40 Jahre nachdem in Zürich Nadejda Suslova als Erste promoviert hatte. Die bekannte Harvard Medical School bei Boston liess sich gar bis 1945 Zeit!

Es war das Verdienst einzelner Vorkämpferinnen, von Fall zu Fall über Ausnahmebewilligungen die Türen einen Spalt weit zu öffnen. Die Engländerin Elizabeth Blackwell (1821–1910) schloss 1849 eine medizinische Ausbildung am Geneva-College N. Y. ab und erhielt vom Londoner Bartholomew Hospital die Erlaubnis, klinische Studien zu betreiben. 1859 wurde sie ins englische Ärzteregister eingetragen. Doch kaum hatte eine scharfsinnige Frau ein juristisches Schlupfloch gefunden, änderten die Gegner die Gesetze, und die Frauen hatten erneut das Nachsehen.

An der Pariser Sorbonne erwarb die erste Ärztin 1863 ihr Diplom. Die Universität Zürich, gegründet 1833, öffnete als nächste den Frauen ihre Tore. Seit ihrer Gründung lehrten an dieser Hochschule immer wieder liberale deutsche Professoren. Für viele Dozenten am Anfang ihrer Laufbahn war Zürich eine Art «akademischer Wartesaal», von wo aus sie an eine berühmtere Universität berufen wurden. In dieser aufgeschlossenen Atmosphäre hatte Neues eine Chance. Wie so vieles in der Schweiz verlief auch die Zulassung der Frauen zum Hochschulstudium pragmatisch.

Früh schon hatten einzelne Hörerinnen Vorlesungen besucht. 1864 meldeten sich zwei Russinnen, die man auf Zusehen hin gewähren liess. Die eine verschwand nach kurzer Zeit. Als sich die zweite, Nadejda Suslova, zum Abschluss meldete, wurde sie nachträglich immatrikuliert. Ihre Fürsprecher waren die deutschen Professoren Biermer, Fick und Eberth sowie der Schweizer Horner,[2] bei dem Friedrich Erismann als Assistent arbeitete. Die Erziehungsdirektion gab ihr Einverständnis. Wenig später hatte Marie Gelegenheit, einige dieser wohlwollenden – und erstaunlich jungen – Lehrer selbst kennen zu lernen. – Suslovas Doktorpromotion am 14. Dezember 1867 war eine kleine Sensation. Die Kandidatin zeichnete sich durch Begabung und Takt aus und ebnete damit ihren Nachfolgerinnen den Weg.

Die Argumente der Gegner des Frauenstudiums waren vielfältig. So glaubten manche, das «schwache Geschlecht» sei körperlich zu wenig fit, um die Strapazen einer Hochschuldbildung auszuhalten. Für Waschfrauen galten offenbar andere Voraussetzungen! Es fällt auf, wie oft Marie in ihren Briefen betonte, sie fühle sich körperlich bestens, entsprechende Bemerkungen mussten bis zu ihr gedrungen sein.

Im Medizinstudium bekamen Studentinnen Dinge zu sehen, die für höhere Töchter als «unschicklich» galten. Selbst Professoren wunderten sich, dass sie nicht mehr Probleme hatten, vor einem gemischten Publikum über Sexualorgane zu lesen. «Die Vorträge und Demonstrationen werden ohne Rücksicht auf die anwesenden Damen gehalten, und auch bei den anatomischen Übungen und klinischen Vorweisungen wird der Lehrstoff grundsätzlich so behandelt, wie wenn nur männliche Zuhörer anwesend wären»,[3] beantwortete 1870 der Rektor der Universität eine Anfrage aus Würzburg. Auf eine Umfrage 1899 antwortete Rudolf Ulrich Krönlein (1847–1910), ehemaliger Studienkollege Maries und nun Direktor der chirurgischen Klinik: «Die Kliniken sind keine Mädchenschulen und sollen es auch nicht sein; aber der wissenschaftliche Ernst und die rein sachliche Darlegung [... sind] wohl imstande, über die Schwierigkeit der Situation hinweg zu helfen.» Gestützt auf seine Erfahrungen als ehemaliger Student, Assistent und nun ordentlicher Professor erklärte er: «Die Befürchtung, dass die Teilnahme an Vorlesungen und Demonstrationen über sexuelle Gegenstände entweder auf die Sittlichkeit der zugelassenen weiblichen Studierenden einen ungünstigen Einfluss ausüben, oder zu einer mit Anstand und Sitte unvereinbaren Verletzung ihres Schamgefühls führen müsse, diese Befürchtung ist nach meinen Erfahrungen nicht gerechtfertigt [...].»[4]

Die Tatsache, dass Studentinnen in den Hörsälen Seite an Seite neben Studenten sassen, beunruhigte Moralapostel und -apostelinnen. Diesen Einwand widerlegte Marie in ihren Briefen an den Vater, wenn sie noch und noch unterstrich, wie korrekt und kollegial sich die jungen Herren benähmen. Auch der Rektor lobte 1870 die Studierenden: «Die Facultät glaubt übrigens, dass die ernste Arbeitslust und das tactvolle Benehmen der hier studierenden Damen ebenso wie die politische Bildung und das ruhige Wesen der schweizerischen Studierenden für das bisherige Resultat in Anschlag zu bringen sind.»[5]

Manchem Mann und vielen Frauen war der Gedanke unerträglich, dass das Leben als tüchtige Hausmutter einer Frau nicht genügen sollte. Durch harte Arbeit und zurückhaltendes Benehmen konnten die Studentinnen anfänglich skeptische Professoren für sich einnehmen. In der breiten Öffentlichkeit hatten sie dagegen einen schwierigeren Stand. Der Thurgauer Conrad Keller (1848–1930), später Professor der Zoologie an der Eidgenössischen Technischen Hochschule und Kollege Albert Heims, sprach seinen typischen Zeitgenossen wohl aus dem Herzen. Bei einem Studienfreund lernte er dessen, wie er betonte, bildschöne russische Frau kennen, die nach abgeschlossener Gymnasialbildung an die Universität wollte: «Ich riet ihr ab und sagte ihr, dass meiner Meinung nach ihr häuslicher Sinn dadurch kaum gewinnen könne, und empfahl ihr, ihre Studien bei einer tüchtigen schweizerischen Hausfrau zu machen.

Maries Physiologieprofessor Ludimar Hermann war ein Gegner des Frauenstudiums. Die Theorien seines Münchner Kollegen von Bischoff widerlegte er derart scharfsinnig, dass seine Argumente von den Befürwortern übernommen werden konnten. Später wurde Hermann an die Universität Königsberg berufen.

Sie hörte auf meinen Rat, und ihr Mann war erfreut.»[6] – Unterschwellig mag in gewissen Fällen sogar eine gewisse Konkurrenzangst mitgespielt haben.

Ein einziges Argument liess sich nicht von der Hand weisen: Die Studentinnen waren schlechter vorbereitet als ihre Kollegen. Ihre Allgemeinbildung wies teilweise erhebliche Lücken auf. Wir erinnern uns, wie sehr dies Marie zusetzte. Um das Frauenstudium zu retten, reichten Marie und fünf Kolleginnen am 22. Februar 1870 eine Eingabe an den Rektor und den Senat der Universität ein. Sie wünschten eine Verschärfung der Zulassungsbedingungen für Frauen, um ungeeignete Kandidatinnen fern zuhalten. Kurz darauf verlangte das neue Universitätsgesetz von allen Studierenden ein Maturitätszeugnis als Voraussetzung für die Immatrikulation. Damit war die vergleichbare Vorbildung sichergestellt. Übrigens hatten sich die Behörden geweigert, die Zulassungsbedingungen ausschliesslich für Frauen zu verschärfen.

1872 veröffentlichte der Münchner Anatomieprofessor Theodor von Bischoff die Abhandlung «Das Studium und die Ausübung der Medizin durch Frauen». Er fasste die Argumente der Gegner des Frauenstudiums polemisch zusammen und verpasste ihnen ein wissenschaftliches Mäntelchen. Bei der Untersuchung bayrischer Gehirne hatte er festgestellt, dass die weiblichen durchschnittlich um 134 Gramm leichter waren als die männlichen. Gemäss Bischoff hatte die Wissenschaft zudem nachgewiesen, «dass das Weib entschieden ungleich schwächer ist, in seiner ganzen Organisation einen minder hohen Entwicklungsgrad erreicht hat und in allen Beziehungen dem Kinde näher steht als dem Mann.» An anderer Stelle: «All dies ist so sinnlos, naturwidrig, widerwärtig, dass man glauben sollte, schon der entfernteste Gedanke daran müsse jeden Versuch auf einem solchen Weg unterdrücken und unmöglich machen. Aber nein! Die Zahl der Ärztinnen wächst!»[7]

Diese Schrift ging selbst Kritikern zu weit. Der Physiologe Ludimar Hermann (1838–1914), ein Lehrer Maries und später Professor in Königsberg, empfand Bischoffs Werk als Angriff auf die Universität Zürich. Als bekennender Gegner des Frauenstudiums fühlte er sich berufen, seine Hochschule in Schutz zu nehmen und die Wissenschaftlichkeit des Münchner Kollegen anzuzweifeln. In der «Neuen Zürich Zeitung» zerpflückte er öffentlich die «wissenschaftlichen» Beweise des Münchners.[8] Hermann war kein Freund der Emanzipation, mit seiner kühlen Argumentation erwies er jedoch der Sache der Frau einen Dienst – selbst wenn ihm angst und bange war beim Gedanken, dass bald einmal mehr Frauen als Männer Medizin studieren könnten.

Drei Jahrzehnte nachdem Marie an der Universität Zürich studiert hatte, veröffentlichte Friedrich Erismann, inzwischen in der Wissenschaft eine international anerkannte Stimme, einen Aufsatz über das Frauenstudium. In der Einleitung widerlegte er ironisch die Argumente ewig gestriger Gegner – und nahm indirekt von Bischoff aufs Korn. «Das Gewicht des Gehirns erwies sich als nicht massgebend für die geistigen Fähigkeiten des Menschen; das Geschlechtsleben der Frau vertrug sich nicht nur mit dem Studium der Wissenschaft, sondern auch mit der Ausübung jener Berufsarten, die eine Hochschulbildung voraussetzen; die geistige Inferiorität verschwand, sobald man der Frau die Möglichkeit gab, denselben Bildungsgang durchzumachen, den der Mann Jahrtausende hindurch als sein Monopol betrachtet hatte, die Furcht vor dem Untergang des ‹Ewig Weiblichen› bei akademisch gebildeten Frauen erwies sich als grundlos und Haus und Familie hatten nicht nur keine Verluste zu beklagen, sondern konnten sich ökonomisch und kulturell ganz entschiedener Gewinne rühmen.»[9]

Erste Schritte in der
akademischen Welt

Knapp zwei Wochen nach ihrem 23. Geburtstag, am 19. Oktober 1868, traf Marie Vögtlin zum Studium in Zürich ein. Die bald grösste Schweizer Stadt zählte damals rund 20 000 Einwohner. Vom Bahnhof aus sah die künftige Studentin ihr «Schulhaus», den kurz zuvor eingeweihten Palast des Eidgenössischen Polytechnikums. Die kantonale Universität hatte sich in der heutigen Eidgenössischen Technischen Hochschule eingemietet.

Ihr Logis bezog Marie bei Major Ottiker an der Steinwiesgasse in Hottingen. Diese Gegend entwickelte sich in jenen Jahren allmählich von einem Bauerndorf zu einem städtischen Vorort. Maries Zimmer lag eine Viertelstunde Spazierweg entfernt vom Polytechnikum. Gleich um die Ecke hatte sie später ihre Praxis, doch das konnte sie damals noch nicht wissen. Etwa drei Wochen vor Studienbeginn war Marie in Zürich gewesen, um sich ihren Aufenthalt zu organisieren. Damals verpflegten sich Studierende nicht in der Mensa, sondern bei ihrer Schlummermutter: *«Nachmittags ging ich das bewusste Zimmer besichtigen. Schon das Haus, stattlich, neu und freundlich, mit Anlagen und einer grossen Terrasse, machte mir einen günstigen Eindruck; die herzigste junge Frau kam mir entgegen; sie hatte vernommen, wer ich sei und was ich in Zürich wolle. Sie hatte früher Schwierigkeiten gemacht, zuerst wegen der Kost; nun aber schwanden auch diese dahin, als ich ihr sagte, dass ich über eine*

*einfache bürgerliche Kost hinaus keinerlei Ansprüche mache. Das Zimmer
ist klein, aber äusserst heimelig und freundlich, artig möbliert, und dicht
daneben die Terrasse, die ich meistens alleine benutzen kann. Ich kann Dir
gar nicht sagen, wie mir die Frau so gut gefallen hat; sie sieht so nobel und
zugleich so herzlich und zutrauenerweckend aus, dass mir die Luft in der
Wohnung ganz heimatlich vorkam. Nun ist alles richtig, und in drei Wochen werde ich schon eingezogen sein.»*[1]

Bis zuletzt erfüllte Marie die Pflichten ihrer alten Existenz: «*Nun
habe ich noch viel Arbeit und nächste Woche Wäsche und Weinlese, und
dann vermutlich Abschiedsreise*»,[2] meldete sie ihrer Freundin. Kurz vor
ihrer Reise nach Zürich musste Marie für einen Tag nach Bözen. Wie
jedes Jahr arbeitete sie zudem im Weinberg in Schinznach-Dorf, den
Vögtlins von Henriette geerbt hatten. (Bis 1910 blieb die Traubenlese ein
regelmässiges Thema in der Familie, dann verkauften Marie und ihre
Schwester Anna den Rebberg.)

Ihre etwas zögerlichen Schritte ins neue Leben beschrieb die Studentin der Freundin in Schwanden: «*Am Montag erst bin ich gekommen,
nachdem ich noch unendlich zu arbeiten gehabt hatte. Und nun fand ich,
dass ich überall zu spät war, um mit den andern Frauen die Geschäfte zu
besorgen, und habe nun überall allein umherlaufen müssen [...]. Du
machst Dir kaum einen Begriff, wie umständlich es ist, alle diese Dinge ins
reine zu bringen, wie viele vergebliche Gänge, und wie zu allererst es mir
peinlich war, überall unter Studenten zu stehen und mich passiv begaffen
lassen zu müssen, – das habe ich nun nach zwei Tagen schon fast überwunden; das kurze Gesicht [= Kurzsichtigkeit] kommt mir sehr zustatten in
dieser Beziehung – ich sehe kaum je eines Studenten Gesicht, und so denke
ich auch nicht daran, dass ich gesehen werde, à la Vogel Strauss.*»[3]

Besonders neugierig war Marie auf ihre Mitstudentinnen. «*Denk
Dir, wir sind nur 8 Frauen; 5 neue mit mir, 2 Russinnen, eine Americanerin und eine Engländerin. Die Russinnen gefallen mir weniger, aber die
zwei anderen, mit denen ich alle Collegien theile, haben mich heute, wie
ich sie zum ersten mal sah, ungemein angesprochen.*»[4]

Marie hatte Glück; spontan freundete sie sich mit Susan Dimock
aus Boston an. Diese Begegnung erleichterte ihr den Einstieg in die akademische Welt ungemein, da Miss Dimock über solidere naturwissen-

Viele Hürden sind genommen: Marie als Studentin.

schaftliche Vorkenntnisse verfügte. Andererseits fand die junge Ausländerin dank ihrer Schweizer Freundin leichter Kontakte zu Einheimischen. Marie brachte es im Brief nach Schwanden auf den Punkt, die Beziehung war von Anfang an zum «mutual benefit», zum gegenseitigen Vorteil: «*Mit der Americanerin habe ich ein Arrangement getroffen, nach dem wir jeden Abend zusammen studieren. Sie versteht noch wenig deutsch, hat aber schon in Boston 2½ Semester studiert und kennt die Fächer schon ziemlich genau, in denen ich Neuling bin. Sie sagte mir, sie wäre arm und hätte Not durchzukommen; nun müsste sie einen englischen Studenten suchen, der ihr nachhülfe bei den Arbeiten, und das würde ihr wegen des Zahlens schwer fallen. Ich war froh, sie bitten zu können, mich statt des Studenten anzunehmen, und nun haben wir zu mutual benefit associated; ich werde jetzt Gelegenheit haben, gründlich englisch zu lernen.*»[5]

Offensichtlich genügte Maries Schulenglisch für erste Kontakte. Die Freundschaft vertiefte sich rasch. Nur wenige Wochen nach Semesterbeginn planten die beiden Frauen bereits eine gemeinsame Pfingstreise ins Glarnerland, Marie wollte Miss Dimock ihre Lieblingslandschaft zeigen. Selbstverständlich siezten sich die Studierenden. Auf Maries Wunsch gingen sie und Susan ein Jahr später zum vertraulichen Du über: «*Ich bin sehr froh, sie zu haben; jetzt, seit wir uns du sagen, ist es doch noch viel schöner. Sie dachte zuerst immer, es komme auf das nämliche heraus, ob ‹du› oder ‹Sie›, wenn man beides vor anderen Leuten sagt; das ‹Du› habe dann doch keinen Wert […]. Aber sie sieht nun doch, dass ein Unterschied da ist, und ist sehr zufrieden.*»[6]

Zum Einstieg ins Studium gehörte damals eine Antrittsvisite bei den Professoren: «*[…] dann hatte ich alle meine Professoren aufzusuchen und verfehlte sie meistens.*» Es rächte sich, dass Marie wegen ihrer Hausfrauenpflichten erst knapp vor Semesterbeginn angereist war.

Mittwoch, den 21. Oktober 1868 war es endlich so weit, die Arbeit konnte beginnen: «*Und heute war nun das erste Kolleg Anatomie, wo wir unser fünf waren; ich hatte nicht die geringste Emotion, es war nur ein Gerippe da, noch keine Leichen. Wir sassen alle fünf zusammen, bei den Studenten dachte ich nun nichts. Ich bekomme recht viel Arbeit, da ich präparieren werde, was mir wöchentlich ungefähr achtzehn Stunden in Anspruch nimmt. Meine Collegien werden anders, als ich zuerst gedacht: Anatomie, Osteologie, Syndesmologie, Chemie und Zoologie, und dann erst Präparieren.*»[7]

Am folgenden Tag meldete Marie bereits stolz: «*Ich bin nun ziemlich eingewöhnt, obgleich heute erst der zweite Kollegientag ist; ich habe mich nie fremd gefühlt in den Hörsälen.*» Zu ihrem Wohlbefinden trug die Solidarität der studierenden Kolleginnen bei: «*Die Damen sind über alle Massen zuvorkommend und liebevoll gegen mich […]. Eine andere Engländerin hat mir gestern eine Menge Knochen zugetragen, an denen ich studieren kann […]. Wir werden jedenfalls ein Freundeskorps bilden und eng zusammen halten. Ich kann Dir überhaupt nur sagen, dass alles unvergleichlich viel leichter geht, als ich mir gedacht. Wenn ich nur mit der Arbeit vorwärts komme, so ist alles gut. Die Studenten spielen gar keine Rolle in den Eindrücken, die ich empfange. Nur auf der Strasse ist das Begafftwerden merkbar und unangenehm; doch das wird von kurzer Dauer sein.*»[8]
Tatsächlich war das Unbehagen von kurzer Dauer. Schon nach einigen Tagen beobachtete Marie ihre Kommilitonen mit Interesse.

Marie Ritter scheint sich über die geschenkten Knochen gewundert zu haben. Im nächsten Brief erläuterte Marie: «*Warum lachst Du darüber, dass mir eine Studiengenossin Knochen gebracht hat? Das war ein höchst verdienstliches Werk, denn man muss sie notwendig zu Hause studieren, da sie so kompliziert sind und jedes Höckerchen und Eckchen seinen besonderen lateinischen Namen hat – und ich hätte sie sonst für sehr viel Geld kaufen müssen. Also lach nur nicht.*»[9]

Anatomie hörte Marie bei Hermann von Meyer (1815–1892) – sein Übername lautete «Knochenmeyer» – der die Studentinnen liebenswürdig förderte. «*Das Präparieren an Leichnamen hat mir nicht im geringsten ein unangenehmes Gefühl erregt; ich sehe alles ohne jeden Ekel.*»[10] Im November schwärmt Marie: «*[...] dass die Anatomieluft, vor der Du schauderst, meine liebste Luft ist, und dass ich jede Stunde beklage, die ich aus Mangel an Arbeitskraft nicht dort zubringen kann, und ferner, dass ich mich sehr viel mit Thieren und ihrer Konstruktion beschäftige, die du nicht als rechte Thiere gelten lassen willst. – Mit deiner Vorstellung über das Ins Werk setzen dieses Studiums bist Du ziemlich richtig, ich pflege allerdings die Knochen in der rechten Hand zu halten, das Buch aber liegt auf dem Tisch. Ein einziger Beckenknochen zum Beispiel hat über dreissig Punkte, die ihre speziellen Namen besitzen; mein bisschen Latein kommt mir dabei äusserst wohl. Die Arbeit im Präpariersaal, wo ich also seziere, vorläufig um alle Muskeln des Körpers kennen zu lernen, ist meine grosse Freude; der Professor ist äusserst gütig und schenkt mir alle mögliche Aufmerksamkeit, so auch seine Assistenten, so dass ich hoffe, dieses Fach gründlich zu lernen.*»[11]

Nach drei Wochen an der Universität war Maries Bilanz mehr als positiv. Die Studentin lebte auf, fand sich im neuen Umfeld bestens zurecht und war vom Studium begeistert.

Maries Kolleginnen – «über alle Massen zuvorkommend und liebevoll»

Wie zu keinem anderen Zeitpunkt ihres Lebens bewegte sich Marie im Kreise ihrer Studienkolleginnen in einer internationalen Welt. Das kleine Zürich bot Medizinstudentinnen aus der angelsächsischen Welt und dem Zarenreich eine einmalige Chance. Teilweise hatten diese jungen Frauen vor Studienbeginn noch dramatischere Erfahrungen gemacht als Marie selbst. Ausnahmslos alle Frauen, die damals ihre Ausbildung an der Universität abschlossen, waren überdurchschnittlich begabt, verfügten über ein aussergewöhnliches Durchhaltevermögen und hatten eine starke Persönlichkeit. Im Übrigen waren sie grundverschieden, wie ihre späteren Lebenswege zeigen.

Nicht immer konnte Marie hinter die schützenden Masken ihrer Kolleginnen sehen, aber mit begeisterter Neugierde liess sie sich auf ihre Umgebung ein. Der erste Eindruck von ihren Kolleginnen war erfreulich. Rechtzeitig hatte Marie Informationen über ihr künftiges Umfeld gesammelt. «*Die Engländerinnen in Zürich kenne ich persönlich noch nicht, habe aber von zuverlässiger Seite genug von ihnen gehört, um zu wissen, woran ich mit ihnen bin. Die eine von ihnen ist eine ziemlich ‹kalte Engländerin›, aber ‹sehr geschickt*»,[1] schrieb sie im Frühherbst. Wer die «zuverlässige Seite» sein mochte?

Die drei britischen Studienkolleginnen Maries, Miss Morgan, Mrs. Atkins und Miss Walker, hatten in der Londoner Poliklinik der ersten englischen Ärztin, Elizabeth Garrett-Anderson, ein Praktikum absolviert und sich mit Hilfe von Privatunterricht auf ihre ersten Prüfungen vorbereitet.[2] Kaum hatte Miss Morgan im Januar 1867 die Examina bestanden, wurden die Gesetze geändert und Frauen von weiteren Prüfungen ausgeschlossen. Zürich war die einzige Hoffnung.

Mit der «kühlen Engländerin» war die formidable Frances Elizabeth Morgan (1843–1927) gemeint. Marie erwähnt sie in ihren Briefen selten. Da Miss Morgan bei Maries Studienbeginn bereits ziemlich fortgeschritten war, besuchten die beiden Frauen keine gemeinsamen Lehrveranstaltungen: «*Miss M. allein kenne ich noch nicht*», schrieb Marie am 21. Oktober 1868. Die Prima Donna liess auf sich warten.

Eigentlich war die «Engländerin» eine Waliserin, Tochter eines Theologen, die mit 15 Jahren Grossbritannien verlassen hatte. Sie hielt sich zu Ausbildungszwecken in Paris und Düsseldorf auf und entschied sich, Medizin zu studieren. Nachdem ihr Weg in London zu einer Sackgasse geworden war, wechselte sie nach Zürich.

Auguste Forel, ein aufmerksamer Zeitgenosse der ersten Studentinnen und später Psychiater und Direktor der Universitätsklinik Burghölzli, verfolgte mit scharfem Blick das Tun und Lassen der jungen Frauen. Frisch von der Leber weg berichtete er regelmässig seiner Mutter das Neueste: «Mademoiselle Morgan devient de plus en plus synonyme d'un étudiant du sexe masculin.»[3]

Noch vor Maries Ankunft überwältigte Miss Morgans Eifer den jungen Forel: «Mlle Morgan continue à être le centre des étudiants femelles; elle s'est flanquée une telle masse de cours sur le dos que je ne comprends absolument pas comment elle y tient: Elle suit la clinique médicale, clinique chirurgicale, un laboratoire de chimie (12 heures par semaine), les cours de chirurgie, pathologie spéciale, pathologie générale, un cours de SANSCRIT, la chimie physiologique, le cours d'auscultation et percussion et un tas d'autres que je ne sais pas, elle en a bien 50–60 heures par semaine. Cela ne l'empêche pas de s'amuser pendant ses vacances; elle a été à Genève et à Lausanne (elle a oublié de venir me faire visite en passant).»[4]

«[…] par dessus le marché elle passe sa nuit à l'hôpital d'accouchement, ce qui ne lui donne pas du tout les pâles couleurs; il faut qu'elle ait une santé de cheval; je n'y tiendrais pas 8 jours si je travaillais comme elle. Par contre, je crois que cela réagit un peu sur son caractère, elle est passablement SCIE ces temps.»[5]

Selbst in seinem Lebensrückblick erinnerte sich Forel an einen Zwischenfall in der Anatomievorlesung: «Als der gute alte ‹Knochenmeyer› […] Bedenken erhob und Befürchtungen aussprach, vieles in einem anatomischen Praktikum möchte für Damen nicht geziemend und anständig erscheinen, antwortete sie ihm mit souveräner Sicherheit: ‹Herr Professor, es ist viel unanständiger und auffallender, hier Ausnahmen zu machen. Wir wollen ohne jede Einschränkung an den Übungen teilnehmen.›»[6] Miss Morgans selbstbewusst-kämpferische Antwort brach den Bann auch für ihre Nachfolgerinnen.

Ihre Doktorpromotion am 12. März 1870, die zweite einer Frau in Zürich, machte Geschichte. Promotionsprüfungen fanden damals öffentlich statt. Aufgrund ihrer Kenntnisse von englischen Publikationen war die Kandidatin zu anderen Schlüssen gelangt als ihr Doktorvater Anton Biermer. Vor speziell zahlreichem Publikum widerlegte sie den Professor. «Das war ein denkwürdiger Tag», kommentierte Forel, der bei diesem Anlass anwesend war.[7]

Ihre Studien setzte Miss Morgan in Wien, Paris und Prag fort. Im März 1871 kehrte sie ins «St. Mary's Dispensary for Women and Children» in London zurück. Nach Meinungsverschiedenheiten wegen Garrett-Andersons chirurgischer Fähigkeiten verliess sie das Spital. 1874 heiratete sie den Arzt George Hoggan (1837–1891), auch er eine originelle Persönlichkeit. Diesem Selfmademan Hoggan war nichts geschenkt worden. In Edinburgh hatte er eine Lehre bei einem Ingenieur absolviert, diente dann in der indischen Marine, nahm 1860 am Krieg gegen China teil und war 1868 in Äthiopien. Nach seinem Abschied von der Navy finanzierte Hoggan sein Studium mit der kleinen Rente.[8] Frances E. Morgan und George Hoggan waren das erste englische Ärztepaar. Sie praktizierten in der gleichen Praxis und publizierten gemeinsam zahlreiche wissenschaftliche Arbeiten.

Aus Krankheitsgründen gab George Hoggan 1884 seine Praxis auf. Das Paar liess sich in Südfrankreich nieder, wo Hoggan 1891 starb. Die Witwe kehrte nach England zurück, verzichtete aber auf eine Rückkehr

«Sie hat mein Herz beim ersten Anblick gewonnen», schrieb Marie über ihre russische Kollegin Maria Bokova, eine Freundin von Nadejda Suslova. Im Deutsch-Französischen Krieg begleitete Maria Bokova 1871 als einzige Frau den Hilfszug der Studierenden nach Belfort.

in die Praxis, publizierte viel und engagierte sich mit der bekannten Energie gesellschaftspolitisch, zum Beispiel gründete sie medizinische Schulen für Frauen in Madras, Bombay und Kalkutta und kämpfte für die Besserstellung der Schwarzen in den Vereinigten Staaten. – Erst seit kurzem ist bekannt, dass die scheinbar so selbstsichere junge Frau all die Jahre ein Geheimnis mit sich herum trug. Mit 17 Jahren hatte sie in Brüssel ein uneheliches Mädchen geboren. Um die Tochter zu schützen, gab Morgans Mutter ihre kleine Enkelin Elise als ihr eigenes Kind aus.[9]

Das Schicksal ihrer Studienkollegin Louise Atkins appellierte an Maries romantische Ader: «*Mrs. Atkins ist eine junge Witwe, die zwei Jahre nach ihrer Verheiratung schon ihren Mann in Ostindien verloren hat; sie hatte ihn sehr geliebt, und als sie einsam zurückkam, fühlte sie das Bedürfnis, die Lücke mit einem strenge Arbeit erfordernden und zum Nutzen*

In Maries ersten Zürcher Tagen schenkte ihr Eliza Walker einige Knochen für das Anatomie-
studium. Als erste Frau erhielt sie eine Unterassistentenstelle bei Professor Biermer.
Später praktizierte sie in Bristol.

---

für andere auszuübenden Lebensberuf einigermassen auszufüllen. Man
hat sie mir als sehr liebenswürdige Frau geschildert. Ich bin bereits bei ihr
empfohlen.»[10]

Mit Mrs. Atkins traf sich Marie in den ersten Tagen ihres Studiums:
«*Die englische Witwe hat mich aufgesucht und ist überaus gütig gegen*
mich. Du solltest diese Frau sehen. Mir kommt sie jetzt noch vor fast wie
eine Heilige. Sie ist nicht schön, aber ich glaube, wer sie einmal gesehen hat,
kann sie nicht mehr vergessen, – sie kommt mir vor wie das Ideal einer Wit-
we, wie wenn sie allen Genuss des Lebens mit ihrem Mann ins Grab gesenkt
hätte und nun ihre ganze Kraft der Arbeit, dem Dienst der Liebe widmen
wollte.»[11] Bei dieser Begegnung war auch Nadejda Suslova ein Thema.
Für Suslovas Liebenswürdigkeit hatte Mrs. Atkins nur lobende Worte.

Forel zeichnet ein freundliches Porträt von seiner Kollegin Mrs. Atkins: «Elle a surtout moins haute idée d'elle même et est profondément

convaincue des difficultés de la médecine, de la peine que cela lui donne, de son ignorance relative, encore, et des scabrosités de la position pour le beau sexe. – C'est du moins ce qu'elle m'a dit l'autre jour.»[12]

Die Arbeit im Seziersaal war gefährlich. Wer nicht aufpasste, riskierte eine hässliche Infektion, wie Mrs. Atkins erfahren musste: «Mme Atkins a eu la lumineuse idée de se couper à son autopsie et la voilà dans son lit avec un panari [= Umlauf, eitrige Fingerentzündung] et la fièvre, comme Mme Bokowa l'hiver passé.»[13] Nach ihrer Promotion 1872 arbeitete Mrs. Atkins in einem Frauenspital in Birmingham.

«Eine andere Engländerin hat mir gestern eine Menge Knochen zugetragen, an denen ich studieren kann.»[14] Die kollegiale Engländerin muss Eliza Walker gewesen sein, «une toute jeune Ecossaise d'Edimbourg [...] est très jolie, et se trouve placée sous la haute direction de Mlle Morgan.»[15] Miss Walker wohnte in derselben Pension wie Miss Morgan. Als erste Frau erhielt Eliza Walker bei Professor Biermer eine Unterassistentenstelle. Nachdem sie in Zürich abgeschlossen hatte, zog sie zur weiteren Ausbildung nach Wien. 1873 übernahm sie den Posten eines Hauschirurgen im Bristol Royal Hospital for Sick Children. Das Glück dauerte allerdings nur ganze fünf Wochen, dann reichten die anderen Ärzte, wie zuvor angedroht, ihre Demission ein, um eine Frau als Hauschirurgin zu verhindern. Walker ersparte dem Spital weitere Schwierigkeiten, zog sich zurück und praktizierte in Bristol. 1895 gründete sie ein kleines Privatkrankenhaus für Frauen und Kinder, das Ärztinnen die Möglichkeit zu Praktika bieten sollte. Daneben setzte sie sich aktiv für die Frauenrechte ein. Um 1890 muss sie Zürich und Forel besucht haben.[16] Ob sie damals auch Marie wieder sah?

«Die Damen sind über alle Massen zuvorkommend und liebevoll gegen mich. Gestern habe ich Mme Bokova gesehen; auch sie hat mir einen tiefen Eindruck gemacht. Es ist eine überaus fein aussehende, schöne Dame mit dem lieblichsten Wesen, das man sich denken kann.»[17]

Maria Bokovas Leben (1839–1929)[18] liest sich wie ein Filmskript, und tatsächlich war sie das Vorbild der «neuen Frau» im viel gelesenen Roman «Was tun?» (1863) des Russen N. G. Cernysevsky. Maria Obrutseva, wie sie ledig hiess, war die Tochter eines Generals und Gutsbesitzers. Um der väterlichen Vormundschaft zu entfliehen, liess sie sich von ihrem Bruder an dessen besten Freund, den Petersburger Arzt Petr I. Bokov vermitteln, der Maria zum Schein heiratete. Sie war eine der ersten Absolventinnen der Medizinisch-Chirurgischen Akademie in Petersburg und seit ihrem 16. Lebensjahr die beste Freundin Nadejda Suslovas.[19] Die Dinge komplizierten sich, nachdem Maria in ihrer Scheinehe mit Bokov eine intime Beziehung einging und sich dann in ihren Physiologielehrer Ivan M. Setchenov verliebte. Während einiger Zeit lebte Setchenov im Bokov'schen Haushalt in einem ménage à trois, dann erbat sich die junge Frau ihre Freiheit und kam zum Studium nach Zürich. Möglicherweise kannte Fritz Erismann Maria Bokova, denn Marie hatte noch von Brugg aus an Marie Ritter geschrieben: «*Mehr als auf diese drei [Engländerinnen] freue ich mich auf eine junge Russin, welche diesen Frühling nach Zürich gekommen ist, um während einiger Jahre Medizin zu studieren. Bei dieser Frau werde ich ein offenes Herz finden, das weiss ich.*»[20]

Nach dem ersten Monat in Zürich bedauerte Marie: «*Leider sehe ich Frau Bokova fast nie, da sie ganz andere Collegien hört wie ich; ich möchte sie sehr gerne kennen lernen; sie hat mein Herz beim ersten Anblick gewonnen. Es ist ein Ausdruck von ungewöhnlicher Noblesse und Freiheit und liebevoller Wärme in ihrem Gesicht; sie hat mich empfangen wie eine Schwester.*»[21]

Als einzige Frau nahm Maria Bokova im Januar 1871 im Deutsch-Französischen Krieg am Zürcher Hilfszug nach Belfort teil. «Mme Bokowa est avec nous»,[22] schrieb Forel seinem Vater. Er und sein Freund Bugnion stellten den sprachlichen Kontakt zu den verletzten französischen Soldaten und den lokalen Dorfbehörden sicher.

Eine Zeit lang hatte Marie selbst gehofft, mit von der Partie zu sein: «*[…] und dann, wenn ich wieder ganz stark bin, wahrscheinlich mit der hiesigen Hilfskolonne ins Ausland zur Krankenpflege. Dies letztere darfst Du niemand sagen, ich habe zu Hause noch nicht davon gesprochen.*»[23]

Dass Maria Bokova mitfahren durfte, hing neben ihrer abgeschlossenen Ausbildung vermutlich mit ihrem Zivilstand zusammen. In Frankreich führte sie das Materialdepot, das heisst, sie verwaltete die mitgebrachten Hilfsgüter und Medikamente, war aber nicht als Ärztin tätig. Professor Rose lobte die Russin, die «durch ihre bescheidene und tapfere Thätigkeit bald Aller Herzen gewann.»[24] In der gleichen Schrift berichtete er, die Franzosen hätten alle ledigen Frauen versteckt, um sie vor Übergriffen zu schützen.[25] Der Aufenthalt bei den Truppen beziehungsweise den Gefangenen war nicht nur strapaziös, sondern konnte für eine Frau bedrohlich werden.

Noch im selben Jahr 1871 schloss Maria Bokova ihre augenärztliche Dissertation bei Professor Horner ab. In zweiter Ehe heiratete sie ihren früheren Lehrer, den Physiologen Ivan M. Setchenov, bei dem ihre Freundin Suslova ihre Doktorarbeit verfasst hatte.[26] In Russland arbeitete Maria Bokova als Augenärztin, zudem übersetzte sie Brehms «Tierleben» sowie mehrere Werke Darwins ins Russische.

Nur mit einer Studienkollegin schloss Marie eine enge Freundschaft: Susan Dimock. Zusammen verbrachten sie einen grossen Teil ihrer Arbeits- und Freizeit. Sie hatten sich, trotz einem geografisch und gesellschaftlich ganz anderen Hintergrund, offensichtlich viel zu sagen.

Sophie Heim – von der Freundin zur Schwägerin

«Als ich Montags in Zürich anlangte, wartete Miss Dimock auf mich und begleitete mich in mein Zimmer. Wie ich die Thüre aufmachte, kam mir der süsseste Blumenduft entgegen und auf dem Tisch fand ich den schönsten Strauss von halboffenen Rosen, den ich je gesehen – in einer ebenso schönen Vase. Ich brauchte nicht zu fragen, von wem sie seien – ich wusste schon, dass Fräulein Heim so an mich gedacht hatte. [...] Ich mache täglich Spaziergänge mit Miss Dimock oder Frl. Heim oder beiden zusammen.»[1] Mit diesen Worten beschrieb Marie ihrem Vater im Herbst 1869 ihre Rückkehr nach Zürich, wo sie ihr zweites Studienjahr aufnahm.

Kurz nach Studienbeginn hatte Marie bei Rudolfine Blumer Sophie Heim (1847–1931) kennen gelernt, die Italienischlehrerin der Familie. Rasch schlossen die beiden Frauen eine tiefe Freundschaft. Während der Studienzeit war die um zwei Jahre jüngere Lehrerin neben Susan Dimock Maries wichtigste Zürcher Freundin. Über Sophie fand Marie Zugang zur Familie Heim, in der sie sich ausgesprochen wohl fühlte. Wie sich die Freundschaft nach Maries Heirat mit Sophies Bruder Albert weiterentwickelte, ist nicht dokumentiert. Allerdings gibt es Anzeichen dafür, dass die Beziehung im Lauf der Jahre an Intensität verlor. Im Familienleben der Familie Heim aber spielte Tante Sophie weiterhin eine wichtige Rolle.

Die Italienischlehrerin Sophie Heim lernte Marie bei ihrer Cousine Rudolfine Blumer kennen. Die beiden Frauen teilten zahlreiche Interessen wie Bergsteigen oder die Lektüre
der Werke des englischen Nationalökonomen, Politikers und Vorkämpfers für Frauenrechte John Stuart Mill (1806–1873). Sophie Heim war die Autorin eines mehrfach aufge-
legten Italienischlehrmittels.

Sophie war eine starke, vielseitige Persönlichkeit und wie Marie eine Pionierin in Frauenfragen. An ihrer Abdankung zeichnete ein Freund ihres Bruders Albert, Professor Carl Schröter (1855–1939), ein eindrückliches Bild: «Ein hervorstechender Zug im Charakter von Sophie Heim war ihr Drang zu einer gewissen Selbständigkeit und Unabhängigkeit [...]. In manchen Dingen war sie eine Vorkämpferin der Frauenemanzipation im besten Sinne des Wortes.»[2]

Marie muss Sophies sportliche Seite geschätzt haben. Nach Schröter war sie das erste Mädchen in Zürich, das sich auf Schlittschuhe wagte, wovon Marie begeistert profitierte: «*Morgen bin ich den Vormittag mit Frl. Dimock bei Fräulein Heim zu italienischer Lektüre, dann essen wir dort zu Mittag und gehen dann auf eine Schlittschuhstation und machen dort Experimente. Fräulein Heim und Ernst [Sophies jüngster Bruder] wollen michs lehren und ich habe grossen Enthusiasmus – es ist eine der gesundsten exercices – und nachdem ich im Wasser mich bewegen gelernt, will ich nun auch das Eis überwinden. Ich freue mich enorm.*»[3]

Einen Monat später tönte es bereits selbstsicher: «*Am Mittwoch Nachmittag, den ich frei hatte, ging ich mit Ernst und Sophie Heim wieder aufs Eis und nun habe ich wirklich entschiedene Fortschritte gemacht, denn ich konnte nun lange Zeit ohne müde zu werden, herumfahren und fiel in 3½ Stunden nur drei mal ganz fürchterlich auf die Hände.*»[4]

Vermutlich stand Sophie auch hinter der neuen Vertrautheit mit dem Wasser. Sophie war nämlich die erste Schwimmerin in Zürich, im Alter von 70 Jahren schaffte sie immer noch die Strecke von Pfäffikon zur Insel Ufenau.

Mit ihrem Bruder Albert war Sophie ein Leben lang sehr eng verbunden. «Die Eltern bezeugten es als ein schönes Kuriosum, dass die beiden ältesten Kinder, Sophie und Albert, in ihrer ganzen Jugendzeit nie den geringsten Streit miteinander hatten. ‹Und das ist bis ins Greisenalter so geblieben›, fügt Professor Heim hinzu.»[5] Mit Marie teilte sie neben vielem anderen die Liebe zu den Bergen, selbstverständlich war auch Sophie eine unerschrockene, versierte Bergsteigerin.

Ende August 1869 zog es Marie wieder einmal nach Richisau. Sophie war mit von der Partie. «*Nur zwei Worte, um Dir zu sagen, dass ich heute nach Zürich gehe und morgen durchs Wäggital mit Fräulein Heim nach Richisau. Der Glärnisch kommt einmal im Laufe der Woche [...]. Aber ich bitte Dich, habe nicht Angst, es ist gewiss nicht gefährlich, und ich bin fest auf den Füssen. Auf den Exkursionen bin ich noch kein einziges Mal ausgeglitten, geschweige denn gefallen [...].»*[6]

Zwar regnete es, doch schien Marie guter Dinge, schrieb sie doch an Marie Ritter:

«Hier sitze ich wieder in meinem alten Richisau, wo es mir königlich wohl ist trotz Regen und Nebel. Herr Heim kommt wahrscheinlich heute, und auf den Glärnisch geht's, sobald das Wetter sicher ist. Bitte, bitte, habe doch keine Angst. Ich werde sehr sorgfältig sein. Vielleicht übernachten wir zweimal oben.»[7]

Albert Heim hatte den Auftrag, das Panorama vom Glärnisch aus zu zeichnen. Sophie und Marie wollten ihn dort oben besuchen. Um das notwendige Material auf den Berg zu bringen, stellte die Sektion Glarus des Schweizer Alpenclubs Albert einen Träger zur Verfügung. Das Leben auf dem Gipfel war denkbar einfach: Die Schutzhütte war selbst in Maries Augen sehr primitiv, Wasser und Holz mussten von weit her geholt werden.

Obschon es regnete, war Marie bereits vor dem Aufstieg in Hochform: *«Wir hatten schon einen vergnügten Nachmittag, denn die Geschwister Heim, wenn sie gewonnen sind, sind an und für sich schon sehr fröhlich und wir drei interessieren uns alle für die nämlichen Dinge mit der nämlichen Lebhaftigkeit»*,[8] schrieb Marie nach Brugg.

Auf dem Gipfel gingen Sophie, Albert und Marie zum freundschaftlichen «Du» über. Albert und Marie bezeichneten später diese Tage als ihre Verlobung. Nach dem Abstieg vom Glärnisch tönte es weiterhin begeistert: *«Es ist für mich wunderschön in dieser Gesellschaft in den Bergen zu sein – ich habe nie vorher so viel Genuss gehabt, weil die beiden Geschwister wirklich typische Schweizer sind und weil sie so vieles wissen und verstehen, was ich in anderer Reisegesellschaft nie lernen würde.»*[9]

Marie besuchte in Schwanden Marie Ritter und fuhr dann über Zürich nach Brugg. Auch Sophie schien euphorisch: *«Sophie Heim holte mich in Zürich ab und ich ging gleich zuerst in ihr Haus; sie hatte alles für meinen Empfang mit Alpenblumen bekränzt. Wir hatten einen sehr schönen Abend und machten eine Mondscheinfahrt auf dem See – gegen die*

Berge war es schon Nacht; gegen die Stadt und den Albis glühte der Himmel und der See in den wunderbarsten Farben.»[10]

Wenige Monate später bewies Sophie, dass in schwierigen Tagen Verlass auf sie war. Während Tagen litt Marie an entsetzlichen Zahnschmerzen: «*Meine zwei Vielgetreuen, Frl. Dimock und Heim liefen direkt zu Billeter für mich.*»[11]

Zahnarzt Billeter verschrieb an diesem Abend Chloroform, und Susan blieb die ganze Nacht bei Marie.

Wie für Marie hatte auch für Sophie der Beruf einen hohen Stellenwert. Als erste Frau am Seminar Küsnacht hatte sie im April 1868 die Prüfung in den Fächern Deutsch, Englisch und Französisch bestanden, wenige Monate darauf kreuzten sich die Wege der Freundinnen. Im März 1873 erwarb Sophie – offenbar als Hörerin – an der Universität das Fachdiplom für Italienisch, was ihr zwei Jahre später den Eintritt in das Lehrerteam der neu gegründeten Höheren Töchterschule erlaubte. Neben der männlichen Aufsichtskommission hatte die Schule zusätzlich ein «Damenkomitee», dem Sophies mütterliche Freundin, «Frau Stadtschreiber Spyri», also die Schriftstellerin Johanna Spyri, von 1875 bis 1892 angehörte.

«Als erste Lehrerin an der Töchterschule wurde schon auf deren Eröffnung hin Fräulein Sophie Heim gewählt. Sie unterrichtete Italienisch und war während vieler Jahre die einzige vollamtlich tätige Fachlehrerin an einer zürcherischen Mittelschule.»[12] 1893 erhielt Sophie als Kollegin die später berühmte deutsche Schriftstellerin Ricarda Huch, welche die Fächer Deutsch und Geschichte unterrichtete.

1875, kurz nachdem Marie und Albert von ihrer Hochzeitsreise zurückgekehrt waren, besuchte die Schriftstellerin Luise Büchner die Familie Heim. Sie war zu einer Gedenkfeier für ihren 1837 verstorbenen Bruder Georg Büchner nach Zürich gereist und nützte die Gelegenheit, um sich über die hiesige Frauenbildung ins Bild zu setzen. «In Fräulein Sophie Heim lernte ich eine, trotz ihrer Jugend ausgezeichnete Sprachlehrerin kennen, die sich auf dem Gebiete der modernen Sprachen eine nicht gewöhnliche Ausbildung angeeignet hat. Sie lehrt das Französische, Deutsche und Italienische in gleicher Vollkommenheit und ist namentlich den ausländischen Studentinnen von grosser Hilfe, die meist durch sie im Deutschen schnell so weit gebracht werden, um den Vorlesungen folgen zu können.»[13] Sophie erklärte Luise Büchner den Aufbau des Zürcher Schulsystems.

Bis zu ihrer Erkrankung 1899 blieb Sophie an der Mädchenschule im Grossmünster. In den folgenden Jahrzehnten nahm sie weiterhin an den Geschicken der Schule lebhaften Anteil. Wie es sich für eine unverheiratete Frau gehörte, lebte sie bis zu deren Tod 1898 bei ihrer Mutter. Die letzten 29 Jahre ihres Lebens wohnte sie gemeinsam mit einer «Hausgenossin», wie es im Nachruf hiess.

Sophie teilte nicht nur viele Interessen mit Marie, sie pflegte ebenso ihre eigene intellektuelle Welt. «Italien war ihre zweite, geistige Heimat», fasste ihre Nachfolgerin an der Töchterschule, Elsa Nerina Baragiola, Sophies Liebe zum Süden zusammen. Ihre Italienischkenntnisse hatte sie in Florenz vertieft, später durchfuhr und durchwanderte sie Italien in alle Richtungen. Mit ihrer Tante und Patin Nanette Fries, der Kunstmalerin, die nach Italien ausgewandert war, stand Sophie in engem Kontakt. Nannette Fries leitete während einiger Zeit eine Kunstschule für Damen in Florenz – wo Marie und Albert sie auf ihrer Hochzeitsreise besuchten. Ihren Lebensabend verbrachte Nanette Fries in Sestri Levante, wo sie regelmässig Angehörige und Freunde aus der Schweiz empfing.

Sophie war eine begeisternde Lehrerin. Nicht alle Schülerinnen hatten die wirtschaftlichen Möglichkeiten, sich derart dankbar zu zeigen wie Lydia Welti-Escher. Diese vermachte Sophie am 1. Dezember 1891 testamentarisch 10 000 Franken.[14] Sophie begnügte sich nicht mit dem Alltag des Klassen- und Privatunterrichts. Die Veranschaulichung und Durchdringung der Sprache mit Hilfe solider Lehrmittel war ihr gleichermassen ein Anliegen. Ihr «Elementarbuch der italienischen Grammatik» erlebte 1918 die neunte, das «Kleine Lehrbuch der italienischen Sprache» 1922 die achte Auflage.

Sophie hatte von ihren Vorfahren nicht nur viele Begabungen, sondern auch die Neigung zu Depressionen geerbt. «Seit dem Vorfrühling dieses Jahres (1899) lastete eine schwere Sorge auf der Familie. Albert Heims Schwester Sophie, die an der höheren Töchterschule Sprachlehrerin war, wurde von schwerer Melancholie befallen. Man hoffte auf Heilung durch einen Kuraufenthalt in der Nervenheilanstalt Mammern;

doch verschlimmerte sich der Zustand dort in einem Masse, dass Bruder und Schwägerin die Kranke nach der Zürcher Irrenanstalt bringen mussten. Diese Reise blieb Albert Heim als eines seiner schwersten Erlebnisse in Erinnerung.»[15] Mit diesen Worten beschrieb ihr Neffe Arnold Heim die erste Erkrankung seiner Tante.

Sophie musste ihre Stelle aufgeben. Nach zwei Jahren hatte sie sich erholt, acht Jahre später folgte ein Rückfall. Diesmal zog sich die Krankheit über fünf Jahre hin. Sobald es ihre Gesundheit erlaubte, nahm Sophie ihre Berufstätigkeit wieder auf, erteilte Privatunterricht und ging auf längere und kürzere Reisen. Bis ins hohe Alter blieb sie geistig rege, verfolgte die Entwicklung der neuesten italienischen Literatur und besuchte die Vorlesungen Francesco Chiesas an der ETH.

Anders als andere Mitglieder der Familie bemühte sie sich nach Arnolds Scheidung um einen guten Draht zu seiner früheren Frau. («Sobald Tante Sophies Bücherpaket kommt, fangen wir mit der Schule an.»)[16] Ihr Grossneffe, der Arzt Urs Heim, erinnert sich an sie als an eine sehr warmherzige Persönlichkeit.[17] Als sie zum letzten Mal zu Monica Heim-Hartmann und ihren Söhnen nach Paris fuhr, waren ihre Augen bereits so schwach geworden, dass sie zu ihrem grossen Schmerz die italienischen Meister im Louvre nicht mehr erkennen konnte.

Kurz vor ihrem Tod erlitt Sophie einen letzten Rückfall in ihre psychische Krankheit. Sie starb 15 Jahre nach ihrer Jugendfreundin Marie.

Susan Dimock, unternehmungslustige Kollegin, schmerzlich vermisste Freundin

Anlässlich ihrer Promotionsfeier am 26. Oktober 1871 – Susan Dimock war die vierte Zürcher Ärztin – sprach der Professor für Anatomie, Hermann von Meyer, von der Hochachtung seiner Kollegen «wegen ihres energischen Strebens und ihrer charaktervollen Beharrlichkeit» und betonte, sie habe durch ihr Beispiel gezeigt, «dass es den Frauen möglich sei, der ärztlichen Berufsthätigkeit sich zu widmen ohne den weiblichen Charakter zu verläugnen.»[1]

Ähnliche Eigenschaften fielen Marie bei ihrer ersten Begegnung mit Susan Dimock auf: «*Die Amerikanerin ist eine merkwürdig fertige Person für ihr Alter; sie sieht so sanft und kindlich aus, und doch spricht aus ihrem Wesen eine vollendete Festigkeit im Denken und Handeln.*»[2] Die spezielle Mischung von Südstaatencharme und Neu-England-Hartnäckigkeit bezauberte Susan Dimocks Zeitgenossen.

Susan Dimock war zwei Jahre jünger als Marie. 1847 kam sie in Washington/North Carolina zur Welt. Ihr Vater Henry Dimock war der Sohn eines Arztes aus Maine, er stammte also ursprünglich aus dem Norden. Im Lauf der Zeit übte er verschiedene Berufe aus: Er war Lehrer, Jurist und – als Herausgeber der Lokalzeitung – Journalist. Susans Mutter Mary Malvina Owens war eine echte Südstaatlerin. Wie die meisten Familien im Süden hatten Dimocks einige Haussklaven. Sie waren überzeugt, es sei besser, selbst Sklaven zu besitzen als zu mieten und nicht zu wissen, wie diese vom Besitzer behandelt würden.[3] Susan Dimock selbst kommentierte: «I was always slow in taking an idea; I did not feel the sin of slavery until I was eight years old.»[4]

Bis zum Alter von sieben Jahren erhielt Susan zu Hause Unterricht, dann gründete die Mutter eine Schule, damit die Tochter, ein Einzelkind, in Gesellschaft lernen konnte. Mit 13 wechselte Susan an die Washington Academy. Grammatik und Latein faszinierten sie. Die Liebe zur lateinischen Sprache brachte sie indirekt zur Medizin. Ihr Hausarzt lieh Susan seine «Materia Medica» aus. Zunächst interessierte sich das junge Mädchen nur für die Sprache, dann entdeckte es den Inhalt und beschloss, Medizin zu studieren – ein aussergewöhnlicher Berufswunsch für eine «Southern Lady» jener Zeit. Ihr Vater machte ihr Mut: «Sue says she wants to study medecine, and I tell her she may.»[5]

Mit dem Ausbruch des Sezessionskriegs im Frühjahr 1861 ging die Welt der Dimocks unter. Die elf Südstaaten weigerten sich, Abraham Lincoln als Präsidenten anzuerkennen, und erklärten ihren Austritt aus der Union. Einer der blutigsten Kriege des 19. Jahrhunderts war die Folge. Susans Schule wurde geschlossen, ihr Vater, der mit dem Norden sympathisierte, starb, bei einem Brand verlor die Mutter ihre Güter. 1864 kamen Mutter und Tochter als Flüchtlinge zu Verwandten nach Massachusetts, für kurze Zeit besuchte Susan wieder den Unterricht. Im Frühling 1865 zogen Susan und ihre Mutter weiter nach Hopkinton. Im Sommer beherbergte die Mutter Touristen, im Winter unterrichtete Susan in der Distrikt-Schule.

Über ihre Freundin Bessie Greene lernte Susan die Leiterin des Bostoner New England Hospital for Women and Children kennen, Marie Zakrzewska. Endlich willigte die Mutter in eine medizinische Ausbildung ein, und Susan begann im Januar 1866 als Praktikantin im Krankenhaus. Allerdings wollte sie sich nicht mit Frauen zugedachtem Schmalspurwissen begnügen, sondern steckte sich hohe Ziele. Gemeinsam mit einer Kollegin aus Grossbritannien bewarb sie sich 1867 an der Harvard Medical School (HMS). Die beiden Frauen wurden abgewiesen. Glücklicherweise suchten sie nach Alternativen, die HMS liess sich bekanntlich bis 1945 Zeit für die Zulassung von Studentinnen! Die abgewiesene Kollegin, Sophia Jex-Blake, schloss ihr Studium später an der Universität Bern ab.

Susan Dimock erkundigte sich in Zürich, ob die Universität Studentinnen und Studenten wirklich gleich behandle. Von ihrem späteren Lehrer, dem Dekan der medizinischen Fakultät Anton Biermer, erhielt sie eine beruhigende Antwort.[6] Zakrzewska, einige Sponsoren und ihre Mutter finanzierten gemeinsam Susans Ausbildung. Über London und Paris reiste sie in die Schweiz. In London suchte sie die erste englische Ärztin Elizabeth Garrett-Anderson (1836–1917) auf. Auch sie hatte einen Leidensweg hinter sich; ihre Lizenz war annulliert worden, und erst 1870 durfte sie in Paris offiziell promovieren. Im Oktober 1868 trafen sich Susan Dimock und Marie Vögtlin an der Universität Zürich.

Nach Fritz Erismann stiess Susan Dimock für Marie Fenster zu neuen Welten auf. «[…] *ich lerne jetzt viel Americaner kennen durch Miss Dimock, deren hiesige Freunde mich einladen; heute war ich bei dem americanischen Consul und seiner Familie, und dann mit andern Americanern auf dem Üetliberg – schon das zweite Mal, seit ich hier bin. Es wird immer englisch gesprochen und ich hoffe es nun recht zu lernen. Ich denke sogar meist englisch und lerne auch alle technischen Ausdrücke in Anatomie und Chemie auf englisch.*»[7]

Im ersten Brief, in dem Marie Susan Dimock erwähnte, schrieb sie vom «mutual benefit», dem gegenseitigen Nutzen. Durch Marie lernte Susan die Schweizer Berge kennen und lieben. Im Lauf der gemeinsamen Jahre unternahmen die Freundinnen teils sehr anspruchsvolle Touren. Die erste grosse Pfingsttour 1869 fiel allerdings im ursprünglichen Sinn des Wortes ins Wasser. Völlig durchnässt kamen die Bergsteigerinnen in Richisau an. Als Marie bei der Planung dieses Ausflugs zunächst ihren Vater um Erlaubnis fragte, lobte sie die neue Freundin als «*eine so liebe Frau, die in allem, was man von einem Reisegefährten verlangen kann, zu mir passt.*»[8]

Susan interessierte sich für Kultur und Kunst, und so gingen die Freundinnen nicht nur zusammen in die Berge, sondern auch in eine Ausstellung: «*Letzten Sonntag Morgen war ich mit Miss Dimock in der Gemäldeausstellung und ich hatte dort sehr glückliche Stunden – wundervolle Alpenlandschaften sind das – aber daneben einzelne menschliche Gestalten, die mir einen noch viel tieferen Eindruck machen – ich würde vor den schönsten Landschaften, so lieb mir die Natur ist, gegen ein wahr-*

In den ersten Zürcher Jahren war die amerikanische Studienfreundin Susan Dimock Maries zuverlässige Stütze. Wie Marie war sie eine begeisterte Bergsteigerin. Nach ihrem Abschluss kehrte sie ans New England Hospital for Women and Children in Boston zurück.

haft schönes gerne tauschen. Es ist da ein enorm grosses Bild, die Scene darstellend von Rudolf von Habsburg, dem Priester, der mit dem Sacrament zu einem Sterbenden geht, sein Pferd gibt – alle Figuren hier sind wundervoll, aber am meisten Eindruck hat mir der Chorknabe gemacht, der von Rudolfs Knecht durch das schäumende Wasser getragen wird – das ist ein Gesicht von solcher Reinheit, wie ich es niemals mehr vergessen kann – ich musste immer an den Ritter G[…Gawan?] denken, der den H. Grahl suchte und von dem die Sage spricht, dass nie eine menschliche Leidenschaft sein Ziel vor seinen Augen verrückt habe. – Ich wollte, Ihr könntet es sehen. Dann ist vom Maler Holzhalb eine wundervolle Aussicht von Stadt Leuk und des Gemmi und es fuhr mir beim Anblick desselben genau so in die Beine wie letzten Herbst, als wir in der staubumhüllten Kutsche an dieser herrlichen Gegend vorbeifuhren.»[9] Marie und Susan hatten im Künstlergütli (auf dem Gelände der heutigen Universität) die Schweizerische Kunst-Ausstellung besucht, die vom 19. Mai bis zum 8. Juni dauerte. Es handelte sich um die seit 1840 vom Schweizerischen Kunstverein im Zweijahresrhythmus veranstaltete sogenannte Turnusausstellung, die jeweils in mehreren schweizerischen Städten gezeigt wurde.

Zahlreiche Künstler waren mit Gebirgsdarstellungen vertreten. Das «enorm grosse Bild» muss gemäss Katalog die Nr. 204 gewesen sein, «Rudolf von Habsburg begegnet einem Priester mit der Hostie». Der Maler Leopold Bode (1831–1906) war ein Spätnazarener, der vor allem als Illustrator bekannt wurde. Das Gemälde Nr. 60, die «Partie vom Städtchen Leuk und der Gemmi» von Rudolf Holzhalb (1835–1885), war mit seinem Preis von 8000 Franken das teuerste Exponat, was auf ein sehr grosses Bild schliessen lässt. Holzhalb war eine Stütze des Zürcher Kunstlebens und der Künstlergesellschaft seiner Zeit, der er sein beträchtliches Vermögen vermachte.[10]

In Sachen Kunstgeschmack war Marie ein typisches Kind ihrer Zeit. Im gleichen Jahr 1869 malte in Paris Edgar Manet den «Balkon», heute ein Publikumsmagnet im Musée d'Orsay. Die französische Malerei stand vor dem Durchbruch des Impressionismus, während sich Marie von traditionellen Bergbildern begeistern liess.

Miss Dimock hatte einen heilsamen Einfluss auf Fräulein Vögtlin, wie die folgenden Zeilen berichten: «*Weisst du, einen grossen Teil der Veränderung, das heisst der neu gewonnenen Heiterkeit, verdanke ich der Gesellschaft von Miss Dimock. Ich wusste lange selbst nicht, dass ich anders geworden sei, bis man es mir zu Hause sagte und Miss Dimock selbst. Ich bin jetzt wieder zehn Jahre jünger als vor einem Jahr […]. Denke, auf die Schützenfestferien haben Miss Dimock und ich schon wieder einen Plan; wenn nämlich mein Vater es erlaubt, so würden wir auf die Mythen steigen; wir könnten das in den drei Tagen ganz bequem machen, den grössten Teil des Weges zu Fuss. Es rupft mich schon an allen Haaren. Aber man wird mich sehr begehrlich finden, wenn ich dreimal in einem Sommer in die Berge will.*»[11]

Sophie Heim, Susan Dimock und Marie Vögtlin bildeten ein vergnügtes Trio, das sich nicht nur zu ernster Arbeit verbündete. «*Wir haben zwei so lustige Nächte gehabt; Du weisst wahrscheinlich, dass vom*

12. bis 14. Oktober die drei grossen Sternschnuppennächte sind. Nun sind Fräulein Dimock, Fräulein Heim und ich zusammengezogen in das heimsche Haus die zwei letzten Nächte, um zu observieren. Die erste Nacht war wundervoll; wir wachten und schliefen abwechselnd und waren sehr vergnügt zusammen, aber die wirklich grosse Erscheinung kam leider nicht, wir zählten die ganze Nacht in der betreffenden Gegend nur etwa fünfzehn Schnuppen. Wir gingen einmal auf die Dachzinne und blieben dort, eine Weile Sternbilder studierend – es war unendlich schön! Die letzte Nacht gingen wir wieder, aber wir schliefen fast immer, denn leider war der Himmel gänzlich bedeckt. Und diese Nacht ist gerade die, in der es am öftesten vorfällt. Nun bleibt nur noch die nächste – aber es ist wenig Hoffnung für einen klaren Himmel.»[12]

Einige Zeit lebte Susan sogar als Pensionärin bei Familie Heim. Auch im Brugger Pfarrhause war sie ein gern gesehener Gast, der zum Beispiel bei der Weinlese in Schinznach tüchtig zupackte. Da Susan eine bessere medizinische Vorbildung als Marie hatte, schloss sie ihr Studium bereits 1871 ab: «Bei uns ist, seit ich zuletzt geschrieben, etwas Wichtiges vorgegangen, nämlich Susans Examen. Wir hatten viel Angst auszustehen, denn die schriftlichen Aufgaben waren nicht besonders genehmigt worden, aber das Mündliche ging dann um so besser und sie hat die Note ‹gut› erhalten. Du kannst Dir kaum denken, wie wir aufatmeten, als es vorbei war [...]. Samstag und Sonntag vor dem Examen waren wir zusammen auf dem Rigi. Susan war so entsetzlich deprimiert, dass ich es für eine Notwendigkeit betrachtete, dass sie vorher noch eine Zerstreuung haben sollte [...]. Gestern waren wir, Susan und ich, den ganzen Tag im Waldheim Nidelbad. Ich bin, wenn es heiss ist, froh, dass das Semester nicht mehr lange währt, obschon ich im ganzen sehr stark bin – nur etwas mehr Kopfweh als am Anfang des Sommers.»[13]

Ihre Doktorarbeit «Über die verschiedenen Formen des Puerperalfiebers[14] nach Beobachtungen in der Zürcher Gebäranstalt» schrieb Susan unter der Leitung des Gynäkologen Adolf Gusserow. Sie promovierte am 26. Oktober 1871 und begab sich zur Weiterbildung nach Wien, wo sie mit ihrem Zürcher Studienkollegen Auguste Forel zusammentraf. Mit ihm unternahm sie in der Freizeit lange Spaziergänge,[15] besuchte Sehenswürdigkeiten oder, wie mit Marie, Kunstausstellungen. Im Belvedere sahen sie allerdings keine Werke von Holzhalb oder Bode, sondern von Rembrandt, Van Dyck und Rubens.[16]

Im Frühling 1872 trafen sich Marie und Susan ein letztes Mal im Elsass. «*Dann ging ich nach Strassburg. Ich kam früher an als Susan; sie kam erst nachts, und ich konnte sie nicht finden. So ging sie in einen Gasthof und ich in einen andern. Aber den andern Morgen früh fand ich sie. Sie sieht sehr gut aus, hat runde, rote Backen, ganz anders als letzten Herbst. Sie hat sich in einigen Dingen verändert, in einigen Ansichten und einigen Nüancen des Charakters. So wie wir uns eben meistens verändern, je nachdem die äusseren Verhältnisse auf uns wirken. Nun waren wir also fast drei Tage zusammen. Wir wohnten im Gasthof, kochten selbst morgens und abends, assen im Restaurant zu Mittag. Es war eine schöne Zeit. Wir haben sehr, sehr viel gesprochen über alle möglichen Dinge. Es war schlechtes, kaltes Wetter, viel Schnee. Wir konnten wenig spazieren, doch waren wir viele Stunden im Münster, täglich zweimal – dann aber sassen wir beim Feuer in meinem Zimmer, oder im Bett und sprachen. Susan hat mir viel erzählt von dem grossstädtischen Leben, das in Wien einen besonders ausgeprägten Charakter zu haben scheint – ich habe viel dadurch gelernt. Wie anders lernt man die Menschen und ihre Handlungen und Ideen beurteilen, wenn man ihre Verhältnisse kennt! Ja, es war eine schöne Zeit. – Dann kam der Abschied, ein Abschied wie für's Sterben – denn wir werden uns doch wohl nie mehr sehen.*»[17] Die Vorahnung täuschte Marie nicht. Die Freundinnen sahen sich nie wieder.

Nach einem kurzen Aufenthalt in Pariser Kliniken kehrte Susan nach Boston zurück. Am 20. August 1872 schloss die 25-Jährige mit dem New England Hospital einen Dreijahresvertrag als «Resident Physician» ab. Das New England Hospital, zwar ein Frauenbetrieb, war streng hierarchisch organisiert. Als Resident Physician unterstand Susan Dimock unmittelbar der Direktion. Sie wohnte im Spital, da sie rund um die Uhr die beträchtliche Gesamtverantwortung für Patientinnen, Pflegepersonal und Praktikantinnen trug. Sie stellte sicher, dass die Anordnungen der Leitung befolgt wurden, und führte die meisten chirurgischen Eingriffe selbst aus. – Von Susans Nachfolgerin Adelheid N. Lukanin – einer «Zürcher Russin»[18] – ist bekannt, dass sie von morgens sechs bis abends zehn oder elf Uhr arbeitete. Sie fand das New England Hospital eleganter als europäische Krankenhäuser und war besonders beeindruckt vom romantisch gotischen Baustil des Hauses und dem Komfort der amerikanischen Rosshaarmatratzen.

Susan «regierte ihr Krankenhaus wie ein Napoleon», meinte eine ihrer Patientinnen.[19] Um ihre Schulden rascher abbezahlen zu können, durfte Susan zusätzlich Privatpatientinnen behandeln. Befriedigt schrieb sie Marie 1873 nach Leipzig, sie habe bereits Geld zur Seite legen können.[20]

Trotz allem reichten Susans Qualifikationen nicht, um in die Massachusetts Medical Society aufgenommen zu werden. Frauen, die vor ihr um eine Mitgliedschaft nachgesucht hatten, waren Absolventinnen amerikanischer medizinischer Colleges gewesen. Susan dagegen war promovierte Ärztin einer international anerkannten Universität und hatte in Wien und Paris klinische Praktika absolviert. Ihre Ausbildung brauchte den Vergleich mit den besten Ärzten Bostons nicht zu scheuen, der einzige und ausschlaggebende Makel war ihr Geschlecht. Eine Minderheit der Kollegen befürwortete ihre Zulassung, die Mehrheit lehnte sie ab, «mit dem Argument, es sei für Männer und Frauen unmöglich, medizinische Fragen zusammen zu diskutieren.»[21] Um sicher zu gehen, schaltete die Ärztegesellschaft einen Anwalt ein. Nach seiner Meinung war sie befugt, einen Bewerber abzuweisen, «on the ground of her sex if in their judgment that is a disqualification for the practice of medecine or surgery.»[22] Im kriegsgebeutelten Süden dagegen war man stolz auf die erfolgreiche Tochter. Im Mai 1872 ernannte sie die North Carolina Medical Society zum Ehrenmitglied. Bald darauf besuchte sie ihre Freunde von einst.

Während ihrer kurzen Tätigkeit baute Susan Dimock als eine der ersten eine Schule für Pflegerinnen auf. Die grauenvollen Verlustziffern im Sezessionskrieg überzeugten weite Kreise von der Notwendigkeit einer professionellen Krankenpflege. Das Beispiel der Begründerin der modernen Krankenpflege, der Engländerin Florence Nightingale (1820–1910), tat ein Übriges; an verschiedenen Orten entstanden Ausbildungsstätten. Dimocks Programm richtete sich an 21- bis 31-jährige Frauen mit zuverlässigem, fleissigem Charakter, die ihren Vorgesetzten mit Respekt begegneten. Die Kandidatinnen erhielten eine praktische und theoretische Schulung. Das Spital bot ihnen Kost und Logis, aus dem bescheidenen Taschengeld mussten die Studentinnen ihre Uniform bezahlen.

Ihr Nachruf unterstreicht, Susan Dimocks Hauptinteresse habe zwar der Medizin gegolten, doch habe sie sich ebenso an Tanz, Musik, Kunst, Theater und Reisen erfreut. Für diese Liebhabereien hatte sie in Boston wenig Zeit. Ihre vielfältige Arbeit erschöpfte Susan derart, dass sie zwei Monate vor Ablauf des Vertrags Urlaub nahm, um sich während fünf Monaten in Europa zu erholen.[23] Dann wollte sie sich nochmals für drei Jahre verpflichten. Auf der Reise begleitete sie ihre Freundin Bessie Greene, die Jahre zuvor Susan den Kontakt zum New England Hospital vermittelt hatte.

Am 27. April 1875 stach der Dampfer in New York in See. Susan freute sich, dass er nach ihrem deutschen Lieblingsdichter, Schiller, benannt war. In der Nähe der englischen Küste bei den Scilly-Islands kenterte das Schiff am 7. Mai 1875. Die meisten Passagiere ertranken. George Hoggan, Frances Morgans Ehemann, fiel 1875 die Aufgabe zu, Susan Dimocks Leiche zu identifizieren. Das weibliche Netzwerk funktionierte auch in dramatischen Augenblicken.

Wie man in den Wald ruft, kommt es zurück – Maries Studienkollegen

Das Frauenstudium war ein gewagtes Experiment für die jungen Frauen, aber auch für ihre Professoren und Kommilitonen. Die Studentinnen hatten ein klares Ziel vor Augen und wussten, warum sie sich den Zugang zur Universität erkämpfen wollten. In der Überzeugung, sich mit diesem Schritt in einem anspruchsvollen Beruf zu etablieren sowie ihrem Leben langfristig einen tieferen Sinn zu geben, stellten sie überlieferte Frauenbilder in Frage. – Die Professoren waren reife Persönlichkeiten mit einer mehr oder weniger liberalen Weltanschauung. Je nach Standpunkt nahmen sie für oder gegen die Öffnung der Universität Partei. Wie immer sie sich zum Frauenstudium stellten, stets befanden sie sich in einer Machtposition. Jederzeit hätten sie das «Experiment» abbrechen können, wie es zum Beispiel in Edinburgh geschah.

Die Studenten hatten es schwerer. Niemand hatte sie gefragt, ob sie an ihrer Seite Frauen – schlimmstenfalls – als Konkurrentinnen haben wollten; der Entscheid zur Zulassung wurde über ihre Köpfe hinweg gefällt. In gewisser Weise störte die weibliche Gegenwart ihre Kreise und die männerbündische Atmosphäre. So konnten beispielsweise anständige junge Männer in Hörweite der Studentinnen keine anzüglichen Witze mehr erzählen, wie sie im Seziersaal gang und gäbe waren. Lagen abendliche Kneipenbesuche wirklich drin, wenn sich am nächsten Morgen die Kollegin ausgeschlafen an der Leiche zu schaffen machte? Im Gewerbehaushalt oder in der Landwirtschaft arbeiteten Männer und Frauen zwar ebenfalls miteinander, doch waren ihre – verschiedenen – Aufgabenfelder klar abgesteckt. Eine gleichberechtigte, partnerschaftliche Tätigkeit war für beide Geschlechter etwas Neues, nicht nur die jungen Frauen, auch die jungen Männer mussten sich an ihre Rolle herantasten. Im Allgemeinen bestanden Maries Studienkollegen die Prüfung mit Auszeichnung.

Nach ihrer ersten Woche an der Universität berichtete Susan Dimock nach Hause: «[…] the students are as quiet and polite as possible. They smoke and I dare say they joke, as I used to be told with a horrified air that they did; but the smoke is pleasant, and the jokes I cannot understand even if I could hear, which I do not, my table being at the other side of the room.»[1]

Professor Meyer, der Lehrer für Anatomie, verstand es offensichtlich, durch geschicktes Platzieren seiner Studentinnen die jungen Männer nicht zu provozieren. Über ihr Verhalten bestimmten die Professoren den Umgangston und setzten in den seltenen Fällen von Blödeleien der Studenten die nötigen Grenzen, wie die deutsche Ärztin Franziska Tiburtius berichtete, die einige Jahre nach Maries Abschluss in Zürich studierte.

Nicht immer brauchte es eine örtliche Trennung, vielfach arbeiteten die jungen Leute Hand in Hand, wie Forels begeisterte Schilderung des Seziersaales illustriert: «*Je charcute du matin au soir, et cela en compagnie de deux charmantes personnes qui dissèquent et charcutent avec encore plus de zèle et de goût que moi* […]. *Mlle Morgan* [dissèque] *à présent les muscles et les nerfs du cou d'une dame sur le cadavre lui-même, tandis que 4 autres étudiants dissèquent les bras et les jambes de cette même dame.*»[2]

In ihren Briefen sind Marie und Susan Dimock des Lobes voll für das Benehmen ihrer Kollegen. Einige Wochen nach Studienbeginn tönt es bereits sehr vertraut: «*Von den Studenten, die mit mir Anatomie haben, kenne ich nun fast alle, d. h. nach den Gesichtern und dem Wesen, die Namen kenne ich nur von 3 oder 4. Ich beobachte auch oft und finde viel Interesse dabei. Sie sind sehr höflich; die meisten, wenn sie mich kommen sehen, gehen voraus, mir die Türe zu öffnen, und stehen dann, cap in hand da, bis ich eingesegelt bin. Auf dem Präpariersaal kommt man zuweilen in Berührung und auch da kann ich ihr Betragen immer nur rühmen.*»[3]

Wenig später erlaubte sich die Studentin bereits kritische Beobachtungen: «*Ich freue mich sehr wieder auf Zürich und meine Arbeit, wundere mich schon, wie es im Frühjahr sein wird. Wenn es nur mit den Studenten immer gut geht; Unarten habe ich freilich keine zu fürchten, eher das Gegenteil, und das wäre fast noch schlimmer. Im Präpariersaal kann man am besten beobachten; erstens herrscht da ein ungezwungenes Leben; die meisten geben sich wie sie sind, und dann kann man da auch am besten sehen, wer etwas lernt und fleissig ist. Es kommen oft bedauerliche Müsterchen von Unwissenheit an den Tag; viele haben keine Ahnung von Dingen, die sie weitläufig im Kolleg besprechen hörten und selbst präpariert haben.*»[4]

Oder Susan Dimock nach ihrer Eingewöhnungszeit: «The students are so nice and considerate, – just like brothers. They take such an interest in my progress. They correct my German, and give many other kindnesses; which shows good will.»[5]

Über eine Botanikexursion berichtete Marie ihrer Schwester Anna: «*Die Studenten bringen uns [ihr und Susan Dimock] von allem, was sie finden, das Beste – das kommt mir allerdings recht, denn wenn ich auch auf Privatspaziergängen, wo ich auf dem Boden umherschnoke und mit der Nase suchen kann, genug Pflanzen finde, so würde ich doch hier, wo ich mich würdevoller Positionen befleissen muss, mit geringer Beute heimziehen, wenn ich nur das selbst Gefundene hätte.*» Und befriedigt schloss sie: «*Es ist dies doch ein Fach, in dem ich mehr weiss als der Durchschnitt der Studenten.*»[6]

Für die Studentinnen war das Balancieren zwischen diskreter Zurückhaltung und Zugehörigkeitsgefühl heikel. Forel berichtet von einem Missverständnis, an dem Miss Morgan nicht ganz unschuldig war. Die Einladung zu einer Veranstaltung hatte folgenden Wortlaut:

«Mediziner Kräntzchen Freitag 8. Mai
Alles was Medicin studirt ist dringend eingeladen zu kommen».
«Mlle Morgan n'a pas voulu venir malgré les plus pressantes sollicitations. De Wyss lui a fait remarquer ce ‹Alles› mais ça n'a pas eu l'air

de la convaincre; ce matin à la clinique je lui ai demandé pourquoi elle n'était pas venue et elle m'a répondu: ‹Aô! Ce n'est pas pour les dames.›»[7] Über ihr Fernbleiben war von Wyss wohl mindestens so enttäuscht wie Forel, denn: «de Wyss [...] a un petit faible pour Mlle Morgan»,[8] und an anderer Stelle: «elle a même prêté un livre à de Wyss et ils font tous les jours de longues conversations scientifiques.»[9] Der Vorfall gab Professor Biermer, einem Befürworter des Frauenstudiums, Anlass zu einem Scherzchen. Als er eine Patientin vorführte, sagte er: «‹Alles was Medicin studirt, muss sich das merken›, et aussitôt tous les étudiants de partir d'un éclat de rire; Mlle Morgan qui était là n'a pas bronché.»[10] Forel kam dann später auf seine Rechnung, wie er in den Lebenserinnerungen zufrieden feststellte: «Miss Morgan, die ihre Studien rasch beendet hatte, doktorierte damals und lud mich mit einigen Auserwählten zu ihrem Doktorschmaus ein, den sie, konsequent in allem, nicht auslassen wollte.»[11]

Obwohl Maria Bokova etwas älter war als ihre Kolleginnen und Kollegen, scheint sie einen guten Draht zu ihrem Umfeld gehabt zu haben. Beim folgenden Vorfall profilierten sich Forel und sein Freund Rudolf Ulrich Krönlein, später Professor für Chirurgie, als tapfere Ritter. Erstmals hatte Maria Bokova mit einer Gruppe Studierender die psychiatrische Klinik besucht. «Elle avait frissonné et rougi plusieurs fois quand on était allé dans la cour où étaient de nombreux gros fous mâles dont l'un, jeune et assez chic, ayant la manie de grandeur, avait essayé de l'aborder pour lui dire je ne sais pas quoi, si bien que Krönlein et moi avions dû faire barrière pour éviter un scandale.» Am folgenden Tag musste das spannende Ereignis selbstverständlich während der Klinik von Professor Rose beredet werden. Forel hatte bei der Amputation eines Armes geholfen, dann schickte ihn der Assistent auf seinen Platz zurück, weil er im Wege stand. «Bien persuadé qu'il avait raison je m'en vais et m'assieds à côté de Mme Bokowa à qui j'avais beaucoup de choses à dire [...]. Je m'assieds donc à côté d'elle et lui demande quelle impression lui avaient fait ces fous etc etc etc. Voilà tout à coup un étudiant qui se retourne et me regarde en riant pendant mon colloque à voix basse avec Mme Bokowa.» Da rief Professor Rose den Studenten Forel energisch nach vorne, für nichts, wie dieser verärgert bemerkte. «Je suis sûr que ce diable de Rose ne m'a fait ce tour que pour me faire une farce parce qu'il avait vu que je causais à Mme Bokowa.»[12]

Die Studentinnen waren stets bemüht, sich taktvoll zu benehmen und vermieden peinlichst jedes Ärgernis. Mit ihrer liebenswürdig unauffälligen Art hatte die Pionierin Nadejda Suslova erfolgreich einen vorbildlichen Massstab gesetzt. Die Freizeit verbrachten Studentinnen und Studenten getrennt. *«Mit den Studenten, die andere Collegien besuchen, kommen wir, die wir nicht in die Wirtshäuser gehen, nie zusammen»*,[13] schrieb Marie ihrer Glarner Freundin.

Susan Dimock und Marie hatten das Glück, überdurchschnittlich sportlich zu sein. Auf Exkursionen musste auf sie keine Rücksicht genommen werden, ganz im Gegenteil: *«Ich kann dir nicht sagen, wie gut es mit allem geht, mit der Arbeit und mit den Menschen. Auf den Exkursionen ist es eine wahre Freude, wie kameradschaftlich sich die Studenten gegen uns benehmen. Manchmal ist es komisch, wenn man einen Abhang hinunterkresmen [= hinuntersteigen], oder über einen Bach gumpen soll – dann gibt sich immer etwas Neugierde kund, ob wir das zu vollführen imstande seien. Bis jetzt ist auch noch nichts gekommen, was wir nicht mit Ehre überstanden hätten.»*[14] Dieses selbstverständliche sportliche Mithalten trug viel dazu bei, die Beziehung zu den Kollegen zu entspannen und ein kameradschaftliches Verhältnis aufzubauen. Auch Forel lernte Marie auf einer Botanikexkursion auf dem Zürichberg kennen. Zum Abschluss ging's ins Restaurant Trichtenhausermühle. Sein künftiger Schwager Bugnion und er setzten sich an Maries und Susan Dimocks Tisch. «[...] elles n'ont pas fait les mijaurées du tout. J'ai fait connaissance avec l'une d'elle, l'Argovienne, Mlle Vögtlin, ancienne fiancée de celui qui a épousé la Russe; elle est très gentille.»[15] Ein pikantes Detail: Wie alle Studenten trank Forel, der spätere Vorkämpfer der alkoholfreien Bewegung, Wein, die beiden Frauen dagegen blieben seriös bei der Milch (und verpflegten sich mit Zwiebel- und Rahmkuchen).[16]

«Mit den Studenten gab es niemals Misshelligkeiten, ja das ernste, bescheidene und tactvolle Benehmen der Damen war eher von günstigem Einfluss auf Haltung, Sitte und Eifer der männlichen Studierenden»,[17] durften die Zürcher zu Recht mit Stolz feststellen, und ein Brief des Rektorats an die Universität Würzburg vom 5. Februar 1870 ergänzte, dass das

Verhalten der Studentinnen sowie «das ruhige Wesen der schweizerischen Studierenden für das bisherige Resultat in Anschlag zu bringen sind.»[18]

Dass es auch weniger erfreulich zugehen konnte, erlebte Marie während ihres Semesters in Leipzig. Da gaben Korpsstudenten den Ton an. *«Studenten [...] gefallen mir nicht; ich weiss, dass sie abscheulich leben, und die Mehrzahl von ihnen sieht aus wie alte Buben. Gegen mich sind sie höflich, aber ich bin mit keinem einzigen von ihnen bekannt geworden – ich hatte nicht das geringste Verlangen darnach.»*[19] Marie verbrachte ihre Freizeit mit einem jungen Schweizer Arzt: *«Jetzt zum Gemüt, dem zweiten Faktor, aus dem der Mensch besteht. Das ist glücklicherweise nicht brach geblieben, denn ich habe hier einen sehr lieben Freund, Doktor Ritter von Uster, der mir die ganze Heimath ersetzen muss und es auch so redlich thut, wie es menschenmöglich ist. Er ist mir die einzige bekannte Seele, in dem grossen Leipzig unter den 3200 Studenten [...]. Mit Camerad Ritter bin ich jeden Tag einige Stunden; wir studieren in den Anlagen, und abends gehen wir zusammen spazieren in die herrlichen Eichenwälder [...] und wir sprechen über alles mögliche – wenig Medizin – mehr über Menschen und über Ansichten und Erfahrungen.»*[20]

Forels ausführliche Reportagen über das Tun und Lassen seiner Kolleginnen beunruhigten seinen Grossvater. Mit der wohlgemeinten Warnung: «plus les dames étaient originales, plus elles étaient dangereuses»,[21] hatte Forels Grossvater in gewissen Fällen Recht. Nicht alle jungen Schweizer verbannten die Frau an den Herd, wie der junge Thurgauer Conrad Keller,[22] der uns im Kapitel über das Frauenstudium begegnete und konsequent ledig blieb!

Aus Dresden schrieb Marie an ihren künftigen Verlobten Albert: *«Ich kann es nicht begreifen, was das ist mit mir, dass die Männer sich so zu mir stellen, mir ist es rätselhaft; und so verschiedene, die ernsten und die lustigen, die gleichgültigen und die tiefdenkenden. – Es muss darin liegen, dass ihre Phantasie gereizt wird durch die Ausnahmestellung, die ich einnehme.»*[23]

In einem Brief an ihren Sohn, der in Indonesien nach Erdöl suchte und liebeskrank war, äusserte sich Marie als reife Frau klarer zu ihrem Verhältnis zu den Studenten: *«Wäre ich ein sexueller Fürtüfel gewesen, was wäre aus mir geworden in der Studentenzeit, wo ich so umschwärmt war! Nur meine sexuelle Ruhe hat mich gerettet.»*[24]

Im Schatten der Hörsäle spielte sich die eine oder andere stille Tragödie ab. Als Beispiel sei die Geschichte Gustav Adolf Toblers und seiner unerwiderten Liebe zu Susan Dimock erzählt. Später war Tobler der reichste Zürcher seiner Generation; als Wohltäter erwarb er sich grösste Verdienste für die Öffentlichkeit. Sein Biograf berichtet:

«An der Universität befand sich ein Magnet, der ihn schon im Sommer 1870 sogar in medizinische Kollegien zog: eine amerikanische Studentin der Medizin. Wie sehr sie durch Jahre sein Sinnen und Denken erfüllte, zeigt das Tagebuch, aber nicht minder stark prägte sich darin auch das Auf und Ab von Hoffnung und Zweifel aus, ob seine Gefühle von dem, wie er bald ausfindig gemacht hatte, drei Jahre älteren Gegenstand seiner Neigung erwidert würde. Es vermochte seine Zuversicht nicht zu heben, wenn er sogar in Leipzig auf Umwegen vernahm, dass sie von ihm als ‹Adölfchen› sprach. Jedoch kamen auch gegenteilige Äusserungen stärkerer persönlicher Anteilnahme. Nach dem Abschluss ihrer Zürcher Studien kehrte sie nach Amerika zurück und schien damit seinen Wünschen ganz entrückt. Dann erhielt er 1875 auf einmal die verheissungsvolle Nachricht vom beabsichtigten neuen Aufenthalt in Europa. Aber nur rasch folgte eine andere umso niederschmetternde Botschaft: die von ihrem Tode […]. Strenge Arbeit half über den Schmerz der ersten Zeit hinweg; das verklärte Bild der Verstorbenen behielt aber seinen Glanz bis in die letzten Jahre.»[25]

Gustav Adolf Tobler habilitierte 1876 am Polytechnikum und an der Universität im Fach angewandte Elektrizität, als Professor war er ein Kollege Albert Heims. 1880 heiratete er Mina Blumer, Rudolfines älteste Tochter, die Marie als Achtjährige gehütet hatte!

«Der liebe Professor war überaus besorgt für uns»

Im Gegensatz zu Studentinnen, die sich gegen Ende des 19. Jahrhunderts in Zürich aufhielten und teilweise kritisch über ihre Professoren urteilten, sind Maries Berichte denkbar positiv. Ihre erste Begegnung mit einem Vertreter der Universität fand wenige Wochen vor Studienbeginn in der Wohnung des Rektors Professor Fritzsche statt. Der Auftakt stimmte Marie hoffnungsvoll: *«Aber wie sich die Tür auftat, legte sich schon meine Aufregung; denn ein Mann kam mir entgegen, dem Freundlichkeit und Wohlwollen das feine Gesicht verklärten. Er wusste nach meinem Namen schon, wer ich war, empfing mich mit feiner Freundlichkeit und sagte mir, dass für meine Aufnahme und Immatrikulation auch ohne Maturitätszeugnis nicht die geringsten Schwierigkeiten vorlägen, ich solle nur kommen, er werde in einer mir angegebenen Stunde einige Tage vor Beginn des Semesters mich im Rektorat erwarten, um mich privatim zu immatrikulieren, damit er mir die Anwesenheit der Studenten ersparen könne. Ich merkte ihm wohl an, dass er die Frauen sehr gerne kommen sieht. Beim Abschied gab er mir die Hand, und ich hatte das Gefühl, in ihm einen väterlichen Freund gefunden zu haben.»*[1] In der ersten Studienwoche bestätigte sich dieser Eindruck: *«Der provisorische Rektor Fritzsche ist mir wie ein Schutzengel; die Professoren, die ich bis jetzt gesehen, sind alle äusserst freundlich.»*[2] Vielleicht hätte sich Professor Fritzsche über den Titel «Schutzengel» gefreut: Der Theologe war Professor für Neues Testament.

Selbstverständlich stand Marie einigen ihrer Lehrer näher als anderen. Jedes Mal, wenn vom Botaniker Oswald Heer (1809–1883) die Rede war, schlug sie geradezu schwärmerische Töne an. Der liebenswürdige Professor stand auch bei Susan hoch im Kurs. «I have had many invitations during the holidays – one of the most delightful of which was to Professor Heer's, professor of botany. He and Professor Escher von der Linth are my favorite professors.»[3]

Oswald Heer war in einem Glarner Pfarrhaus aufgewachsen und hatte Theologie studiert. Daneben interessierte er sich schon früh für Naturwissenschaften. Als Professor für Botanik und Entomologie unter-

Vom Botanikprofessor Oswald Heer, einem Glarner Pfarrerssohn, schwärmte Marie begeistert in ihren Briefen. Er förderte die Studentinnen nicht nur auf Exkursionen, sondern lud sie auch zu Diskussionsrunden bei sich zu Hause ein.

richtete er sowohl an der Universität wie am Polytechnikum, zudem war er Direktor des Botanischen Gartens. Von seinen zahlreichen Exkursionen kehrte Marie stets begeistert zurück.

Berichte über wissenschaftliche Ausflüge ziehen sich wie ein roter Faden durch ihre Briefe nach Brugg und Schwanden. Jene Exkursion vom Mai 1869, auf der Auguste Forel Marie und Susan kennen lernte und die er seiner Mutter beschrieb, taucht auch in Maries Briefen an ihren Vater und an Marie Ritter auf. «[…] *die Excursionen dauern gewöhnlich fünf Stunden oder sechs in einem selben Tag. Wir [Marie und Susan] haben mit Wonne gesehen, dass wir zu den besseren Fussgängern gehören der ganzen Schar und jedenfalls ertragen Durst und Hitze viel leichter als die Herren.*»[4] Im Brief an Marie Ritter wurde sie noch ausführlicher: «*Habe ich schon gesagt, dass wir die botanischen Exkursionen mitmachen, wir zwei unter fünfzig Studenten, mit dem lieben Professor Heer? Es ist so schön und geht so gut. Der Professor ist köstlich, und die Studenten bringen uns alle seltenen Blumen und tun uns jeden Gefallen, und wir können besser gehen, als viele von ihnen. Wenn sie längst nach Bier schmachten, sind wir noch ganz rüstig. Ich finde bis jetzt wenig neue Blumen, aber ich beginne Gräser zu studieren, und das ist auch ein Stückchen Arbeit.*»[5] Marie schloss mit der Beschreibung des Imbisses in der Trichterhausermühle, allerdings ohne die Herren Forel und Bugnion zu erwähnen.[6]

Wie Susan verkehrte auch Marie privat im Hause Heer. Nach einer Woche, während der sie unter grauenvollen Zahnschmerzen gelitten hatte, berichtete sie vergnügt nach Brugg: «*Abends kommt noch das Beste – eine Einladung zu meinem lieben Professor Heer, mit diversen Botanikern, das ist alles so schön nach diesen miserablen Tagen dieser Woche.*»[7]

Im Juli 1869 nahmen Marie und Susan an einer mehrtägigen Exkursion teil. «*Der liebe Professor war überaus besorgt für uns*», hiess es im Brief nach Brugg. Unter den 40 Teilnehmenden war auch Pfarrer Pfister von Wiedikon. Nach der Rückkehr um 22 Uhr fuhren die beiden Studentinnen mit der Droschke nach Hause, während die Studenten zu einem Schlummertrunk ins Café gingen. Am anderen Morgen erhielt Marie Besuch von Pfarrer Pfister: «*Heute kam dann der Herr Pfarrer mit der officiellen Anzeige, dass Professor Heer uns zweien ein Hoch gebracht habe. Weil es von ihm kam, hat es mich sehr gefreut. Es giebt nicht man-*

chen Mann, den ich so lieb habe, wie Professor Heer, es ist für mich eine Freude, ihn nur von weitem zu sehen. Er ist von einer unzerstörbaren Güte und Freundlichkeit gegen Jedermann und so anspruchslos und einfach wie es einem grossen Gelehrten geziemt.»[8]

Marie traf auf diesem Ausflug Professor Arnold Escher von der Linth (1807–1872). Er sei *«der komischste, altväterlichste Mann, den man sich denken kann, aber in seinem Fach ausgezeichnet, dazu sehr gemüthlich und gut und ein ächter alter Schweizer.»* Zunächst mussten die jungen Frauen Arnold Escher beweisen, dass sie den Anforderungen gewachsen waren. *«Als er sah, dass wir gut marschieren konnten, hatten wir sein Herz gewonnen und er war von der grössten Freundlichkeit.»* Was Marie nicht ahnen konnte: Ihr künftiger Gatte erbte Eschers Lehrstuhl und ihr Sohn hiess zu Ehren Eschers Arnold.

Ebenfalls mit von der Partie war der Professor für Volkswirtschaftslehre, Karl Victor Böhmert (1829–1918): *«Dann war noch Prof. Böhmert (Nationalöconom) per plaisir mit uns; er interessiert sich sehr für das Gelingen unseres Unterfangens und hat uns auch viel Freundlichkeit erwiesen.»*

Die Reise begann mit der Fahrt von Zürich an den Zugersee, dann ging es auf das Schiff. *«Zum ersten Mal sah ich auch den Rigi in der Nähe in seiner imposanten Gestalt.»* Ein Fussmarsch führte weiter von Arth nach Brunnen, wo die Gruppe in verschiedenen Unterkünften übernachtete. *«Es war eine prächtige Nacht, direkt vor unserem Fenster der See mit dem Widerschein des silbernen Mondes. Früh um 4 Uhr machten wir uns auf, Herr Pfarrer Pfister und wir Beide hatten nämlich verabredet, privatim das Grütli zu besuchen. Ich glaube, ich hätte es nicht übers Herz gebracht, an diesem vielgeliebten Ort vorbeizugehen, ohne seinen Boden betreten zu haben […], eben als wir landeten, stieg die Sonne golden auf. Ich kann nicht sagen, welcher Eindruck diese Morgenstunde in mir machte – ich habe nie etwas Schöneres erlebt und werde sie niemals vergessen. Mir scheint, dieser stille Ort der heiligste Tempel zu sein, den ich noch je betreten.»* An der Axenstrasse stiess das patriotische Trio wieder zur Gruppe.

Über Altdorf wanderten sie ins Schächental, wo man am folgenden Tag wiederum um vier Uhr aufbrach. Ziel war der Kinzigkulm: *«Das war der strengste Tag; die botanische Abweichung mitgerechnet hatten wir*

10 Stunden und zwar meist mühsamen Weg zu gehen.» Auf der Passhöhe fand Marie «*viele Blumen, nach denen ich mich sehnte, seit ich mich für Botanik interessiere.*» Noch war keine Rede von der Abstinenzbewegung, der Marie in späteren Jahrzehnten so viel Energie widmete: «*Das war eine malerische Gruppe [...], das Weinfässchen in der Mitte und von allen Seiten herbeieilende Lederbecher und grosse Schinkenstücke in allen Händen.*» Beim Abstieg überraschte Regen die Bergsteigerinnen: «*Aber es war uns wenig Angst, wir hatten unsere guten Regenmäntel und zogen die Kapuzen über die Köpfe und so waren wir am besten versorgt von allen.*»

Marie und Susan waren sportlich genug, um den Kollegen vorauszueilen und bei den Freunden in Richisau die Ankunft der 40 Personen zu melden! Abends um sieben Uhr fuhr der Zug in Glarus ab und traf nachts um zehn Uhr in Zürich ein.

Der «per plaisir» – zum Vergnügen – mitreisende Volkswirtschafter Karl Viktor Böhmert war 1866 nach Zürich berufen worden. Er war ein grosser Förderer des Frauenstudiums. 1872 verfasste er einen Bericht über «Das Studieren der Frauen mit besonderer Rücksicht auf das Studium der Medizin», in dem Marie – ohne Namensnennung – erwähnt wird: «Im Jahre 1871 hat sich die höchste medicinische Behörde der meisten Cantone der Schweiz in Folge der Anmeldung der ersten in Zürich studierenden Schweizerin zur Staatsprüfung mit grosser Mehrheit grundsätzlich für Zulassung weiblicher Candidaten zum sog. Medicinischen Concordatsexamen entschieden.»[9] «In Folge dessen hat die erste hier studierende Schweizerin ihr erstes propädeutisches Staatsexamen auch bereits ehrenvoll bestanden.»[10] Auch Susans Doktorprüfung fand anerkennende Erwähnung. Anlässlich der «Russinnenkrise» verfasste Böhmert im Namen der Universität die Eingabe an den Regierungsrat.[11] Neben seinem Engagement für das Frauenstudium trat er für liberale Wirtschaftsreformen und eine Verbesserung der Lage der Fabrikarbeiter und des Armenwesens ein. 1875 kehrte er nach Deutschland zurück und wirkte künftig in Dresden.

Mit dem Anatomen Georg Hermann von Meyer verstand sich Marie bestens. Meyer entstammte einem alten Frankfurter Geschlecht und war 1844 an die Universität gekommen. Vom ersten Semester an besuchten Marie und Susan seinen Unterricht. Unter seiner Aufsicht sezierten sie jeweils morgens von acht bis zehn Uhr. Meyer verstand es, ihnen das Gefühl zu geben, sie seien willkommen: «*Im Präpariersaal bin ich wohl von allen Studierenden am meisten bevorzugt; wo es etwas Interessantes zu sehen gibt, werde ich herbeigerufen und [wird] mir alles speziell erklärt. – Miss Dimock die Amerikanerin ist meine getreue Gefährtin.*»[12]

Susan beschrieb die Stimmung im Seziersaal: «[…] it is too funny to see Professor Meyer come up, look at my work and remark, ‹Ganz schön!›»[13] Geschickt hatte Professor Meyer den Studentinnen einen eigenen Tisch zugewiesen. Als Marie im Oktober 1869 aus den Semesterferien zurückkehrte, begrüsste er sie mit den ermunternden Worten: «Wir sind ja immer gute Freunde gewesen, wir werden es gewiss auch bleiben», und liess sie aus einer Reihe Fotografien diejenigen aussuchen, die ihr am besten gefielen.[14]

Der Eifer, mit der sich Marie und Susan an die Arbeit machten, musste den Professor überzeugen: «*Ich habe seit vierzehn Tagen mehr Arbeit als je, weil jetzt so wenig Studenten im Präpariersaal sind, und wir Frauen alle schönen Präparate machen können: natürlich benutzen wir dies und sind beinahe den ganzen Tag auf der Anatomie.*»[15]

Und zwei Jahre später schaffte sie sich begeistert eine eigene Ausrüstung an: «*Ich habe etwa für siebzig Franken Instrumente gekauft. Ich habe daran eine Freude wie eine Salondame an ihren Schmucksachen.*»[16]

Nach Susans Promotionsprüfung fiel Professor Meyer die Aufgabe zu, die öffentliche Laudatio zu halten. Es gelang ihm, ohne peinliche Herablassung sowohl ihre intellektuellen Fähigkeiten wie ihren Charme zu preisen.[17] Damit zeichnete er das Porträt der idealen Studentin. Auch Meyers Gattin engagierte sich für Frauenbildung. Sie sass neben der Schriftstellerin Johanna Spyri von 1875 bis 1889 im «Damenkomitee» der 1875 gegründeten Höheren Töchterschule, an der Maries Freundin und spätere Schwägerin Sophie Heim Italienisch unterrichtete. Der Protokollführer notierte – mit diskretem Schmunzeln? – ihren beeindruckenden Mädchennamen: «Freiin Rosa Hulda Mathilde Henriette Vielhauer von Hohenhau von Sorau.»[18]

Nicht alle Studentinnen teilten Maries und Susans Begeisterung für Professor Meyer. Miss Morgan rümpfte die Nase. Forel berichtete: «Elle m'a dit aussi qu'elle trouvait les plaisanteries de Mr. Meyer fort ennuyeuses (ce sont de vieux ‹Witze› qu'il répète toutes les années dans le même ordre).»[19]

Im zweiten Studienjahr hatte Marie ihre Schüchternheit abgelegt. Kritisch bemerkte sie: «*Ich bin wieder gut eingehaust in Zürich, obschon die meisten Professoren erst die nächste Woche lesen – es ist ein unverantwortlicher Schlendrian.*» Trotzdem fand sie auch dankbare Worte: «*Die Professoren haben mich wieder auf's freundlichste aufgenommen.*»[20]

In Bezug auf ihre anderen Professoren bleibt Marie in ihren Briefen eigenartig stumm. «*Ich arbeite nun im chemischen Laboratorium zehn Stunden wöchentlich und habe grosse Freude daran […]. Daneben praktiziere ich auch bei Biermer und Gusserow.*» Ihrer an Tuberkulose erkrankten Brugger Freundin Marie Belart vermittelte sie eine Konsultation beim «markantesten Vertreter der klinischen Fächer an der Zürcher medizinischen Fakultät»,[21] wie es in der Geschichte der Universität über Anton Biermer heisst. Er förderte die Studentinnen, Eliza Walker, Maries Studienkollegin, war bei ihm Unterassistentin, eine Premiere! Auch in schwierigen Augenblicken bewahrte Biermer seine Würde. Nachdem ihn Miss Morgan während der Doktorprüfung in aller Öffentlichkeit widerlegt hatte, verabschiedete er sie trotzdem mit den Worten: «Sie haben, verehrtes Fräulein, einen guten Antheil an der Lösung des grossen socialen Problems, welches uns hier in Zürich beschäftigt. Sie sind durch Ihren wissenschaftlichen Ernst und Eifer den hier studierenden Damen ein würdiges Vorbild geworden, und ich zweifle nicht daran, dass Sie zu Ihrem eigenen Nutzen und zum Segen für viele andere die hier erworbenen Kenntnisse dereinst würdig anwenden werden.»[22] 1874 folgte Anton Biermer einem Ruf nach Breslau.

Nach Abschluss ihres Staatsexamens ging Marie zur Weiterbildung nach Leipzig, wo sie Heimweh hatte.

«*Freilich habe ich jetzt zwei Professoren und ihre Frauen persönlich kennen gelernt und an diesen Ehepaaren grosse Freude erlebt. Sie haben mich – es sind berühmte medicinische Autoritäten – in ihre Familien geführt und mich behandelt, wie wenn ich zu ihnen gehörte. Sie dachten sich, dass ich einsam sei, die einzige studierende Frau hier und darum wollten sie mir freundlich sein. Ich werde diese herzliche Güte von ihnen nie vergessen.*»[23]

Eine dieser berühmten medizinischen Autoritäten war der Basler Wilhelm His (1831–1904), der seit 1872 als Professor für Anatomie in Leipzig wirkte. Im Winter 1856/57 hatte er in Paris studiert und sich dort mit Friedrich Horner angefreundet, der zu Maries Studienzeit in Zürich Augenheilkunde lehrte. His hatte es in seiner Heimatstadt 1869 zum Rektor der Universität gebracht, drei Jahre später nahm er den Ruf nach Leipzig an. «1873 erwarb er sich daselbst ein eigenes Haus und Garten (Königstr. 22), wo fortan Generationen von Schweizerstudenten gastliche Aufnahme finden sollten»,[24] erinnerte sich sein Sohn Eduard. Als Marie die Gastfreundschaft der Familie His geniessen durfte, hatte diese bereits fünf Kinder. Zu His' wissenschaftlicher Tätigkeit bemerkte der Sohn: «Er bezog hier vor allem kritisch Stellung zur Darwinschen Deszendenzlehre [= Abstammungslehre] und namentlich ihrer ihm oberflächlich erscheinenden Verbindung durch Ernst Haeckel und die Vitalisten (oder Neovitalisten); in diesem Kampfe ging es nicht ohne scharfe Hiebe und Gegenhiebe ab, die sich vor dem Forum einer erregten wissenschaftlichen Welt abspielten.»[25] In Sachen Frauenstudium war er ein Vertreter des «Ja, aber – doch lieber nicht.» «Nach meiner Überzeugung giebt es zahlreiche Frauen, die zum akademischen Studium vollauf befähigt sind [...]. Das gemeinsame akademische Studium ernsthaft arbeitender Frauen bietet [...] überhaupt keine Schwierigkeiten [...]. Trotz der eben ausgesprochenen Überzeugung bin ich weit davon entfernt, eine allgemeine Freigebung des Frauenstudiums zu befürworten [...]. Zunächst bekenne ich mich zur Partei derer, die den natürlichen Beruf der Frau in der Familie unendlich viel höher stellen, als irgend eine im Wettbewerb mit Männern erreichbare Leistung.»[26]

Nach Leipzig vervollständigte Marie ihre Ausbildung in der Dresdener Entbindungsanstalt beim Gynäkologen Franz von Winckel. Bei ihm schrieb sie ihre Doktorarbeit «Über den Zustand der Genitalien im Wochenbett.» 1883 ging von Winckel an die Universität München. Jahrzehnte nach ihrer Assistentenzeit beantwortete ihr Lehrer eine Umfrage zum Frauenstudium: «Was die geistige Befähigung dieser Ärztinnen betrifft, so muss ich zunächst bemerken, dass ich es nur mit einem auserlesenen Material zu thun hatte, indem mir Frau Professor Heim geb. Marie Vögtlin in Zürich, meine frühere Schülerin, diejenigen Bewerberinnen aussuchte, von denen sie gewiss war, dass sie ihrer Empfehlung Ehre machen würden [...]. Manche haben hinterher geheiratet und sind glückliche Mütter geworden, ohne den ihnen lieb gewordenen Beruf nachher aufzugeben, selbst wenn sie durch den Beruf des Mannes in sorgenfreie Stellung gekommen waren.»[27] Zu den Frauen, die Marie an Professor von Winckel vermittelte, gehörte die deutsche Ärztin Franziska Tiburtius. Dankbar erinnerte sie sich in ihren Lebenserinnerungen: «Ich hatte schon verschiedene Fühlfäden ausgestreckt, auch mein Bruder hatte für mich hier und da angefragt, vergeblich! Da erhielt ich durch die Vermittlung der sehr liebenswürdigen und tüchtigen Kollegin Dr. Marie Heim-Vögtlin, die ich schon im letzten Semester in ihrer Praxis zeitweise vertreten hatte, die sehr erfreuliche Nachricht, dass ich für den Sommer einen Platz als Volontärarzt an der obstetrischen und gynäkologischen Klinik in Dresden unter Professor Winckel haben könnte!»[28]

Männer wie Franz von Winckel trugen das Ihre dazu bei, dass Frauen ihre Chancen wahrnehmen konnten. Er soll Marie übrigens sogar einmal in Zürich besucht haben!

Wer den Rappen nicht ehrt, ist des Frankens nicht wert

Marie hatte allen Anlass, ihrem Vater dankbar zu sein. Nicht nur hatte er sie moralisch unterstützt und ihr einen unabhängigen Weg erlaubt, Julius nahm auch beträchtliche finanzielle Lasten auf sich, als er seine Tochter ihren eigenen Weg gehen liess. Das Studium an einer Universität war ein teures Vergnügen. Die Hochschule verlangte Studiengebühren, die sich mit den Kosten heutiger amerikanischer Eliteschulen vergleichen lassen.

Laut den Aargauer Nachrichten vom 21. Januar 1864 bewilligte der Brugger Gemeinderat im Hinblick auf die Anstellung des neuen Pfarrers eine fixe Besoldung von 2800 Franken jährlich. Julius wurde gewählt. Da er Brugger Bürger war, erhielt er zusätzlich den sogenannten Bürgernutzen, das heisst drei Klafter Holz, 250 bis 300 Reiswellen und eine «Brennte [= Rückentraggefäss]». «Überdies hat derselbe das Pfarrhaus und den dabei liegenden Pfarrgarten zu benutzen.» Die Gemeinde erwartete also von ihrem Pfarrer wenigstens zum Teil Selbstversorgung. Haus, Garten und Brennstoff waren geldwerte Leistungen, welche die Barzahlung ergänzten. Wie immer man Julius' Einkommen schliesslich berechnet, eines ist sicher: Maries Ausbildung riss ein Loch ins Familienbudget und war ein materielles Opfer, das der Vater für seine Tochter erbrachte. Wie sie nach Studienabschluss die Einrichtung der Praxis finanzierte, ist nicht überliefert.

Um sich ein Bild von den Belastungen zu machen, sei ein Vergleich zitiert. Maries Freundin Susan Dimock studierte unter anderem mit Hilfe von Darlehen und Spenden, weshalb sie der Direktorin ihres Krankenhauses genau Rechenschaft gab. Für den Zeitraum vom 13. Oktober 1868 bis zum 13. Oktober 1869 (Maries erstes Studienjahr) notierte sie folgende Ausgaben:

Kost und Logis, Wäsche und Licht	884.91 Fr.
Studiengebühren	689.10 Fr.
Reisen	262.75 Fr.
Kleider	263.51 Fr.
Verschiedenes	30.00 Fr.
Total	2130.27 Fr.[1]

Im Begleitbrief entschuldigte sich die Studentin wegen der hohen Auslagen für Reisen, die ihr aber im Hinblick auf die besondere Situation gerechtfertigt schienen. Es wäre schade, die Chance, als Amerikanerin etwas von Europa zu sehen, nicht zu nutzen. Dieses Geld habe sie im Einverständnis mit ihrer Mutter ausgegeben. «I have seen a large part of Switzerland and chiefly on my feet.»[2]

Von Marie fehlen entsprechende Angaben, immerhin lassen sich die Zürcher Hochschulgebühren anhand ihres Testatbuches errechnen: Vom Wintersemester 1868/69 bis zum Sommersemester 1872 bezahlte sie der Universität 1522.30 Franken Semestergelder, für die Abschlussprüfung nochmals extra 70 Franken (zusammen also knapp sieben Monate bares Einkommen ihres Vaters). Zu den allgemeinen Lebenskosten kamen Ausgaben für Instrumente, Exkursionen und Bücher. Die Auslagen für Kost und Logis fielen wohl etwas geringer aus als bei ihrer Freundin, denn Marie verbrachte die Ferien, ausser sie war auf Bergtouren, in der Regel zu Hause in Brugg.

Marie war sich bewusst, dass sie als Studentin viel Geld brauchte. *«Es thut mir sehr leid, wieder mit der Geldgeschichte kommen zu müssen […]. Du wirst sehr erstaunt sein über die grossen Summen, um die ich dich wieder bitten muss, und ich würde noch viel weniger gern darum bitten, wenn ich nicht wüsste, dass ich keine 10 cts. unnütz ausgegeben habe und*

dass, obschon die Summe Geld gross aussieht, ich doch jährlich einige 100 fr.
weniger verbrauche, als die anderen Studenten es hier thun. Herr Heim,
der vielen Studenten im Namen ihrer Eltern das Geld verabfolgt, sagt, dass
sehr selten einer mit 2000 fr. durchkomme. Meine Rechnung hier im Haus
wird auf mindestens 220 Fr. kommen, Zimmer seit August, Pension über
2 Monate, das Holz und die Nebensachen, die nie vermieden werden kön-
nen, zusammengerechnet. Dann kommen die vielen Geschenke und Trink-
gelder auf Neujahr, die ich geben muss, hier im Haus, im Freudenberg [bei
Blumers], den verschiedenen Abwarten in der Universität, den Mägden,
etc. Dann werde ich die Löffel für Emma Blumer zahlen und für Anna
Weihnachtsgeschenke kaufen müssen – dies zusammen kann nicht unter
50 fr. zu stehen kommen. Ich werde also 271 fr. jedenfalls verbrauchen müs-
sen [...], ich habe jeden Rappen aufgeschrieben.»[3] Nachdem der Brief fertig war, erinnerte sich Marie, dass sie bei der Aufzählung die noch nicht
eingetroffene hohe Rechnung des Zahnarztes vergessen hatte!

Neben den bekannten Argumenten brachten Gegner des Frauenstudiums auch finanzielle Bedenken ins Spiel. Ihrer Meinung nach lohn-
ten sich solch beträchtliche Investitionen nicht, da Frauen nie genug
verdienen könnten, um diese zu rechtfertigen. Da hatte die Schwester
des Dramatikers Georg Büchner, die Schriftstellerin Luise Büchner
(1821–1877), eine andere Ansicht (sie besuchte Heims 1875). Zu den Vorbehalten eines Herrn Professor Z. aus Rostock, meinte sie: «[...] wie er
auch glaubt, dass der Erwerb für geleistete ärztliche Hilfe sich bei den
Frauen als sehr geringfügig herausstellen dürfte. Nun, mehr als beim
Stricken und Nähen wird wohl dabei verdient werden, wenn eine Frau
ihre Sache gut versteht [...].»[4]

Auch der Student August Forel war vom wirtschaftlichen Erfolg seiner Kolleginnen überzeugt. Freunde aus der Westschweiz besuchten ihn
auf der Durchreise nach Wien in Zürich. Papa Eloi Lombard «ne mor-
dait pas aux ÉTUDIANTES en médecine. Mais quand je lui eus dit qu'elles
réussissaient bien dans leur pratique au POINT DE VUE PÉCUNIAIRE, qu'il
a empoigné CE POINT DE VUE PÉCUNIAIRE; ah! Elles réusissent AU POINT
DE VUE PÉCUNIAIRE. Oui. Alors C'EST DIFFÉRENT!»[5]

Maries Kolleginnen aus Grossbritannien fanden, wie wir gesehen
haben, dank ihrer Studien in Zürich ein gutes Auskommen. Auch Marie

und Susan Dimock rechtfertigten das Vertrauen, das ihre Geldgeber in sie gesetzt hatten. Nur zwei Jahre nach Susans Studienabschluss schrieb Marie aus Dresden an Marie Ritter: «*Gestern hatte ich einen Brief von Susan; sie war krank, aber erholt sich jetzt auf einer schönen Insel. Hat alle Schulden schon lange bezahlt und noch viel übriges Geld.*»[6]

Jahrzehnte nach ihrem Berufseinstieg erhielt Maries Sohn Arnold sein erstes Gehalt. In einem Brief an ihren Gatten Albert erinnerte sie sich: «*Wie wird er sich freuen! Das ist doch ein grosses Ereignis, wenn man den ersten selbstverdienten Batzen einsteckt! Ich erinnere mich meiner Lebtag an den Moment und den Ort, wo mir das Glück widerfahren ist.*»[7] Leider sind die näheren Umstände des freudigen Augenblicks nicht überliefert.

Als Albert Heim 1872 zum Professor an der ETH ernannt wurde, begann er mit einem Jahresgehalt von 3800 Franken.[8] Dieses ergänzte er mit Einkünften aus geologischen Expertisen, was aber stets einen zusätzlichen Arbeitsaufwand bedeutete: «Ausführlicher Auskunftsbrief 3 Fr., Gletscherkommission für 40 Arbeitsstunden 50 Fr., Geologische Kommission, Präsidium, 2½ Tage 322.80 Fr., ein- bis mehrtägige Expertisen im Gebirge, z. B. Stausee Aaregletscher 100 Fr., Sandalp 50 Fr.»[9]

Maries Einkommen war alles andere als ein Zubrot. In einem Brief an seinen Freund Johannes Hundhausen breitete Albert 1881 seine finanziellen Sorgen aus: «Als 2 Jahre ausgezeichneter Praxis vorbei waren und wir anfingen zu denken, es dürfe das Elternglück bald kommen, da kam finanzielle Krisis bei meinem Vater – einen Onkel und einen ‹Geschäftsfreund.› 47 000 Frs. hatte mein Vater sich erspart, 77 000 musste er in einem Jahr verlieren. Marie ohne Verdienst, hätte meine miserable Besoldung von 4000 Frs. kaum zu unserer Erhaltung ausgereicht und damals, wenn Vater krank geworden wäre, hätte vorwiegend ich ausser Mutter und Bruder eine Stifschwester und eine alte Tante zu ernähren gehabt – und dazu ‹Wiib und Chind› – das hätte uns ja erdrückt und einmal in Noth und Armuth wär ja alles geistige Schaffen unmöglich geworden. Da kam also die neue schwere Pflicht besonders gegen die Eltern: Arbeiten und Geldverdienen, bis wir so viel Boden gewonnen haben, dass Krankheit und Tod des sehr alternden Vaters uns gewaffnet finden würde.»[10]

Zu jenem Zeitpunkt war Albert zum Vorstand der Abteilung VI B und Direktor der Geologischen Sammlung befördert worden und erhielt als angenehmen Nebeneffekt eine Gehaltserhöhung.[11] Nun erfüllten sich Marie und Albert endlich den lang gehegten Kinderwunsch. Wenige Monate später kam der kleine Arnold zur Welt.

Die materiellen Probleme der Familie Heim waren noch nicht ausgestanden, wie Albert 1881 gehofft hatte. Innerhalb der Grossfamilie schuldete man sich gegenseitige Solidarität, Heims erfüllten die moralische Pflicht weit über den Buchstaben des Gesetzes hinaus.

Die 1880er-Jahre waren eine Phase wirtschaftlicher Unsicherheit, 1881 bis 1885 befand sich die Schweiz in einer eigentlichen Rezession. Zwischen 1884 und 1888 verzeichnete sie den Höhepunkt der Auswanderung aus wirtschaftlichen Gründen. Vor diesem Hintergrund brach 1886 die kleine Bank Konrad Heims zusammen, in der Folge wurde Alberts Vater krank. Am 11. November 1886 klagte Albert in einem Brief an seinen Freund Hundhausen: «Es stehen SEHR SCHWERE ZEITEN vor uns. Ein Gewitter, nicht mehr abzuhalten und gegen das alle unsere Kräfte 10fach zu schwach sind, steht über meinem alten in Sorgen schweigend gewordenen Vater. Die Wirkungen auf meine Mutter können gar schlimm sein, doch still – still – es weiss erst ICH und Munti darum – aber vielleicht in 3 Tagen ist's ausgesprochen [...].»[12] Das «Gewitter» kam zu einem ausgesprochen ungünstigen Zeitpunkt über die Familie. Arnold war noch keine fünf Jahre und Helene, die Tochter, erst sechs Monate alt.

Im Erinnerungsbuch über seinen Vater schrieb Arnold: «Trotz Fehlens juristischer Ansprüche fühlten sich Albert und Marie Heim verpflichtet, Jahr um Jahr die Schulden des Vaters abzuzahlen. Im Sommer 1887 starb Konrad Heim nach schwerem Leiden im Hause seines Sohnes, wo er von der Schwiegertochter hingebend gepflegt worden war. Alles Ersparte und ein guter Teil des vorweg Erworbenen ging im Lauf der Jahre dahin und Heims waren nahe daran, ihr Haus an der Hottingerstrasse verkaufen zu müssen; denn sie sorgten auch für den Unterhalt eines alten Freundes, der seinen Besitz beim Zusammenbruch von Vater Heims Geschäft verloren hatte, sowie für eine kranke Stiefschwester und eine alte Tante.»[13]

Mit 26 Jahren durchlitt Maries Sohn Arnold 1908 eine schwere Krise; selbst der bürgerliche Wohlstand der Familie war ihm nun ein Dorn

im Auge. Arnolds Argumente kamen bei seinem Vater Albert begreiflicherweise schlecht an: «Du wärest lieber arm geboren! Das ist eine verkehrte Sentimentalität, die etwa für schöne Geschichten und Märchen
passt, aber der Lebenserfahrung mit der Faust ins Gesicht schlägt. Be-
mittelt auf die Welt zu kommen ist nur für den geborenen Lump ein Unglück, für den gut angelegt geborenen EIN GLÜCK, NEIN GROSSES GLÜCK
UND EINE QUELLE VON SEGEN EDELSTER ART. Was wird dadurch für Kraft
gespart, die sich dafür auf anderes höheres verlegen kann!»[14]

Zeit ihres Lebens hatte Marie, die tüchtige Hausfrau, ein lebhaftes
Interesse an Finanzfragen. Geld war regelmässig ein Thema in der Korrespondenz mit ihrem Sohn Arnold, als dieser im Fernen Osten nach Erdöl suchte. Trotz allen wirtschaftlichen Schwierigkeiten in den ersten Jahrzehnten ihrer Ehe hatten es Marie und Albert zu Beginn des 20. Jahrhundert
auf einen grünen Zweig gebracht, wie es später Arnold beschrieb.

1911 trat Albert von seinem Amt zurück und erhielt als Pension
¾ des Gehalts.[15] Marie war damals bereits ziemlich krank und arbeitete
reduziert. Wie viel Marie tatsächlich verdiente und wie gross ihr er-
erbtes Vermögen war, lässt sich aus dem Registerauszug, den das Steuer-
amt in unregelmässigen Abständen veröffentlichte, nicht herauslesen.
Der Fiskus machte keinen Unterschied zwischen den Einkommen der
Partner, in der folgenden Statistik verschwindet Maries Beitrag unter Alberts Namen.

Zum Vergleich sind Einkommen beziehungsweise Vermögen der
Italienischlehrerin Sophie Heim aufgeführt. Und ein letzter Hinweis:
Der reichste Zürcher, Adolf Tobler, versteuerte 1912 ein Vermögen von
12½ Millionen Franken und ein Einkommen von 3000 Franken.

Zwischen 1905 und 1912 nahm der Wert des Geldes um rund 20 Prozent ab. Zusätzlich zu den nominellen Beträgen wird deshalb in Klam-
mern noch der reale Geldwert auf der Basis von 1905 genannt.[16]

Steuerregister der Stadt Zürich

1905	Heim Albert:	Vermögen	190 000	(190 000)
		Einkommen	10 000	(10 000)
	Heim Sophie:	Vermögen	30 000	(30 000)
		Einkommen	1000	(1000)

1909	Heim Albert:	Vermögen	200 000	(183 400)
		Einkommen	9000	(8253)
	Heim Sophie:	Vermögen	30 000	(27 510)
		Einkommen	1600	(1467)
1912	Heim Albert:	Vermögen	210 000	(175 980)
		Einkommen	7500	(6285)
	Heim Sophie:	Vermögen	25 000	(20 950)
		Einkommen	1000	(838)
1931 (Taxation 1929)	Heim Albert:	Vermögen	245 500	(136 989)
		Einkommen	21 700	(12 107)
	Heim Helene:	Vermögen	54 500	(30 411)
		Einkommen	2500	(1395)

Auch in wirtschaftlicher Hinsicht widerlegte Marie die Vorbehalte der Studiumsgegner überzeugend. Ihr erster Verlobter hatte es bereits 1899 vorausgesehen: «Haus und Familie hatten nicht nur keine Verluste zu beklagen, sondern konnten sich ökonomisch und kulturell ganz entschiedener Gewinne rühmen.»[17] (Erismann selbst versteuerte übrigens 1912 200 000 Franken Vermögen und 8800 Franken Einkommen.)

Die Russinnen kommen –

oder: Sturm im Wasserglas

Zu Beginn der 1870er-Jahre schlitterte das «Experiment Frauenstudium» an der Universität Zürich ganz unerwartet in eine schwere Krise. Ausgelöst wurde sie durch einen enormen Andrang von Studentinnen aus dem Zarenreich. Das Zarenreich erstreckte sich über weit grössere Gebiete als später die Sowjetunion oder das heutige Russland. Die fremden Studentinnen nahm die Zürcher Öffentlichkeit als «Russinnen» wahr, obschon sie vielleicht Polinnen oder – wie Lydia Sesemann – Finninnen waren, einzig weil sie aus dem Zarenreich stammten.

Die russischen Reformen zu Beginn der 1860er-Jahre brachten unter anderem für 25 Millionen Bauern die Befreiung aus der Leibeigenschaft, Suslovas Vater war zum Beispiel Verwalter auf einem Landgut und wurde frei. Die Erneuerung erschütterte die russische Gesellschaft in ihren Grundfesten und gab revolutionären Bewegungen Auftrieb. Der Umbruch schien sich auch auf die Stellung der Frau auszuwirken. Seit 1859 hatten Hörerinnen Zugang zur chirurgisch-medizinischen Akademie. Das Universitätsstatut von 1863 sowie eine Regelung von 1864 nahmen die Erlaubnis zurück und schlossen die Studentinnen wieder aus. So kamen Nadejda Suslova und Maria Bokova für die Fortsetzung ihrer Studien nach Zürich. Suslovas Erfolg schlug nicht nur in Brugg hohe Wellen. Plötzlich schien Zürich in Russland ein Mekka für Freigeister und Emanzipierte – mit fatalen Folgen für das Frauenstudium, das ausgerechnet der Russin Suslova so viel verdankte. Im Wintersemester 1871/72 schwoll die Zahl der studierenden Russinnen von 21 auf 54 an. Wie viele dieser Frauen ernsthaft studieren wollten oder aber als «revolutionäre Elemente» die Universität zum Vorwand nahmen, um ein Visum in die freie Welt zu bekommen, lässt sich im Nachhinein nicht abschätzen.

In einer Eingabe an den Regierungsrat brachte der Professor für Nationalökonomie Victor Böhmert, ein bekannter Befürworter des Frauenstudiums, seine Sorgen auf den Punkt: «Diese Vermehrung der Quantität erregt jedoch an sich viel weniger Bedenken als das Herabgehen der Qualität und der Andrang ganz unreifer und junger Elemente, deren mangelhafte Vorbildung die bisher beobachtete tactvolle Haltung und Achtung der männlichen Studierenden beeinträchtigt und den Lehrer nach und nach zur Herabstimmung der Unterrichtsstufe nöthigen muss.»[1]

Bis zu jenem Zeitpunkt hatte die Universität eine liberale Haltung vertreten. Nur Kantonsbürger mussten für die Immatrikulation ein Maturitätszeugnis vorweisen, für alle anderen Kandidaten reichte ein Sittlichkeitszeugnis, eine Regelung, von der die Aargauerin Marie Vögtlin profitierte. Als die Universität 1833 gegründet wurde, waren die einzelnen Schweizer Kantone souveräne Kleinststaaten, was die merkwürdige Zulassungspolitik historisch erklärt. In der Zwischenzeit hatte sich das politische Umfeld verändert, 1848 war die Schweiz vom Staatenbund zum Bundesstaat geworden. Die Zulassungskriterien mussten auch im Interesse des Frauenstudiums dringend überdacht werden.

In einer Eingabe an den Rektor und den Senat hatten schon am 22. Februar 1870 sechs Studentinnen entsprechende Forderungen erhoben. Erstunterzeichnende war Marie Vögtlin. Als die einzige Schweizerin war sie besonders exponiert. Im Gegensatz zu Miss Morgan, die unmittelbar vor dem Abschluss stand, befand sich Marie zudem mitten in ihrer Ausbildung, ein abrupter Ausschluss der Frauen wäre für sie katastrophal gewesen.

In kompliziertem Beamtendeutsch forderten die Frauen eine Verschärfung der Zutrittsbedingungen und als Voraussetzung für weibliche Studierende ein Maturitätszeugnis: «Infolge des allgemeinen Unterschiedes in der Bildungsstufe, auf welche Knaben und Mädchen durch die verschiedenen Einrichtungen ihrer respectiven Unterrichtsanstalten gebracht werden, sind auch diejenigen Mädchen, welche sich auf einer Universität weiter auszubilden wünschen, in der Regel schlechter vorbereitet als die jungen Männer. Um nun dem Entgegenkommen der Universitätsbehörden uns gegenüber auch unsererseits in gebührender Weise zu begegnen, wünschen wir zu verhindern, dass bei dem voraussichtlichen Zuwachs der Zahl von weiblichen Studierenden der hiesigen Universität durch unbedingte Zulassung derselben Unannehmlichkeiten erwachsen, welche aus dem Grund ungenügender Vorbildung zu befürchten sind [...], dass von nun an nur solche Frauen an der hiesigen Universität aufgenommen werden mögen, welche entweder hier die Maturitätsprüfung gemacht haben, oder ein derselben entsprechendes Zeugnis von öffentlichen Lehrern aus ihrer Heimat vorlegen können.»[2]

Mitunterzeichnerinnen waren die uns bekannten Susan Dimock, Eliza Walker, Marie Bokova, Frances E. Morgan sowie Lydia Sesemann. Lydia Sesemann war nach Marie an die Universität gekommen. Im Oktober 1869 hatte Marie ihre Ankunft nach Brugg gemeldet, «sechs neue Frauen [...], eine Finnländerin.»[3] 1874 schloss die erste finnische Hochschulabsolventin ihr Studium in Chemie ab. Bei dieser Aktion war sie die einzige Nicht-Medizinerin.

Mit der Forderung nach eingeschränkter Zulassung machte sich Marie im russischen Lager keine Freunde, wie der folgende Briefausschnitt zeigt, den sie einen Tag vor der legendären Doktorprüfung Miss Morgans schrieb. «*Ich hatte eine wirklich schwere Zeit, seit Du fort warst – diese massenhafte Arbeit, da ich das Examen früher erwartete, und dazu jeden Tag eine neue Sorge, entweder Universitätsangelegenheiten, oder die Schicksale von Bekannten und Freunden – zuweilen war es fast, um den Verstand zu verlieren. Jetzt hat sich der ärgste Sturm ein wenig gelegt, aber solche Sachen machen mich müde, nicht die Arbeit. – Das Resultat unserer Petition ist noch nicht bekannt. An einem Abend musste ich eine Schar Studenten versammeln und ihnen eine Rede halten – es war ganz schön zu sehen, wie herzlich bereit sie waren, für unsere Meinung und Sache gegen die Widersacher zu Feld zu ziehen. Die Russen hatten nämlich arge Drohungen gemacht, und wir wollten, dass unsere Studenten von uns aus die*

Sachlage erführen – daher die Rede. – Schliesslich ergaben sich die Russen und Russinnen und sandten mir offiziell einen Nuntius mit der Ankündigung dieser Sinnesänderung.»[4]

Senat und Erziehungsrat wollten keine Ausnahmeregelung für Frauen erlassen und beschlossen, das neue Unterrichtsgesetz abzuwarten. – Am 7. April 1870 legte Marie in Aarau ihr Maturitätsexamen ab. Sie erfüllte nun selbst die Vorbedingungen, die sie für studierende Frauen gefordert hatte.

An der Universität brodelte es weiter, die Presse mischte sich ein, die Studenten änderten ihr Verhalten zuungunsten der jungen Frauen. Selbst der Anatom Meyer schüttete Marie sein Herz aus. Am 31. Mai 1870 schrieb Marie an ihre Freundin Marie Ritter: *«Ich stehe um viereinhalb Uhr auf und schaffe den ganzen Tag bis abends neuneinhalb Uhr, aber ich bin nie müde, ich bin wirklich überaus gesund. Und ich kann es brauchen, denn die Arbeit auf das Examen liegt haufenweise vor mir, und die Zeit rückt pfeilschnell. – Ich kann auch sonst die Gesundheit brauchen, denn ich habe viele Sorgen. Es ist nicht umsonst, dass Eure Zeitungen dumme Artikel über uns bringen, denn wir haben wirklich keine Ursache, uns mit unserer Gesellschaft zu brüsten. Diese Woche liess mich Meyer zu sich rufen, um, wie er sagte, mir sein Herz auszuschütten über die jungen russischen Mädchen. Es sind dieses Semester noch drei neue, die ganz zu den letztjährigen passen. Auf den Exkursionen möchte man weinen, es ist keine Spur mehr von der friedlichen Atmosphäre des letzten Jahres. Gegen Susan und mich sind die Studenten schon sehr angenehm wie immer, aber dann sind so viele neue, die wir noch nicht kennen, und diese zeigen deutlich genug, dass sie keinen Respekt vor den neuen Mädchen haben – man hört Äusserungen, vor denen man auffliegen möchte. – Die Mädchen sind so kindisch, benehmen sich so dumm, so taktlos – es ist gar kein Wunder, dass die Knaben so gegen sie sind. So wird nun die ganze Generation ruiniert. Meyer hatte man allerlei von diesen Geschichten rapportiert; er sagt, er sei in Verzweiflung darüber [...]. In ungefähr sechs Wochen habe ich das erste propädeutische Examen, und zuweilen lebe ich im süssen Gefühl, dass ich noch nichts weiss. Zuweilen wieder habe ich eine etwas bessere Idee, aber jedenfalls mache ich mich auf ein sehr ‹bescheidenes› Examen gefasst. Ich habe noch Massen zu lernen.»*[5]

Am 13. August 1870 erhielt Marie ihr erstes Zeugnis an der Universität, sie hatte das propädeutische Examen bestanden. Die Lösung des Russinnenproblems dagegen liess auf sich warten. Fast zwei Jahre später, am 19. Januar 1872, richtete die permanente allgemeine Studentenversammlung eine dringende Eingabe an den Rektor der Universität, in der sie die sofortige Einführung der Maturität als Voraussetzung für ein Studium forderte und sich ausdrücklich auf die Eingabe der sechs Studentinnen vom 22. Februar 1870 bezog. Bezeichnenderweise verlangten die Studentenführer nicht den Ausschluss der Frauen, verwiesen aber energisch auf die Spannungen, die sich in letzter Zeit zwischen männlichen und weiblichen Studierenden ergeben hätten. «Nun liegt es gewiss im Interesse der Frauen selbst, dass sie sich mit den Männern nicht unter ungleichen und unwürdigen Bedingungen in den Wettkampf der Wissenschaft und des Lebens einlassen.»[6]

Nach den «sehr unangenehmen Differenzen zwischen den männlichen und weiblichen Studenten»,[7] drängten sich nach Ansicht des Universitätssenats Notmassnahmen auf. Plötzlich erhielt Zürich von unerwarteter Seite Hilfe: Am 4. Juni 1873 erliess die russische Regierung einen Ukas (Erlass), der den Russinnen ein Weiterstudium in Zürich nach dem 1. Januar 1874 verbot. Zuwiderhandelnde durften in Russland keine medizinische Tätigkeit aufnehmen. Ausgelöst wurde die russische Reaktion durch einen Petersburger Zeitungsartikel, dessen Text gespickt war mit ehrenrührigen Unterstellungen gegen die russischen Studentinnen – eine Schrift, die zumindest ein eigenartiges Licht auf die Fantasie des Verfassers wirft: «Einige dieser Mädchen sind so niedrig gefallen, dass sie speziell denjenigen Theil der Geburtshülfe studiren, welcher in allen Ländern vom Kriminalgesetz und von der Verachtung aller ehrlichen Leute verfolgt wird.»[8] Die Rede ist hier vom Schwangerschaftsabbruch.

Solche Unterstellungen erregten den Widerspruch des Universitätssenats. Der Zürcher Regierungsrat wollte über den Bundesrat der russischen Regierung eine Klarstellung mit der Darstellung der wirklichen Verhältnisse überreichen lassen. Der Erziehungsdirektor und sein Staatsschreiber – kein anderer als Gottfried Keller! – verfassten eine würdige Antwort: «Sie finden es ohne weiteres erklärlich, dass wir Äusserungen solchen Inhalts in einem amtlichen Blatte im Interesse der zürcherischen

Hochschule und ihrer Lehrerschaft nicht mit Stillschweigen übergehen können […].» Der Bundesrat verzichtete darauf, den Zürcher Protest nach Russland weiterzuleiten!

Im Wintersemester 1873/74 studierten noch zwölf Russinnen in Zürich. Die deutsche Medizinstudentin Franziska Tiburtius atmete auf: «Es ist jetzt nach dem Abgang der Russen wunderbar ruhig auf der Platte und in den Wandelgängen der Universität, wo man während der Pausen hin- und hergeht. Trotz allem – Erleichterung! In der Klinik sind wir jetzt nur vier Frauen, Lehmus, Sinclair und ich und eine russische Emigrantin, Frau Lukanin, die nicht wieder zurückgehen will.»[9] Nach ihrem Zürcher Aufenthalt übernahm Adelheid Lukanin für eine kurze Zeit die Stelle in Boston, die durch Susans Tod frei geworden war. Der revolutionäre Ruf der Kandidatin war über den Atlantik gedrungen und die Krankenhausdirektorin erkundigte sich vorsorglich nach ihrer Garderobe: «Ich bin eine Person mit ziemlich radikalen Überzeugungen, aber ich habe eine tiefe Abneigung dagegen, dass sich solche Überzeugungen in der äusserlichen Erscheinung ausdrücken.»[10] Adelheid Lukanin antwortete, sie kleide sich unauffällig und freue sich, nach Boston zu kommen.

In Zürich entwickelte sich das «Experiment Frauenstudium» nun wieder in ruhigeren Bahnen weiter.

«Jetzt fällt mir der letzte solche Stein vom Herzen» – Studien-abschluss

Der Winter 1869/70 war der kälteste seit 1829. Maries Briefe erwähnen dies aber begreiflicherweise mit keinem Wort, die Adressaten wussten über die Witterung Bescheid. So berichtete sie von Prüfungsvorbereitungen, Universitätspolitik und Auseinandersetzungen mit verschiedensten Behörden. Trotz allen Belastungen war sie in Hochform: *«Ich bin so zufrieden und glücklich mitten in dem Arbeitsdrang, dass ich immer singen möchte.»*[1]

Als Erstes galt es, in ihrer aargauischen Heimat zur Maturitätsprüfung zugelassen zu werden. Ihre Kollegen repetierten in aller Ruhe den Stoff für das propädeutische Examen, Marie büffelte daneben auch Mathematik und lateinische Vokabeln. Dem aargauischen Erziehungsdirektor Augustin Keller erläuterte sie ihr Problem: *«Im kommenden Sommer hoffe ich die medicinisch-propädeutische Staatsprüfung zu bestehen. Zu diesem Zweck muss ich ein Maturitätszeugnis besitzen. Im Hinblick darauf habe ich einen Theil der wenigen freien Zeit, die mir neben meinen Vorlesungen übrig bleibt, diesen Winter auf etwas bessere Kenntnis der lateinischen Sprache und die Repetition der 5 in Beziehung zu der medicinischen Wissenschaft stehenden Fächer verwendet. Mit diesen genannten Fächern nebst deutscher Sprache und Literatur, Französisch und Englisch, müsste ich nun mir das Maturitätszeugnis erwerben, und hoffe, dass in Anbetracht der Schwierigkeiten, die heutzutage der Vorbildung der Frauen*

noch im Wege liegen, die Behörden des aargauischen Gymnasiums mir ge-
statten werden, mit Auslassung von Mathematik und Weltgeschichte in die
Prüfung zu treten.»[2]

Was sich der Herr Erziehungsdirektor bei dieser Anfrage gedacht hatte? Er war beispielsweise der Ansicht, weibliche Lehrkräfte würden nur für die Unterstufe taugen.[3] Jedenfalls zeigten sich die Aargauer einsichtig. «*Was sagst Du dazu, dass ich immer noch vor dem Examen sitze, wie eine Katze vor dem Mausloch? […] Nun kann ich Dir endlich sagen, dass ich mit den Knaben mündlich examiniert werde; zum Schriftlichen steckt man mich in ein besonderes Loch. An der ersten Tatsache habe ich gar keine Freude. Nun sitze ich im Examen nächste Woche, täglich von 7–12 und 2-5 von Montag bis Donnerstag. Ich bitte Dich, habe doch keine Angst, so ist das ja eine Qual diese vier Tage. Und ich glaube nicht, dass ich durchfalle […]. Heute war ich in Aarau bei drei Professoren und wurde von ihnen wundervoll aufgenommen. Es wird mir nun schon etwas weniger unheimlich sein.*»[4]

Am 7. April 1870 lautete der Bericht nach Schwanden: «*Jedermann war sehr freundlich für mich, die Professoren liefen für mich umher.*» Die Kantonsschüler wollten sie gar mit auf ihren Ausflug nehmen, doch Marie lehnte die Einladung ab.

«*Nur einmal, in der mündlichen Chemie, ging es mir schlecht, sonst immer ganz gut.*»[5] Die Lehrer gaben sich alle Mühe, Marie Fragen zu stellen, zu denen sie etwas zu sagen hatte. Im Englischen wurde sie nach der «Biography of Byron and his work» gefragt, im Französischen sollte sie «Les motifs qui doivent porter les Suisses à aimer leur patrie et à lui consacrer leur vie» aufspüren. In Maries Augen sei es nicht mehr der bewaffnete Einsatz wie bei den Vorfahren, sondern das Engagement für intellektuelle und moralische Freiheit, die zählten, dann bräuchten wir mit ihnen keinen Vergleich zu scheuen. Unter gewissen Voraussetzungen «*nous n'aurons pas à craindre la comparaison avec nos ancêtres de Morgarten et de Sempach. Nous serons dignes, chacun de nous, à être placé au rang des anciens Confédérés du Grütli, car nous aurons, comme eux, consacré notre vie à la liberté de notre pays, mais à sa liberté intellectuelle et morale.*»[6]

Das Thema des Deutschaufsatzes war ganz nach Maries Geschmack: «Die Geschichte ist vornehmlich die Geschichte der Männerwelt, aber auch die Frauen nehmen ihren Theil daran.» «*Dies konnte ich natürlich gut behandeln, weil ich viel darüber nachgedacht habe*», kommentierte sie selbstbewusst.

Für den nächsten Schritt, das propädeutische Examen, musste Marie gleich zwei Hürden nehmen, eine akademische und eine politische. Nach der bestandenen Maturitätsprüfung hätte sie sich zur universitären Prüfung anmelden können, doch – im Gegensatz zu den ausländischen Studentinnen, die nicht in der Schweiz arbeiten wollten – brauchte Marie eine staatliche Anerkennung. Eine Zulassung zur sogenannten Konkordatsprüfung bedeutete, dass Marie nach Abschluss ihrer Ausbildung in der Schweiz als Ärztin praktizieren durfte. Die Behörden zögerten: «Allein, da es sich um die prinzipielle Frage der Zulassung von Frauenzimmern zum Concordatsexamen handelt, welche im Reglemente zwar nicht ausgeschlossen ist, aber doch noch nie vorgekommen war, haben wir es für zweckmässig erachtet, diese Frage vor unsere oberste Behörde, die Concordatsstände [= Kantone, die dem Konkordat angeschlossen waren] im empfehlenden Sinne zu bringen.»[7] Der Aktuar teilte Marie mit, dass eine Sitzung der zuständigen Behörde kaum vor November oder Dezember stattfinden würde.

Offensichtlich bemühte sich die Zürcher Amtsstelle, eine gütliche Lösung zu finden, wie man Marie am 8. August mitteilte. Sie wurde provisorisch zur Prüfung zugelassen, musste aber akzeptieren, «dass Ihre provisorische Zulassung ohne Präjudiz für den Entscheid jener Behörde sei.»[8] Nach bestandener Prüfung würde sie kein Zeugnis, sondern nur eine mündliche Mitteilung über das Ergebnis erhalten. Am 14. August 1870 meldete Marie triumphierend nach Schwanden: «*Von den 11 Candidaten habe ich am meisten geleistet.*»[9] Zur Erholung ging sie mit den Geschwistern Heim auf eine grosse Bergtour. Wie angekündigt fand die entscheidende Sitzung im Dezember statt. Man spürt förmlich die Freude des Herrn Aktuars über den Ausgang der Debatte:

«Werthgeschätztes Fräulein!
Privatim theile Ihnen mit, dass am 12t huj. [= dieses Monats] in Bern von der Conferenz der Concordatsstände die Zulassung von Candidaten femini generis [= weiblichen Geschlechts] glücklich beschlossen wor-

den ist und zwar mit elf contra zwei Stimmen. In Bälde werden wir Ihnen daher Ihren Prüfungsausweis zu & Ihren Recurs zurückbehändigen. Ergebenst grüssend
Dr. Fr. Goll.»[10]

Während sich Marie mit den Behörden herumschlug, Prüfungen bestand und Universitätspolitik betrieb, hatte Europa eine schwere Krise durchzustehen. Am 19. Juli 1870 erklärte Napoleon III. Preussen den Krieg. Am 1. September wurde er in der Schlacht von Sedan gefangen genommen, am 4. September die französische Republik ausgerufen. Ausnahmsweise äusserte sich Marie zur Politik: «*Die französische Republik! Nimmst du teil an den politischen Ereignissen? Mein Herz schlägt beim Gedanken an Frankreichs Zukunft! Ich fühle es jetzt recht, wie sehr ich dieses Volk liebe. – Lange war Brugg mit Militär überfüllt; einmal hatten wir sechs Mann im Haus. Aber alles ging gut.*»[11]

Trotz Maries «alles ging gut» waren die internationalen Probleme nicht ausgestanden. Im Januar 1871 drängten im Jura rund 90 000 Mann der französischen Ostarmee (Bourbaki-Armee) mit 12 000 Pferden und über 200 Geschützen über die Grenze in die Schweiz. Die entwaffneten Soldaten wurden interniert und auf das ganze Land verteilt. Der Kanton Zürich beherbergte rund 12 000 Militärs. In der Stadt durften sie sich frei bewegen.[12] Am 9. März 1871 feierte die deutsche Kolonie in der alten Tonhalle die Reichsgründung.[13] Mit Rücksicht auf die anwesenden Franzosen war das Fest bereits um mehr als einen Monat verschoben worden. Neben anderen hatte Maries Professor und Susans Doktorvater, der Gynäkologe Adolf Gusserow, die Einladung unterzeichnet. Die Begrüssungsansprache hielt Maries und Alberts Chemieprofessor Johannes Wislicenius, der in der Schweiz eingebürgert war. Kaum hatte der zweite Redner seine Ansprache beendet, ging der sogenannte Tonhallekrawall los. Rund 1000 Leute hatten sich in der Nähe zusammengerottet, warfen Steine und provozierten Schlägereien. – Adolf Gusserow war 1870/71 Rektor der Universität. 1872 wechselte er an die inzwischen deutsch gewordene Universität Strassburg. Zu seinem Abschied sprach der Schriftsteller Gottfried Keller einen Trinkspruch, der wegen seiner Deutschfreundlichkeit heftige Kritik provozierte. Mit der Reichsgründung hatte sich das Verhältnis der Schweiz zu ihrem nördlichen Nachbarn verändert, die Universität war unmittelbar davon betroffen.

Im Sommer 1871 beschloss Marie, ihr Logis an der Steinwiesstrasse zu verlassen: «*Der Philister hat kürzlich die Magd geprügelt, und seither kann ich ihn nicht mehr ohne Empörung ansehen und habe nicht mehr die entfernteste Lust dazubleiben.*»[14] Sie zog in die Pension von «Fräulein Heidegger», in der Marie Ritters Bruder zuvor gewohnt hatte.

Im Rahmen ihrer Ausbildung begann Marie allmählich mit dem ärztlichen Praktizieren. «*Arbeit habe ich bis über die Ohren, erstens zirka fünfzig Stunden wöchentlich, daneben die poliklinischen Patienten und die Geburten [...]. Ich kann Dir nicht sagen, wie viel Freude ich habe an der Praxis.*»[15] Zudem ging Marie als «Hausärztin» einmal in der Woche in eine Kinderkrippe nach Aussersihl, für einen Weg brauchte sie zu Fuss Dreiviertel Stunden! Von diesem Auftrag erhoffte sie sich eine gewisse Werbewirkung bei den vornehmen Komiteedamen.

Ihr Privatleben veränderte sich grundlegend: Im April 1872 traf Marie im «deutschen» Strassburg letztmals ihre Freundin Susan, am 6. August 1872 erfolgte Alberts Ernennung zum Professor. Ob er sich in dieser Zeit Marie erklärte? Verantwortungsbewusste junge Männer seiner Generation pflegten mit ihren Anträgen zu warten, bis sie wirtschaftlich in der Lage waren, eine Familie zu erhalten.

Zu ihrer Enttäuschung konnte Marie ihre Schlussprüfung nicht mehr 1872 ablegen. Am 9. Januar 1873 war es so weit: «*Also im Gesamten ist es mir gut gegangen, theilweise hatte ich etwas Unglück, theilweise viel Glück! [...] Nun, das einzelne hat ja wenig zu sagen – jedermann weiss, dass Examen eine Chancenreiterei sind [...], die letzten Tage war ich sehr müde – jetzt habe ich mich schon wieder ein wenig restauriert.*»[16]

Nun zog Marie nach Leipzig, wo sie unter Heimweh litt und Kummerspeck ansetzte: «*[...] bin ziemlich dicker geworden, so dass ich in jedem unbewachten Augenblick sämtliche Kleider aufmache. Das ist das Resultat meiner Petroliumküche.*» Marie wohnte bei einer alten Witwe in einem Dachzimmer, «*wo massenhaft Russ hereinfliegt*». Über ihr Studium berichtete sie: «*Für Geburtshilfe habe ich Manches gelernt, was mir sehr wichtig sein wird. Aber für Frauenkrankheiten wenig. Die Frauen fürchten sich, unter die endlose Schar von Studenten zu kommen.*»[17] Auf der Heimreise wollte sie Berlin besuchen und dann über den Harz und den Rhein nach Hause reisen.

Nachdem Leipzig ein Misserfolg gewesen war, erwies sich Dresden dank Professor Franz von Winckel als Glücksfall: «*Es geht mir ausgezeichnet in allen Richtungen.*» Sie hatte bereits viel gelernt und führte ein schönes Leben, «*denn so viele Menschen im Hause sind, so viele Freunde habe ich. Die Assistenten sind sehr tüchtige Leute, sowohl was Leistungen als was Charakter anbetrifft.*» Marie sah wöchentlich 20 bis 25 Entbindungen, «*kann operieren und untersuchen und befunden. Nie wie vorher.*»[18]

Wann Marie nach Zürich zurückkehrte, ist unklar. Am Samstag, 11. Juli 1874 schloss sie ihr Studium mit der Doktorprüfung in Zürich ab. Damit war Marie besser qualifiziert als mancher ihrer Kollegen. In ihrem Heimatkanton Aargau hatten 1880 19 von 91 Ärzten ein Doktorat.[19]

Marie als Studentin in Dresden 1873. Nach den Enttäuschungen, die Marie in Leipzig erlebt hatte, gab ihr der Gynäkologe Franz von Winckel die Möglichkeit, bei ihm eine Doktorarbeit in Geburtshilfe zu schreiben.

Franziska Tiburtius, die deutsche Kollegin, die von Marie nach Dresden empfohlen wurde und dann in Berlin praktizierte, schilderte in ihren Lebenserinnerungen den Ablauf der Zeremonie: «Das war der feierliche Schlussakt, die Promotion, die damals noch in Zürich nach alter Weise mit ziemlich viel Klimbim vor sich ging: Vorherige Verkündigung im Tagblatt, Versammlung in der Aula, Studenten und Freunde aus der Stadt erschienen zahlreich, – feierlicher Einzug in die Aula, die Magnifizenz [der Rektor] an der Spitze, dann das Opferlamm, der amtierende Professor [...], die anderen Professoren hinterher, die feierlich auf den Lehnstühlen Platz nahmen; – Praelectio, Thesenverteidigung, wozu man natürlich ein paar gute Bekannte unter den Studenten und auch einen oder den anderen von den Professoren bat, – Verlesung der Eidformel in lateinischer Sprache, auf die natürlich niemand hörte, – dann die Promotionsformel von dem amtierenden Professor, – dann hörte man noch allerhand Niedliches über sich sagen, – Rückkehr ins Konferenzzimmer, man empfing die Glückwünsche der Professoren, – und dann das erlösende Aufatmen, wenn man mit der Diplomkapsel unter dem Arm nach Hause ging.»[20] Bei Marie war Edmund Rose der amtierende Professor, wie wir aus der unverzüglich an Marie Ritter geschickten Postkarte wissen. Zu diesem Zeitpunkt führte die Freundin ihrem ledigen Bruder den Haushalt in Elm.

Wie stets schrieb sie auf der offenen Postkarte englisch, wohl damit der Briefträger nicht alles mitbekam. «*Saturday 11th. My promotion over to-day! Now I feel greatly relieved – this is the last time that I have such work in which I am dependant upon the great gentlemen in the university. I am told that it went on perfectly well, I was not a bit afraid. Rose made the speech. Now the last stone of the sort is off my heart. I am perfectly well, had no trace of head-ache ever since that friday at Elm. I live here these 10 last days (Hottingerstrasse), get along very well with my new maid, and she says she is perfectly happy here. On Tuesday I shall be announced in Tagblatt and Zürich Zeitung; and then I hope to begin my practice bye and bye.*»[21]

Seit zehn Tagen wohnte Marie also mit ihrem Dienstmädchen in der Hottingerstrasse. Sie hatte ihr Ziel erreicht, das neue Leben konnte beginnen!

Das «Haus, wo es mir so durch und durch wohl ist» – Marie bei Familie Heim

«Ich weiss kein Haus, wo es mir so durch und durch wohl ist wie dort. Es herrscht eine solche Atmosphäre von Liebe und Eintracht und kindlicher fröhlicher Gesinnung dort»,[1] erzählte Marie ihrer Freundin Marie Ritter. Offenbar hatte Sophie Heim Marie sehr schnell ihrer Familie vorgestellt. Die Heims führten ein offenes Haus. Am Zeltweg, einer Art Zürcher Biedermeierquartier, wo sie damals wohnten, fühlte sich Marie willkommen und geborgen. Als sie zu Beginn ihres zweiten Studienjahres im Oktober 1869 in Zürich eintraf, besuchte sie noch am selben Abend ihre Freunde, wie Marie ihrem Vater meldete: *«Nach dem Nachtessen ging ich noch für eine Stunde zu den Heims. Wenn irgend Jemand, so verdienen diese Leute ihren Namen.»*[2] Sophie Heim-Fries (1820–1899), Maries spätere Schwiegermutter, war der allseits geliebte Mittelpunkt der Familie.

An seinem 70. Geburtstag, Marie war bereits über zwei Jahre tot, erinnerte sich Albert in seiner Festansprache: «[…] ich hatte eine ganz ungewöhnlich vortreffliche, herrliche Mutter.»[3] Marie hätte sich dieser Einschätzung zweifellos angeschlossen. «Die kleine, zart gebaute Frau mit dem klugen Sinn und dem weiten Herz war und blieb für alle ihre Kinder der Inbegriff der guten Mutter.»[4] Maries Sohn Arnold war ebenfalls 70, als er seine Grossmutter Sophie Heim-Fries mit diesen Worten würdigte. Als kleiner Junge war er regelmässig bei ihr zu Gast und genoss ihre Zuwendung.

Sophie Heim-Fries muss eine ungemein liebenswürdige und gescheite Frau gewesen sein. Väterlicherseits entstammte sie einem Geschlecht, das seit dem 16. Jahrhundert in Zürich verbürgt ist. Ihr Grossvater mütterlicherseits war der Genre- und Historienmaler Heinrich Freudweiler (1755–1795), ein Mitbegründer der Zürcher Kunstgesellschaft. Das künstlerische Talent vererbte sich über Generationen in der Familie. Sophie Heim-Fries' jüngere Schwester Susanna Anna Fries (1827–1901) wurde Kunstmalerin, obschon sich ihr Vater widersetzte, denn er wollte: «die Schande nicht erleben, dass eine seiner Töchter ihr Brot durch einen Beruf verdiene.»[5] Nach hoffnungsvollen Anfängen in Zürich lebte sie in Holland, dann in Italien. Auch Maries Gatte Albert sowie ihre Kinder Arnold und Helene waren zeichnerisch überdurchschnittlich begabt.

Sophie Heim-Fries war die zweite Gattin Johann Konrad Heims (1815–1887). Dessen Tochter Marie aus erster Ehe war bereits ausgezogen, als die Studentin Marie Vögtlin auftauchte. Von Sophie Heim-Fries' fünf Kindern lebten zu Maries Zeit nur noch drei. Maries Freundin Sophie war die Älteste, dann folgte Albert. Der jüngste Sohn Ernst (1854–1935) wurde Violinist und war lange Jahre Musikdirektor in Davos. Zwei Töchter, Helene (1859–1866), Alberts Lieblingsschwester, und Lydia (1853–1854), waren gestorben.

Johann Konrad Heim, der Ehegatte, kam ursprünglich aus St. Gallen. Er war der Sohn eines Theologen, doch folgte er seinem Vater nicht im Beruf. Als Kaufmann führte er zuerst eine Papierfabrik in Teufen. Um 1840 siedelte er nach Zürich über. Er wurde Mitarbeiter sowie Prokurist der Firma Schinz & Sohn, «welche ein Inkasso-, Speditions- und Kommissionsgeschäft, verbunden mit einem Handel mit Metallartikel betrieb. Nach dem Tode des Inhabers, Daniel Schinz zur Glocke, übernahm der bisherige Teilhaber im August 1866 das Geschäft auf eigene Rechnung unter seinem Namen J. C. Heim-Fries.»[6] Mit Johann Konrad Heim besprach die Studentin die hohen Kosten ihrer Ausbildung, wie sie ihrem Vater mitteilte, und nahm beruhigt zur Kenntnis, dass andere Studierende offenbar noch mehr Geld ausgaben.

War Konrad Heim kein geschickter Finanzmann, oder trafen ihn die konjunkturellen Schwankungen besonders hart? Nach etlichen Hochs

Marie schätzte ihren Schwiegervater Johann Konrad Heim sehr. Als Geschäftsmann war er allerdings nicht sehr erfolgreich und Tiefs jedenfalls wurde die kleine Privatbank 1886 endgültig zahlungs-unfähig. Marie und Albert sprangen für den Vater ein und trugen jahre-lang an diesem schweren Vermächtnis. Konrad Heim selbst starb 1887 im Jahr nach dem finanziellen Zusammenbruch.

Leider brachte Sophie Heim-Fries nicht nur intellektuelle Offen-heit und künstlerische Begabung in die Familie, sondern über ihren Va-ter ebenfalls die Veranlagung zu Depressionen. Johannes Fries versuchte, sich im Frühling 1826 das Leben zu nehmen, worauf seine Zürcher Ärzte hilflos reagierten und ihn aufgaben. Seine Gattin Susanna Fries-Freud-weiler suchte auswärts Hilfe, und die junge Familie verbrachte den Som-mer auf dem Hirzel bei Johann Jakob Heusser. Eine Generation später erlitt Sophie Heim, Maries Freundin und spätere Schwägerin mehrere Zusammenbrüche, selbst Albert muss zumindest ansatzweise davon be-troffen gewesen sein.

Heussers Gattin Meta Heusser-Schweizer, die Mutter der Schrift-stellerin und Heidi-Autorin Johanna Spyri, war mit Susanna Fries-Freudweiler (Sophies und Alberts Grossmutter) eng befreundet.[7] Es lag also nahe, einen letzten Heilungsversuch in ländlicher Stille bei einem angesehenen Fachmann zu wagen. Sophie Heim-Fries war damals sechs Jahre alt und muss die Tragödie bewusst miterlebt haben. Heusser ge-lang es, den Patienten so weit zu heilen, dass er bis zu seinem Tode 1855 beruflich aktiv bleiben konnte.

Im folgenden Jahr 1827 brachten die beiden Freundinnen, Meta Heusser und Susanna Fries, je eine Tochter zur Welt: Johanna Heusser (später Spyri) und Anna Fries, die Malerin, machten beide auf ihre Art eine bemerkenswerte Karriere. «Eine jahrelange herzliche Freundschaft erwuchs aus den gemeinsamen Erfahrungen jenes Sommers. Unsere ältesten Kinder waren sich durch jenes Zusammenleben ganz wie Ge-schwister geworden, und die später Geborenen im Friesischen wie in unserm Hause wurden von der Wiege an in den Geschwisterkreis einge-schlossen. Jahrelang teilten die beiden Kinderscharen alle Freuden der Kinder- und Jugendjahre miteinander [...] und der Hirzel war beiden Teilen eine zweite Heimat, und kein rechtes Fest konnte gedacht werden ohne die Teilnahme der beiden»,[8] schilderte Meta Heusser-Schweizer die Kontakte in ihrer «Hauschronik.» Die Familien blieben sich stets verbunden. Maries Freundin Sophie verkehrte oft bei Johanna Spyri, und Marie selbst begleitete als Ärztin 1901 Johanna Spyri in den Tod.

Als Marie die Familie Heim kennen lernte, war Sophie Heim-Fries erst 48 Jahre alt, Maries Mutter Henriette – hätte sie noch gelebt – wäre zu jenem Zeitpunkt 66-jährig gewesen. Dies mag teilweise die so andere Stimmung erklären, die in Maries «Adoptivfamilie» herrschte. Es ist denkbar, dass Marie in der gütigen Sophie Heim-Fries eine Art Mutterersatz fand.

Im Geburtstagsbrief an ihren Vater schildert Marie ein gemütliches Beisammensein: «*Letzten Sonntag war ich für den Abend bei der Familie Heim, wo ich das schönste Familienfest mitfeiern durfte, das ich je gesehen habe. Es war Frau Heims Geburtstag. Herr Heim [Albert] schickte von Berlin Grüsse in Poesie und Prosa. Am späteren Abend wurde musiciert; der jüngere Sohn, 15 Jahre alt, spielt Geige und da probirte ich auf einmal wieder meine Finger. Und nun wird dieser Ernst als Musensohn II fungieren, d. h. ich werde nun so oft ich Zeit habe, mit ihm Duette spielen wie früher mit dem Musensohn I, Ernst [Frölich?].*»[9] Marie genoss es offensichtlich, mit einer ganzen Familie befreundet zu sein und vielfältigen Anschluss zu finden.

Zu Beginn des Jahres 1870 stand Marie unter aussergewöhnlichem Druck. Gleichzeitig bereitete sie sich auf das medizinische propädeutische Examen und die Maturität vor. Radikal strich sie ihre Freizeitaktivitäten zusammen. Konsequent setzte sie Prioritäten: «*So muss ich namentlich meine Sonntage zum Studium brauchen und ich werde nun nur die schönen musicalischen Stunden von abends 7 ½ Uhr an bei den Heims als obligatorischen Sonntagsgenuss beibehalten*»,[10] meldete sie nach Brugg.

Auch Susan Dimock genoss die heimsche Gastfreundschaft. Nachdem ihre Wirtin plante, Zürich zu verlassen, fand sie ihrerseits Aufnahme im Kreise Heim, wo sie während den letzten Jahren ihres Studiums wohnte. Für ihre künftigen Gastgeber fand sie selbstverständlich nur anerkennende Worte: «[...] and then I go to the friends whom I like most of all, most kind, happy, fresh and learned people. There are two sons and one daughter, who is of my age and one of my best friends.»[11] Und Marie kommentierte: «*Sie ist überglücklich und ich bin so sehr froh, denn nun hat sie wieder eine Heimath und sie ist so nahe bei mir.*»[12] Die

Mit ihrer Schwiegermutter Sophie Heim-Fries verband Marie eine innige Beziehung.

Das «Haus, wo es mir so durch und durch wohl ist» – Marie bei Familie Heim

Maries Schwager, der Geiger Ernst Heim, mit dem die Studentin jeweils am Sonntag-
abend Duo spielte, seine Frau, Mathilde Heim-Brem, Musiklehrerin, und ihr erstes Töchterchen Helene. Mathilde erkrankte an Tuberkulose, weshalb die Familie nach Davos
übersiedelte, wo Mathilde 1886 starb. Ernst blieb als Musikdirektor in Davos und wurde
ein bekannter Förderer des Alphorns.

heimsche Wohnung am Zeltweg kann nicht sehr gross gewesen sein. Man lebte auf kleinem Raum eng beieinander. Wenn Heims bereit waren, eine Untermieterin aufzunehmen, bedeutete dies unter anderem, dass sie sich auf eine Weise einschränkten, die im 21. Jahrhundert undenkbar wäre.

Der abendliche Gedankenaustausch muss jeweils sehr anregend gewesen sein. «Man sprach über ALLES MÖGLICHE, man schaute Photographien herrlicher Gegenden, herrlicher Kunstwerke an»,[13] beschrieb Albert einen Besuch, den er mit seiner Gattin Marie eines Abends am Zeltweg machte. Auch bei diesem Anlass wurde musiziert. Albert und Marie waren gekommen, um eine Sängerin, «Ida», kennen zu lernen, die ihnen nicht wirklich gefiel, der sie jedoch auf den Zahn fühlen wollten, weil sich einer ihrer Freunde unglücklich in sie verliebt hatte.

Neben ihren hausfraulichen Verpflichtungen war Sophie Heim-Fries nicht nur intellektuell rege, sondern auch gesellschaftspolitisch aktiv. «Frau Heim war eben daran, im Verein mit einigen anderen Damen, einer Aufforderung der Regierung zufolge, ein neues kleines Werk von Susanna Müller zu prüfen, welches sie als Leitfaden zum Selbstgebrauch der Schülerinnen für den Handarbeitsunterricht verfasst hatte […].»[14] Die deutsche Schriftstellerin Luise Büchner traf sich mit der tüchtigen Handarbeitslehrerin Susanna Müller – wen wundert es – im Hause Heim: «Schon längere Zeit im schriftlichen Verkehr mit ihr, lernte ich sie nun persönlich bei Frau Heim, der Mutter der liebenswürdigen Sprachlehrerin, kennen.»[15]

Marie und ihre Schwiegermutter standen sich Zeit ihres Lebens sehr nahe. In der Abdankungsrede für seine Mutter würdigte Albert 1899 diese gegenseitige Zuneigung: «Freudig bewegt warst du dadurch, dass deine treue Schwiegertochter dein Kind, dein Arzt, deine Pflegerin zugleich war, und noch am vorletzten Tage sagtest Du zu mir: ‹Wie glücklich bin ich, dass mein Kind Marie mich nie verlässt!›»[16]

«An ihrem Ziel
das höchste geistige
Interesse genom-
men»[1] – Albert Heim

Nach ihrer eigenen Aussage war Marie während des Studiums von zahlreichen Verehrern umgeben. Weshalb ihre Wahl schiesslich auf Albert Heim (1849–1937) fiel, lässt sich nicht schlüssig beantworten. Mitgeholfen haben wohl gemeinsame Interessen und ähnliche Familienideale, die Begeisterung für die Bergwelt sowie gewisse Charaktereigenschaften Alberts, etwa seine Verlässlichkeit und seine Vorliebe für das einfache Leben.

Als Marie bei Rudolfine Blumer im Herbst 1868 Albert Heim vorgestellt wurde, war ihr künftiger Gatte keine 20 Jahre alt. Nach dieser ersten Begegnung dachte er kaum anders als «mit einer Art sozialem Interesse» an sie. Die Debatte rund um das Frauenstudium erregte bekanntlich die Gemüter, und die erste Schweizer Studentin war eine Art Prominenz. Albert hatte bemerkt, «dass Maries Streben nicht in Unweiblichkeit, sondern in edelster Weiblichkeit gegründet war»,[2] was immer er sich darunter vorstellte.

«Etwa acht Tage später traf ich sie zufällig wieder auf einer Treppe im Polytechnikum. Sie erkannte mich nicht wieder und ging an mir vorbei. Da überfiel mich plötzlich ein unbegreifliches und zuerst unverstandenes Herzklopfen mit Beklemmung, so dass ich zu Boden sank, und im Augenblick fuhr es durch mich: Diese wird meine Frau oder keine! Ich redete mir das später aus; aber ich kam nicht mehr davon los, und die Stärke dieses Gefühls ist mein Leben lang so geblieben»,[3] erinnerte er sich.

Das neue Leben nahm Marie in den ersten Wochen des Studiums völlig in Anspruch, zudem waren die schmerzlichen Erinnerungen an ihre grosse Liebe nicht wirklich verblasst. Trotzdem erstaunt es, dass sie im Treppenhaus Albert nicht einmal erkannte. Waren allgemeines Desinteresse an unbekannten Männern oder ihre Kurzsichtigkeit daran schuld? Albert hätte ihr auffallen müssen, sein Aussehen hob ihn aus der Masse der Studierenden heraus. Der junge Mann hatte rote Haare und nach einem Unfall ein etwas verkürztes linkes Bein, was zu einer besonderen, leicht hinkenden Gangart führte, die seine Zeitgenossen als Alberts Merkmal beschrieben.

In jenen Monaten vertiefte sich Maries Freundschaft mit «Fräulein Heim» und sie begann, sich dank Sophie am Zeltweg im wahrsten Sinne des Wortes heimisch zu fühlen. In ihren Briefen nach Brugg und Schwanden war Albert trotzdem kein Thema, sehr wohl dagegen ein mögliches Wiedersehen mit Fritz Anfang 1869.

Ausgerechnet auf einer Exkursion mit dem von Marie so sehr verehrten Botanikprofessor Oswald Heer erhielt Albert seine Chance. Vielleicht war es die Exkursion, von der Marie ihrer Schwester Anna schrieb: *«Gestern waren wir am Katzensee, wo wir eine Menge Sumpfpflanzen fanden, die ich noch nie gesehen habe.»*[4] Arnold folgte in den Erinnerungen an seinen Vater der Darstellung Johanna Siebels: «Auf einer botanischen Exkursion mit dem liebenswürdigen Professor Oswald Heer im Mai 1869 traf Marie am Katzensee wieder mit Albert Heim zusammen. Während die anderen Exkursionsteilnehmer noch am Essen im Wirtshaus sassen, weilte er am See und sah ein Boot am Ufer. Als auch Marie über die Wiese gegen den See hinkam, lud er sie zu einer Fahrt ein. Zwei kleine Bauernkinder schauten zu. Albert Heim sah ihnen das Gelüsten an und fragte, ob sie zum andern Ufer mitfahren wollten. Die Kinder bejahten glückstrahlend. Er hob das kleinere hinein und setzte es im Boot an sichere Stelle. Später sagte Marie, dass das Benehmen Albert Heims gegen die beiden Kinder mehr als alles andere in ihr eine besondere Sympathie für ihn geweckt hätte. Ausserdem freute sie sich darüber, dass er ein geschickter Stehruderer war.»[5]

Albert soll Marie zunächst als tüchtiger Stehruderer am Katzensee imponiert haben. Die Aufnahme stammt aus Lützelau am Vierwaldstättersee, wo die Familie Heim regelmässig ihre Frühlingsferien verbrachte.

Mit drei Eigenschaften gelang es Albert, auf dieser Spritztour Marie zu beeindrucken: mit seiner Kinderliebe, seiner Sportlichkeit und seiner Freude an der Natur. Sie blieben die verbindenden Elemente während der über 40 Jahre dauernden Ehe von Marie und Albert. Für die Beziehung mit einer für damalige Verhältnisse sehr emanzipierten Frau brachte Albert gute Voraussetzungen mit. Eine seiner Tanten und seine Schwester waren nicht nur eigenständige Persönlichkeiten, sondern auch erfolgreiche Berufsfrauen. Anders als seinem Grossvater Fries musste ihm die Vorstellung, eine Frau könnte eigenes Geld verdienen, nicht schon an sich bedrohlich scheinen. Seine Mutter ging zwar keiner ausserhäuslichen Tätigkeit nach, ihr intellektueller Horizont jedoch war beträchtlich und tat ihrer Herzensgüte keinen Abbruch.

War Marie nach ihrer grossen Enttäuschung vorsichtiger geworden, und wollte sie sich nicht mehr auf eine weitere sehr leidenschaftliche Erfahrung einlassen? Bekam freundschaftliche Verbundenheit mehr Gewicht? Es gibt keine Hinweise, die irgendwelche Hypothesen stützen. Belegt ist einzig, wie glücklich sich Marie in der Familie Heim fühlte – lange bevor Albert für sie eine Hauptrolle spielte.

Albert Heim kam als zweites Kind seiner Eltern am 12. April 1849 zur Welt, war also knapp vier Jahre jünger als Marie. 1855 zog seine Fa-

Albert Heim mit seinem Geologenhammer – seinem Markenzeichen? – vor dem Chalet Hagrose. «Wie erquickend und emporhaltend und moralisch und im Gemüth und Herz befriedigend ist […] unsere Forschung!», jubelte er über sein Fach.

milie aus der Altstadt an den Zeltweg. Abgesehen von Studienaufenthalten im Ausland blieb Albert zeit seines Lebens im selben Quartier wohnen. Er soll ein Musterschüler gewesen sein, der in der Primarschule während der Pause seine Kollegen mit Zeichnungen an der Wandtafel unterhielt. Noch im hohen Alter erfreute er Kinder mit seinen Tierdarstellungen: «Myn Elefant sött e Frau ha! – Und mys Äffli es Chindli!», hätten sie jeweils beim alten Herrn mit dem wehenden weissen Bart gebettelt.[6]

Einmal durfte der kleine Albert seinen Vater ins Glarnerland begleiten, die Landschaft faszinierte ihn. Auch die Liebe zu diesen Bergen teilte er mit Marie. Als er zwölf Jahre alt war, fuhren er, seine Schwester und sein Vater ins Toggenburg und wanderten zum Wildkirchli und über Gais nach St. Gallen. Albert verfasste eine begeisterte Reisebeschreibung: «Die Aussicht auf die Berge war so schön, dass, wer sie nicht gesehen hat, sich's gar nicht vorstellen kann; denn kein Mensch kann solche Pracht mit Worten beschreiben. Wie herrlich sind doch die Alpen!»[7] Und sein Sohn kommentiert: «Das war seine erste Begegnung mit dem Säntis, der seine grösste geologische Liebe werden und bleiben sollte.»[8]

Während der Kantonsschulzeit litt der Mittelschüler plötzlich unter schwersten Kopfschmerzen: «Schliesslich musste ich fast jede Woche einen Tag im Bett liegen, halb bewusstlos vor Schmerzen und von mühsamen Erbrechen gequält. Ich sah, dass meine Fähigkeiten zurückgingen, mein Gedächtnis abnahm. Alles, was versucht wurde, half nichts. Ich sah ein trauriges Ende, etwa in einer Irrenanstalt, vor mir. Als letzten, verzweifelten Versuch nahmen meine Eltern mich aus der Schule, und ich sollte zu gänzlicher Veränderung der Lebensweise für etwa zwei Jahre zu einem Bauern aufs Land gehen.»[9]

Am ersten Tag der Sommerferien 1865 überrannte ein scheu gewordenes Pferd mit seinem Wagen den jungen Mann. Albert erlitt sieben Brüche: linker Oberschenkel, rechtes Schlüsselbein, zwei Rippen teils mehrfach gebrochen, zwei Zähne ausgeschlagen. Nach der Genesung wirkte sich das Ereignis langfristig positiv aus, als Folge des Schocks verschwanden die Kopfschmerzen für immer. Sein schlechtes Gedächtnis allerdings blieb Albert bis zum Tod erhalten und war ihm stets ein grosser Kummer. In seiner Festrede schilderte er das Problem: «Mein Gedächtnis ist, seitdem ich im Alter von 14 bis 16 Jahren an entsetzlicher Migräne gelitten habe, ein durchlöcherter Behälter geworden. Ich vergesse fast stets so viel, als ich zuzuführen vermag […], ich vergesse vorweg, was ich Interessantes aus der Literatur geschöpft habe; ich vergesse meine eigenen Beobachtungen und Arbeiten; ich kann das gleiche viermal neu entdecken und jedes Mal wieder davon gleich überrascht sein. Ich vergesse Verabredungen, Sitzungen, Repetitorien, Diplomprüfungen! […] die Nachteile dieses entsetzlichen Gedächtnismangels schauen überall durch und sind für mich eine ständige, schwere Lebenssorge.»[10] Diese Veranlagung belastete sogar das Familienleben: «Ich glaube, das ganze Missverständnis liegt an Dättes schlechtem Gedächtnis»,[11] seufzte der erwachsene Sohn in der Ferne resigniert über das Durcheinander um eine Publikation.

Ein Jahr nach dem Unfall reiste Albert zur Tödigruppe und modellierte nach der Rückkehr deren Relief. Bei Herrn Schoch-Bodmer, der eine Ofen- und Tonwarenfabrik besass, durfte Albert seine Reliefs in Ton modellieren. Zeichnen und Modellieren blieben ihm ein Lebensbedürfnis. Herr Schoch kümmerte sich auch in anderer Hinsicht um den jungen Mann, er führte ihn in den kurz zuvor gegründeten Alpenklub ein, dem Albert 1866 beitrat.

Dank den verschiedenen Reliefs wurde der Geologe Arnold Escher von der Linth auf ihn aufmerksam. Eines Tages meldete er sich am Zeltweg und wollte die Tödigruppe sehen. «Er betrachtete mich lange, frug mich manches und gab mir allerlei Erklärungen; dann lud er mich ein, obschon ich noch nicht Student war, an seinen Exkursionen mit den Studenten teilzunehmen.»[12] Konrad Heim erlaubte seinem Sohn, Naturwissenschaften zu studieren, statt sich auf eine sichere Ingenieurlaufbahn vorzubereiten, wie ursprünglich geplant war. Im August 1869 erwarb Albert das Diplom als Fachlehrer für Naturwissenschaften. Wenige Tage darauf brachen Marie und Sophie Heim nach Richisau auf, Albert folgte und zu dritt verbrachten sie jene schicksalshaften Tage auf dem Glärnisch, wo Albert das Panorama zu zeichnen hatte und alle drei zum Du übergingen.

Während Marie im Herbst ihr Zürcher Studium wieder aufnahm, bildete sich Albert in Berlin weiter. – «*Herr Heim schickte von Berlin*

Der unermüdliche Schaffer Albert Heim in seinem Arbeitszimmer mit der wundervollen Aussicht auf See und Berge. «Immer wieder rühmte er die Arbeit als einzige Zuflucht, einzigen Trost, und die forschende Arbeit als das höchste Glück seines Lebens», berichtete seine Tochter Helene.

Grüsse in Poesie und Prosa»,[13] schrieb ja Marie im November 1869 anlässlich der Geburtstagsfeier von Sophie Heim-Fries. Von April bis September 1870 reiste er zu Studienzwecken durch Sachsen, Böhmen und über Rügen nach Dänemark und Norwegen. Inzwischen war der Deutsch-Französische Krieg ausgebrochen, und Marie träumte umsonst davon, in einem Kriegslazarett zu arbeiten.

Mit 22 Jahren wurde Albert der jüngste Privatdozent an der Universität und am Polytechnikum. Fünf Tage zuvor hatte er jenen Bergunfall, bei dem er sich dem Tod nahe glaubte und dessen Schilderung seither immer wieder publiziert wurde.[14] Neben seiner wissenschaftlichen Tätigkeit leistete Albert gemeinnützige Arbeit, zum Beispiel in der Schulpflege Hottingen, wo er den Schulhausbau überwachte, oder als Mitglied des Feuerbestattungsvereins. Zur Vertiefung seiner geologischen Kenntnisse ermöglichte ihm ein Gönner eine Studienreise zu den italienischen Vulkanen Vesuv, Stromboli und Aetna.

Der plötzliche Tod Arnold Eschers gab Alberts Leben eine entscheidende Wende. Unerwartet wurde der Lehrstuhl für Geologie vakant. Treu seiner Philosophie, «von den Besten den Jüngsten» auszuwählen, empfahl Johann Karl Kappeler, der Präsident des Eidgenössischen Schulrats, Albert Heim. Am 6. August 1872 wurde der Kandidat für die Professur für technische und allgemeine Geologie gewählt. Nun war Albert ein gemachter Mann mit Lebensstelle und festem, wenn auch bescheidenem Einkommen.

Im März desselben Jahres hatte sich Marie für immer von Susan Dimock verabschiedet, die zurück in die Vereinigten Staaten fuhr. Jetzt stand Marie mitten in den Vorbereitungen für ihre Abschlussprüfung. Wann genau sich Marie und Albert zur Heirat entschieden, lässt sich nicht rekonstruieren. Als sie im Sommer 1873 in Dresden an ihrer Dissertation arbeitete, war es wohl beschlossene Sache, wie ein Brief an Albert vermuten lässt. «*Gestern war ich im Theater, im Lohengrin von Wagner. Ich merke aber immer, dass ich je länger je weniger ins Theater passe. Mir ist immer zuwider zu sehen, wie übertrieben die Liebesszenen dargestellt werden – mich ekelt es an. Diese Armeverdreherei, dieses Gesichterschneiden – weil ich weiss, dass die wirkliche Liebe nur stumm ist, oder doch leise und still. Wenn ich im Theater bin, denke ich zuweilen, wie ich die Rolle geben würde; freilich, das wäre nichts für den Publikus. Ich glaube, ich gehe hier gar nicht mehr ins Theater, ich bin nachher nur traurig und habe Heimweh [...]. Einmal muss ich Dir auch den Brief schicken, aus dem ich sehe, dass sich X durch oft verzweifelte Stunden mühsam zur Resignation durchkämpft.*»[15]

Albert war sich seiner Liebe sicher. Einige Jahre später warnte er seinen unglücklich verliebten Freund Hundhausen ausdrücklich: «Aber heiraten ohne wirkliche Liebe, das wirst Du nicht tun, Freund! Nie, nie! Das wäre die Sünde der meisten Menschen, die wir nicht nachmachen dürfen, da heiss's stramm sein!»[16]

Johanna Siebel zitiert einen verschollenen Brief Maries aus ihrer Brautzeit: «*Ich habe keinen Gedanken, der nicht Dein so gut wie mein, keinen Eindruck, den ich Dir nicht augenblicklich mitzuteilen das Bedürfnis habe. Ich kann es oft nicht glauben, dass in mein Leben mit so viel Schatten, so viel Kampf und Schmerz nun diese hellste Sonne, dieser unendliche Trost einziehen soll.*»[17]

Im Juli 1874 eröffnete Marie ihre Praxis, einige Monate später waren beide Partner im Beruf soweit etabliert, dass sie mit gutem Gewissen an eine Ehe denken durften. Die Braut sah gewisse Schwierigkeiten voraus: «*Wir haben Wäsche, und ich springe umher mit den Waschkörben, und das Publikum amüsiert sich über die Doktorin, die in alles hineinpfuscht. Wenn die Zukunft kommt, die wir hoffen, und ich eine Hausfrau sein werde – denke Dir! – dann werde ich stolz sein darüber, dass ich alle diese kleinen Hausgeschichten verstehe, weil wir dann praktisch leben können, und weil das Publikum dich etwas weniger beklagen wird, wenn es weiss, dass ich eine Ahnung von der weiblichen Sphäre habe. Aber oh! Wie wird das Publikum Dich bedauern, und oh! Wie werden wir über das Publikum lachen!*»[18]

«... wo die Zitronen blühn» – Marie und Albert auf Hochzeitsreise

Am 19. März 1875 heirateten Marie Vögtlin und Albert Heim in der kleinen Kirche von Gebenstorf im Aargau. Getraut wurden sie von Maries Vater. Von einem Hochzeitsfest – falls es ein solches gab – ist nichts überliefert. Es kann kein grosser Anlass gewesen sein, denn noch am gleichen Tag reisten die frisch Vermählten bis Neuchâtel, bei den damaligen Verkehrsverhältnissen eine beachtliche Leistung.[1]

Die Hochzeitsreise dauerte beinahe einen Monat. Sie führte die beiden über Südfrankreich nach Italien und von Venedig durch das Bündnerland zurück nach Zürich. Von Marie sind weder Briefe noch andere Erinnerungen erhalten. Albert verfasste ein stichwortartiges Tagebuch, das er mit Zeichnungen illustrierte. Meist begnügte er sich mit einer Aufzählung des Gesehenen aus der Sicht des Geologen. Gelegentlich kommentiert er bissig Beobachtungen. Die Natur interessierte ihn mehr als Elemente einer klassischen Bildungsreise wie Museums- und Kirchenbesuche. Heims reisten nicht mehr ausschiesslich zu Fuss oder mit der Kutsche, wie die Generation ihrer Väter, trotzdem waren viele Abschnitte recht beschwerlich.

Am 20. März schafften es Heims bis Lyon. Bei kaltem Mistral unternahmen sie eine Fahrt durch die Stadt, besuchten den botanischen Garten sowie den Friedhof, der dem jungen Mann aus Zwinglis Zürich Mühe machte: «[...] eckelhafter Geschmack, voll Articles de Dévotion.»

Vermutlich reisten Marie und Albert über Nacht weiter, anders lässt sich die Notiz «Lyon–Arles 2½ morgen, Arles ‹Paul, lève-toi!› – Hôtel du Nord», nicht verstehen. Welcher Paul da wohl zur Unzeit von wem geweckt wurde?

Wie moderne Touristen besuchten Heims die Arena und die Nekropole Alyscamps mit ihren römischen Sarkophagen. Die «Bleisärge mit Schädeln» waren Albert gar eine Schädelzeichnung wert. Auf der Fahrt nach Marseille war er endlich in seinem Element: «Erste grüne Wiesen, blühende Bäume, Oelbäume, Etang, Meer, Felsen, biblische Landschaften, Tunnels, Sonnenuntergang am Meerhorizont – Abendroth – Hôtel de Marseille.»

Vermutlich sah Marie hier erstmals das Meer. Die beiden besichtigten die Stadt und stiegen hinauf zur Kirche Notre-Dame-de-la-Garde, die 1864 im römisch-byzantinischen Stil erbaut worden war. Sie ist noch heute ein idealer Aussichtspunkt, «Überblick über Stadt und Meer – grossartig und orientalisch», beschreibt Albert den Eindruck. Weiter ging es in den Zoo («Giraff & Elephant») sowie ins naturhistorische Museum, dann endlich «Confiserie». Nun wagten sich Marie und Albert aufs Wasser: «Stadt-Meersegelfahrt mit starkem Schwanken und Spritzen ohne Seekrankheit – Sonnenuntergang im Meer.»

Am nächsten Tag setzten sie die Besichtigung des neuen Hafens fort: «Viele grosse Meerdampfer – ins grosse Handels- und Passagierschiff Anadyr – nach Indien bereit – grossartig und schön. – Docks und grosser Dampfer im Trocknen in Reparatur. Molo – Meer prachtvoll, künstliche grosse Cementconglomeratblöcke als Wasserbrecher – Rundung der Erde, herrliche Farben.» Zum Abschied ging es auf die Cannebière, die berühmteste Strasse Marseilles, und dann weiter mit der Eisenbahn nach Toulon. «Tunnels – Schlösser, Felsen mit Karren, orientalisch – Meerbuchten, Caps, Klippen – Sonnenuntergang im Meer.» In der Hafenstadt Toulon leisteten sich Heims offenbar ein besseres Hotel: «Grand Hôtel nobel».

Inzwischen waren Marie und Albert bereits eine Woche unterwegs. Am folgenden Morgen besuchten sie den Markt: «‹Verproviantierung› – Felsenstrasse nach Fort St. Croin 500 m hoch […] Restauration im Fort. Weg über die Höhe des Berges Ost –West – Sonnenuntergang – Zeich-

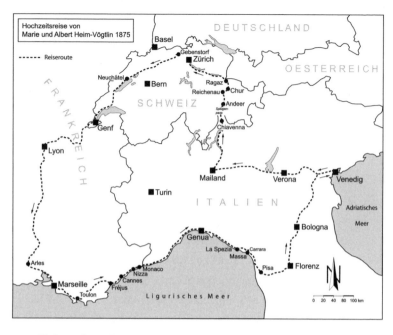

Die Route der Hochzeitsreise, eingezeichnet auf einer modernen Karte. Zu Maries und Alberts Zeit verliefen die Grenzen von Italien etwas anders. Das junge Paar war rund einen Monat unterwegs und nahm enorme Beschwerlichkeiten auf sich.

nen – Blick über Toulon mit den Rades [Reede] und Inseln, steiniger öder Weg – Dunkelheit.»

Schon um 7 Uhr früh fuhren Heims am 26. März in kleinem Dampfer zur Insel Porquerolles. «Delphine, Forts Inseln, Klippen, grüner Meergrund, Frühstück – altes Verzapf-Wibervolch. Weg durch hohe weiss blühende Ericasträucher und andere immergrüne Gewächse […] Freundliche Gardiens zeigen uns alles, herrlicher Blick über offenes Meer, Z'nüni mit Gardiens. Klettern an Gneissklippen.» Albert und Marie liessen sich von Flora, tiefblauem Meer und Meergetieren verzaubern. Eine Segelfahrt führte sie nach Giens: «Langer Weg bis zum westlichen schmalen Cordon – Sand, Muscheln, Algen, Brandung – Wind Nacht ⁵/₄ Stunden. Langweilige Landstrasse 5 Kilometer bis Hyères. Hôtel des Iles d'Or. – Laubsack und ‹zwo Bougies› 1.80.»

Der «Jardin d'acclimatisation» (zoologischer Park), in dem Heims in Hyères spazieren gingen, war damals erst drei Jahre alt. Ihnen fielen der «Eucalyptus globulus» sowie die Dattelpalme «mit Blüthen und halbreifen Früchten» auf. Zurück in Toulon besuchten sie den Kriegshafen und waren vom «Admiralschiff ‹Océan›» beeindruckt: «Kanonen, Tackelwerk, Maschine, prachtvoll gebaut, Mittagessende 750 Matrosen – Admiral – unterdessen Sturm – Einpacken zu spät – grosse Tour – Sturm – Brandung – Conchiliensammeln ergiebig, Nacht Sturm.»

Von Toulon ging es über Fréjus – Besuch der Stadtbefestigung und der Arena – nach Cannes. Die Umgebung von Fréjus gefiel Albert nicht, «langweilige Olivengegend». Die folgenden Stichworte sind aus dem Zusammenhang schwer zu verstehen, tönen jedoch abenteuerlich: «Übersetzen über Sumpf auf eines Schäfers Rücken.» Die Eisenbahn brachte sie nach Cannes, wo sie sich mit Moussons treffen wollten, die aber bereits weiter gereist waren.

«In Wagen und zu Fuss auf ‹Croix des gardes›, hochgelegen glimmerreicher Gneiss, mindere Orangenhaine, kahles Land, schäbiger sogenannter Föhrenwald, herrlicher Blick auf SCHNEEALPEN, Cannes und Meer und Küstengebirge […]. Fahrt nach Nizza. Buchten, Tunnels, Klippen, Brandung alles herrlich.»

In Nizza schien sich Alberts Stimmung nochmals aufzuhellen. Heims wohnten in der «Pension suisse», die von einem Herrn Hegner aus Hinterwäggithal geführt wurde, «herrliche Lage, Zimmer hoch». Sie trafen einen finnischen Bekannten sowie Herrn und Frau Mousson, bei denen sie abends zu Gast waren. Nach der Besichtigung der Stadt («Pfauenherde unter Palmen wandelnd») waren sie nochmals bei Moussons. (Es könnte sich um Albert Mousson (1805–1890) handeln, den Professor für experimentelle Physik und physikalische Geografie, bei dem Marie und Albert studiert hatten und der nun ein Kollege Alberts war.)

Am 1. April fuhren Marie und Albert von Nizza Richtung Monaco, wo sie sich mit Gruseln in der Spielhölle umsahen: «Bahn dicht am Meer […] Spielerzug 1. Klasse. Gesichter verworfener Noblesse […], Fahrt im leichten Wagen mit 2 kleinen Schimmeln nach Monte Carlo. Casino, Hôtel de Paris glänzend. 5–6 Spieltische mit je 2 Spielern in Prachtssälen mit Riesenspiegeln. Entsetzliche Menschen unter den Spielenden $\frac{1}{3}$–$\frac{1}{2}$ Frauen, zitternde Hände, Fieberspannung auf den Gesichtern. Podagra, Seide und Perlen. Musiksaal schön aber dumpf. Prachtmusik (Violon-

Maries Gatte Albert Heim als junger Mann 1870.

cello).» Wer hätte je erwartet, die seriösen Heims in solch verworfener Umgebung anzutreffen? Sie erholten sich bei «Orangeade glacée.» «Fahrt 4 Uhr mit unserem Schimmel windesschnell nach Mentone. Strasse auf und ab, biblische Ortschaften Citronenhaine und Oliven. Eisenbahn durch biblische Gegenden. Ventimiglia = urbiblisch, Mauth – Nacht – III. Klasse = Viehwagen. San Remo Hôtel Royal.»

Am 2. April ging es morgens früh um vier Uhr mit der Bahn weiter in Richtung Genua, «Sonnenaufgang im Meer». Die Stadt missfiel Albert: «12 Uhr. Gang in die Stadt, theils gefahren – abscheuliche Stadt in schöner Lage. Enge Gässchen, Mist und übler Geruch Dreckpalazzi, grusige Menschen […]» Am folgenden Tag erkundeten sie die Umgebung der Stadt: «4.45 per Bahn nach Buzalla […]. Himmel klar. Öde Berge mit vielen frischen Erosionsrinnen, waren vor 2 Menschenaltern noch bis oben mit Pinus & Kastanie bewaldet.» Mittags waren sie in Genua zurück und nahmen sich als nächstes Villa und Park Pallavicini vor: «Staubstrassen mit zahllosen Maulthier Esel 2 Rad Fuhrwerken.» Für einmal zählte Albert nicht nur alle Baumarten auf, sondern beschrieb auch die Anlage.

Am 4. April mittags setzten sie die Reise nach La Spezia fort. Vor der Abreise wurde das Hochzeitsspaar Zeuge einer Prozession: «500 Pfaffen in Sechseläutenkleidern Nachosterzug summend mit Bischof.» Mehr Eindruck machten dem Geologen die rund 100 Tunnels, durch die sie fuhren. La Spezia: «Bahnhofgeschrei – Bahnhöfe schweinemässig trotz Marmor.» Eine Meerfahrt entschädigte die Heims, sie fanden schöne «Meerleuchten», die im Topf noch nach 24 Stunden leuchteten. Von weitem sahen sie den schneebedeckten Apennin, Albert atmete auf, endlich wieder Berge. Zum ersten Mal regnete es. Mit Ruderschiffchen liessen sie sich nach Portovenere bringen, «molto miserabile wüste Mauern 2000 Einwohner viel Ruinen EINE enge Gasse», der Regen hielt an und die Reisenden kamen nass zurück.

Immer noch bei Regen nahmen sie am folgenden Tag den Zug nach Massa, «Koth, Omnisbusmangel». Der erste ungünstige Eindruck wurde korrigiert: «Sehr gut und fabelhaft wohlfeil übernachtet.» Auch ein Ausflug nach Carrara und Besuche von Bildhauerateliers schienen geglückt.

Dagegen fand Pisa wiederum keine Gnade: «In Pisa nach dem schiefen Thurm und Dom – alles nicht schön. Dom dreckig fleckig gelb geschmacklos entsetzliche Helgen – Galiläis Lampe.» Noch am gleichen Tag setzten sie die Reise nach Florenz fort, wo sie erneut in einer «Pension suisse» übernachteten. In Florenz trafen sie endlich wieder ein bekanntes Gesicht, Alberts Tante, die Kunstmalerin Anna Susanna Fries, zeigte ihnen die Stadt. Abends war nochmals Kultur angesagt: «Theater Principe Umberto, schlecht gesungene Oper Ernani, glänzendes Pantomimenspiel und Ballett bis Nachts 1 Uhr.» Der Besuch der Uffizien, des Palazzo Pitti, des ägyptischen und etruskischen Museums waren dem Tagebuchschreiber nur eine Aufzählung wert. Die Landschaft zwischen Florenz und Bologna gefiel, übrigens war Bologna endlich eine Stadt, an der er nichts zu kritisieren hatte: «– saubere Stadt, schöne Palazzi – Grande Piazza und Piazza Cavour – Università mit Bildnissen berühmter Professoren – Capellini und Museo Geologico.»

Am Abend des 9. April kamen Heims in Venedig an: «schwarze Gondeln sargähnlich – Geschrei der Gondolieri [...] Marcusplatz prachtvoll – glänzende Laden von Schmucksachen, Photographien, Quincailliers, Caffés etc.» Am nächsten Morgen regnete es. Heims trafen sich mit einem anderen Paar, Alberts junge Cousine Anna Schnitzer-Fries (*1855) mit Ehemann. Marie und Albert erledigten die typische Besichtigungstour: Dogenpalast, Seufzerbrücke, mit der Gondel zur Glasfabrik, wo sie Erinnerungsstücke kauften; sie besuchten Tizians Grabmal («sehr schön»), sammelten Muscheln. «Taubenfütterung, Musik und Bummel zur Betrachtung der Venezianer und – innen auf Marcusplatz – viele versunkene Gesichter Schleppröcke.» Im Markusdom meldete sich wieder Alberts antiklerikaler Geist: «Marcuskirche mit unebenem Boden ein düsteres geschmackloses schmutziges Andachtsmagazin.» Auch für Aufregung war gesorgt: «In Gondel Canal Grande – Kind aus dem Wasser gerettet.»

Der 12. April war ihr letzter Ferientag in Venedig. «Einkäufe, Gondelfahrt nach Lido. Viele Krabben und schöne Muscheln bis es dunkel wurde gesammelt. Rückfahrt bei Mondschein und schöner Beleuchtung – einpacken der Nautilen bis fast 1 Uhr.»

Auf der Rückreise blieben sie eine Nacht in Mailand. Offenbar hatten sie ihr Budget etwas strapaziert, jedenfalls hoben sie bei Crédit

Milanais Geld ab. Ihr Hotel «Leone» schien «sehr empfehlenswert […], Zimmer mit Balcon nach Corso Vittorio», selbst der Dom löste diesmal kaum kritische Einwände aus: «Steigen in die weissen Thürme – Im ganzen grossartig, im Detail unsinnig verschwenderisch […] Inneres in herrlichsten Beleuchtungen wunderbar erhebend.»

Bei kaltem Wind ging es morgens um 6 Uhr ab von Mailand Richtung Chiavenna. «Comersee schön. Sonne kommt. Postcoupé nach Chiavenna längs Lago Muzzola Schneeberge vor Chiavenna Spaziergang zum Bergsturz Plurs – von Wildbächen, stark hergenommenes Land.» Das Bergsturzgebiet von Plurs ist ähnlich bekannt wie die Gegend von Goldau. Am 4. September 1618 hatten sich Feldmassen vom Monte Conto gelöst und den Ort mit seinen beinahe 1000 Einwohnern unter sich begraben.

Um 1.30 Uhr nachts verliessen Marie und Albert Chiavenna im Postomnibus. «Sternenhimmel. Starkes Steigen, Wasserfall – kühne Zickzack – wilde Wand – Campodolcino – Galerien – Pianozzo – Galerien 13 Schlitten 1/2 8 Uhr – kalter Wind wolkenloser Himmel, Sonnenglanz – grossartigste Schneelandschaft Eiszapfen – Dogana ‹Brodo› – noch 1 Stunde zur Passhöhe – weniger Wind, Schweizergrenze STEILE Abkürzungen – rasche Fahrt – unten Splügen. Mittagessen. Wildes klares Wasser – enorme Felsblöcke und Tannen und Lärchen – sorgfältiges langsames Fahren wegen frisch gebrochenem Weg und schlechter Strasse. – Andeer – Via Mala vielfache Verheerungen frisch repariert. – kolossale Wand und Schluchten – Erosionskessel aufgeschlossen nach Geröllwegnahme auf oberer Terrasse – Thusis – Reichenau – Chur.» In der vertrauten Umgebung blühte Albert auf. Über Ragaz ging die Reise zurück nach Zürich.

Wie sich wohl Marie in dieser Zeit gefühlt hatte?

Mit Feuer und Flamme für
das Frauenstimmrecht

Im 19. Jahrhundert wies die Ehe Frau und Mann klar definierte Rollen zu. Die Mutter wirkte im Haus, der Vater trotzte draussen den Stürmen des Lebens. Innerhalb dieser vorgegebenen Struktur hatten die Partner sich anzupassen und einander zu ertragen. Eine Beziehung, wie sie Marie und Albert Heim vorschwebte, diskutierte die Gesellschaft erst rund hundert Jahre später, ab den 1970er- und 1980er-Jahren. Das Zivilrecht kannte kein gleichberechtigtes Zusammenleben. An sich durfte die verheiratete Marie Heim-Vögtlin nur mit Einwilligung ihres Gatten praktizieren, ein Zugeständnis, das er jederzeit hätte widerrufen können. Maries Erwerbseinkommen gehörte ihm, selbst ihr persönliches Erbe nahm Albert in Maries Namen entgegen.

Im Übrigen erbten Töchter weniger als Söhne. Marie war bereits seit längerem verheiratet, als eine Volksabstimmung die Gleichstellung von Sohn und Tochter im Erbrecht genehmigte. Im Schweizerischen Zivilgesetzbuch, das 1912 in Kraft trat, schwächte sich der Begriff der «ehelichen Vormundschaft» zwar zur Formulierung «der Ehemann ist das Haupt der Gemeinschaft» ab. Doch: Wo blieb bei solchen Voraussetzungen Raum für Ideale und Gleichstellung?

Die Ehegatten hatten keine Vorbilder, auf die sie sich beziehen konnten. Schritt für Schritt tasteten sie sich – mit wechselndem Erfolg – an eine Lösung heran. Wenige Wochen vor Ausbruch des Ersten Weltkriegs kommentierte die 69-jährige Marie in einem Brief an ihren Sohn Arnold ein Patengeschenk: «*Nun habe ich Frau Ganz konsultiert wegen dem Göttigeschenk. Sie schreibt, Du sollst doch bitte ein Sparbüchlein anlegen, das sei das richtige; das Kind habe ja noch nichts eigenes. Nun musst du mir berichten wie viel. Altmodischerweise würde man sagen: für einen Bub 100, für ein Mädchen 50! Aber gell, das gilt nicht mehr heutzutage!*»[1] Nicht nur das geschriebene Recht, auch überlieferte Bräuche verwiesen Frauen bewusst ins zweite Glied. In seiner Antwort zögerte Arnold: «Wegen Göttigeschenken weiss ich nüd recht was sagen. Ernst Ganz[2] ist ja jetzt viel reicher als ich, und wie macht sich das eso 100 Frenggli geben? [...] es ist wohl am besten wenn Du tust was Du für gut findest.»[3]

Obschon sich ihr Gatte normalerweise grosszügig und partnerschaftlich verhielt, litt Marie unter solchen Gegebenheiten. Die aus seiner Sicht generösen und ihn einschränkenden Konzessionen konnten allerdings einer «emanzipierten» Gattin – ein Schreckenswort, das Marie nie verwendet hätte – nicht wirklich genügen. Johanna Siebel verstand es als Kompliment, als sie nach Maries Tod schrieb: «Marie Vögtlin ist nie eine Frauenrechtlerin gewesen und hat nie irgend welchen Vereinen dieser Art angehört.»[4] Auch wenn Marie bei keiner politischen Organisation Anschluss suchte, wurde sie notfalls recht deutlich, wenn es um die Lage der Frau ging. Wie viel Zündstoff in der Benachteiligung der Frau lag, zeigt beispielsweise eine Empfehlung Maries an ihren erwachsenen Sohn, der in der Phase der Ablösung mit einem konservativeren Frauenbild liebäugelte: «*Ich will grad noch etwas Zukünftiges für dich berühren. Wenn du eine Frau bekommst, die etwas mitbringt oder etwas verdient, oder später etwas erbt, so musst du es einrichten, dass die Frau dieses Geld ganz selbst verwaltet und nicht durch dich erst beziehen kann. In dieser Einrichtung, ich meine darin, dass der Mann der Verwalter des Frauenvermögens ist, liegt eine grosse Ungerechtigkeit, die mich trotz meiner eigenen Lage, die doch zu den denkbar günstigsten gehört, oft bedrückt [...] Diese Ungerechtigkeiten sind der Hauptgrund, weshalb ich mit Feuer und Flamme das Frauenstimmrecht vertrete. Das sind noch Reste von der Hörigkeit der Frau, die heute überwunden sein sollten.*»[5] Für Johanna Siebel und ihre Zeitgenossen waren solche Äusserungen bereits Provokation: «Ihre Natur, die für den Kampf um die Befreiung der Frau geschaffen war, machte sie da äusserst, vielleicht oft krankhaft empfindlich [...].»[6]

Albert hatte keinen leichten Stand. Es gab Momente, in denen er sich eingeengt und übergangen fühlte. Verglichen mit seinen Zeitgenossen steckte er aus eigener Überzeugung erheblich zurück, doch fiel ihm mit den Jahren Toleranz eher schwerer. Lag dies an seinen psychischen Hochs und Tiefs, oder hielt er sich aufgrund seines Geschlechts in finanziellen Angelegenheiten für kompetenter als Marie? In einer Auseinandersetzung mit seinem Sohn Arnold rechtfertigte er sich. Anlass war Maries Absicht, einer jungen Frau, die Medizin studieren wollte, materiell unter die Arme zu greifen: »punkto Geldsachen zunächst. Was Du mir da vorhältst betreffend Adeline Wyss ist FALSCH. Ich habe KEINEN MOMENT gezögert zu dem Gedanken meine Einwilligung zu geben, der Betrag sei so oder noch grösser und er werde von meinem Verdienst oder von Muntis Geerbtem genommen das ist FÜR MICH TOTAL GLEICHGÜLTIG und die Sache freute mich, ob man sie sich so oder so denkt. Die Differenz bezog sich nicht einen Moment auf die Sache oder den Betrag. Ich aber hielt es für selbstverständliche PFLICHT eine FORM zu schaffen, die für Adeline wie für uns sicher ist [...]. Ich hielt das für in ihrem Interesse unbedingt nöthig und glaubte nicht, dass eine verkehrte Sentimentalität die vorsichtige Vernunft über den Haufen werfe – aber es ist so geschehen. Ich wasche meine Hände in Unschuld. Trotzdem – zuerst wollte ich nun einfach Munti nach Gutdünken schalten lassen und gar nichts mehr dazu sagen – habe ich mich wieder darum bekümmert, eine Adeline sichernde Form auch trotzdem und ohne Verletzung der verkehrten Sentimentalität zu finden [...]. Also ich verbitte mir die Rede, ich hätte die Schwierigkeiten gemacht und Munti mit seinem Gelde nicht hantiren lassen. Ich wollte nur für eine vernünftige sichernde Form sorgen, aber das hat nicht beliebt – also muss ich es jäzt in anderer Art thun zu ihrer Sicherung.»[7] Selbst wenn Albert in diesem besonderen Fall Recht gehabt hätte, empfand Marie seine Einmischung als unerwünschte Bevormundung.

Zu Beginn ihrer Ehe machten sich Marie und Albert mit optimistischem Schwung auf den gemeinsamen Weg. Wirtschaftlich profitierte Albert und später die ganze Familie von ihrer Berufstätigkeit. Anschaulich beschrieb der «werdende» Vater in einem Brief an seinen Freund Hundhausen das Dilemma des jungen Paares. Albert schilderte die Opfer, die ihm die berufliche Stellung seiner Frau abverlangte. Gleichzeitig war er sich dessen bewusst, dass ihr Beitrag ihn und seine Angehörigen vor dem wirtschaftlichen Ruin bewahrte. Im Herbst 1881 hatten sie die Klippen endlich umschifft, Marie erwartete ein Kind, wie Albert überglücklich Johannes Hundhausen nach Deutschland meldete:

«Treuester ich hab' Dich über den Grund, dass wir bisher keine Kinder hatten, einmal ein wenig so halb getäuscht, aber nun darf ich Dir die Wahrheit sagen – das Gefühl, Freunde getäuscht zu haben, kann ich nicht ertragen [...].

Mein Wibli hat eine grosse Aufgabe übernommen und ich selbst habe an ihrem Ziele das höchste geistige Interesse genommen. Zuerst das Allgemeine, zuerst das, worüber der Mensch der Menschheit Rechenschaft schuldig ist, und hernach das persönliche! Der Anfang der neuen Stellung war schwer, und es war nothwendig, meine Frau zunächst in ihrer hohen Aufgabe zu unterstützen und ihr ihre Arbeitskraft unverkürzt zu lassen. Wir haben uns stets gesagt, dass die ganze Erfüllung ihres Zieles erst darin liege, wenn sie Mutter und Arzt sei, aber dass sie im Berufe die Sache der Aerztinnen zuerst ganz festen Boden gefasst und den Beweis der Güte der Sache müsse gelegt haben, damit ein zeitweiser Unterbruch von der Arbeit [...] nicht schaden werde [...]. Am Kampf hat es nicht gefehlt. Aber wir waren einig.

Als 2 Jahre ausgezeichneter Praxis vorbei waren und wir anfingen zu denken, es dürfe das Elternglück bald kommen, da kam finanzielle Krisis bei meinem Vater [...]. Also Wibli und ich arbeiten und immer noch entsagen [...] Mein Wibli wird mit jedem Jahr ein Jahr älter und damit die Sache gefährlicher – und wir einmal alt und allein? Ohne eine Stütze? Also es wurde durchbesprochen und überlegt, und mein Wibli hat mich schliesslich überzeugt, dass es jetzt RECHT sei und damit ist's recht gekommen! Wir beide wünschen mehr ein MÄDCHEN! Aus vielen Gründen! ‹Qui vivra verra.› [...] Unterdessen geht es meinem Wibli sehr gut [...] und es ‹dicket öppis meineds›!»[8]

In diesem Brief beschrieb Albert eine Herausforderung, vor die sich Schweizer Paare selbst im 21. Jahrhundert gestellt sehen. Wie kann die berufstätige Mutter ihre vielfältigen Aufgaben bewältigen? Marie verhielt sich wie so manche Akademikerin nach ihr, sie schränkte ihr Berufspensum ein: «Besuche macht sie nur noch halb so viel, Sprechstunde nie mehr über 6 Uhr, Operationen, Geburten werden nicht mehr übernommen, und so allmählich die Arbeit reduciert, endlich ganz abgebrochen bis Herbst 1882. Erholung nachher muss gründlich und vollständig sein. Ich bin jetzt weniger ängstlich, weil es bisher so gut geht – aber es steht noch vieles bevor, das schief gehen kann!»[9] – Unter dem Druck der wirtschaftlichen Notwendigkeit baute sie ihre Praxis nach einiger Zeit wieder massiv aus.

Ende gut, alles gut? Nicht ganz. Der Alltag überforderte die beiden Partner immer wieder. Im traditionellen Arzthaushalt, das heisst auch bei Maries Kollegen und Konkurrenten, drehte sich alles um die Verpflichtungen des Familienvaters. Die Mithilfe der Gattin oder Botengänge der Kinder waren die Regel, Essenszeiten richteten sich nach den Bedürfnissen der Kranken. Marie dagegen war gezwungen, ein Doppelleben zu führen, ganz für die Patientinnen und möglichst uneingeschränkt für die Familie da zu sein.

Selbstverständlich hätte sie nicht erwartet, dass sich Albert in ihrer Praxis wie andernorts die Arztgattin engagieren würde, doch brachte ihr sein Beruf zusätzliche Belastungen. Albert hatte keine klar strukturierte Arbeit mit festen Präsenzzeiten wie etwa ein Buchhalter. Während Marie nach Arnolds Geburt beruflich kürzer trat, schränkte Albert seine Tätigkeit in keiner Weise ein. Er führte das typische Leben eines damaligen Professors. Hatte er seine Aufgaben an der Hochschule erledigt, verbrachte er Stunden zu Hause in der Studierstube, an Sonntagen standen oft Exkursionen mit den Studenten auf dem Programm. Gesamthaft leitete Albert während seiner akademischen Tätigkeit rund 310 teils mehrtägige Exkursionen. Daneben brachte er regelmässig Gäste, Kollegen und Studierende, zum Essen mit. Diese wollten verpflegt und unterhalten sein. Gastfreundschaft bedeutete selbst bei bescheidenster Speisekarte Aufwand.

Als Geologe war Albert regelmässig unterwegs. Ein Beispiel: In der Agenda von März bis September 1882, also in den ersten Monaten nach Arnolds Geburt, sind seine Reisen notiert: Drei Mal war er in Schinznach, fünf Mal in Brugg, zwei Mal in Elm, je ein Mal in Oberblegi GL, Graubünden und Glarus und zwei Tage in Aarburg. Ferner hatte er in diesen sieben Monaten zwei Mal in Bern zu tun. Die Fahrerei war lang und beschwerlich. Nahm Albert morgens 6.20 Uhr den Zug, traf er um 10.03 Uhr in Bern ein. Dieses Pensum fiel ausgerechnet in jene Monate, in denen Marie keine Nacht durchschlief, wie wir aus Arnolds Album wissen. Vermutlich kam auch der junge Vater nicht wirklich zur Ruhe.

Neben seiner Berufsarbeit und einer Reihe sozialer Engagements pflegte Albert ein nicht minder aufwendiges Hobby. Er züchtete Neufundländerhunde und war ein kompetentes, einflussreiches Mitglied der Sektion Zürich der Schweizerischen Kynologischen Gesellschaft (SKG). Mit Begeisterung amtete er an zahlreichen Hundeausstellungen als Richter. Nach dem Tod des Hundes Leo kaufte er 1887/88 seine ersten zwei Neufundländer. Der Umgang mit seinen Hunden brachte ihm grosse emotionale Befriedigung, kostete aber auch sehr viel Zeit.

Noch vor Aufnahme des Studiums hatte Marie das Ungleichgewicht in der Beziehung von Mann und Frau analysiert und für ungerecht befunden. Inzwischen war sie zwar Ärztin, doch hatte sie trotz allem die gängigen Ideale verinnerlicht und suchte den damaligen Ansprüchen an die Hausfrau und Mutter zu genügen – eine Rechnung, die für niemanden aufgehen konnte, langfristig mussten beide Gatten unbefriedigt bleiben.

Marie war in einer Familie aufgewachsen, in der Selbstversorgung eine grosse Rolle spielte. Kaum hatten sie und Albert ihren kleinen Landsitz am Zürichberg bezogen, legte sie einen Gemüsegarten an. Die «Landwirtschaft» machte ihr Freude, war aber nicht nur Erholung, sondern bedeutete trotz gelegentlichem Beizug eines Gärtners zusätzlichen Arbeitsaufwand. Als ihre Kinder in die Pubertät kamen, gab es wegen dieser Gartenarbeit verschiedentlich Auseinandersetzungen.

Maries Praxis befand sich im Erdgeschoss des Wohnhauses in der Hottingerstrasse 21. Bei jedem Wetter kamen und gingen Patientinnen und brachten entsprechend Schmutz mit ins Haus. Glücklicherweise hatte Marie mit Henriette «Jette» Schaffner eine tüchtige Hilfe zur Seite, doch letztlich war sie selbst für die Oberaufsicht des Haushalts verantwortlich. Während einiger Zeit wohnten – zumindest in den ersten Jah-

Zur ersten gemeinsamen Weihnacht 1875 schenkte Albert seiner Frau Marie den Hund Leo. Vor allem nachts sollte er Marie auf ihren Gängen zu Patientinnen begleiten und beschützen.

----

ren der Ehe – zur Aufbesserung des Familieneinkommens Untermieter im Haus. An Arnolds zweitem Geburtstag notierte der stolze Vater: «Den Leuten im Hause sagt er allen den richtigen Namen: Emil, Heinrich, Marie, Ise = Louise zuerst Buni, dänn büni, dann büngi, dann güngli dann Schümpli = Schrümpli. Im Verlauf von 14 Tagen kommt er von Büni zu Schümpli.»[10] Die Liegenschaft war alles andere als luxuriös. Neben Jette Schaffner gab es in jenen Jahren noch die Köchin Anna. 1884 lebten gemäss dieser Notiz mindestens zehn Personen in der Hottingerstrasse 21, und dazu kam Leo, der innig geliebte Hund.

Als Albert 1925 das Haus verkaufte, hatte es nur ein einziges Badezimmer und noch immer keine Zentralheizung. Angenehm warm kann es jeweils nicht gewesen sein. In den Tropen erinnerte sich später der erwachsene Arnold: «Herrje, Munti, gelt wenn's auch nämis enart 16° in meiner Studierstube war.»[11] Im Zeitalter vor dem Staubsauger entzückte die Ofenheizung vor allem den einjährigen Arnold: «Aschenbehälter an den Ofen sowie Spuknapf müssen geflüchtet werden. Besonders die Aschenbehälter auszuziehen und in der Asche zu wühlen ist ein grosses Entzücken. Aus dem Holzkorb nimmt er sachte Scheit um Scheit, bis er leer ist, und legt herauf wieder Scheit um Scheit hinein.»[12] Sonst interessierte sich der kleine Arnold auch für den ausgestopften Reiher[13] auf dem Kasten in seinem Zimmer oder für die Nähmaschine, die vermutlich in der Wohnstube stand.[14]

Alberts Studentinnen erinnerten sich selbst Jahre nach ihrem Abschluss dankbar an seine Unterstützung. Auch bei Umfragen setzte er sich für das Frauenstudium ein: «Mit sehr seltenen Ausnahmen entschliessen sich zum Studium erfahrungsgemäss nur Mädchen von übermässiger Begabung […].» Allzu viele Frauen sollten es allerdings nicht sein: «Zürich hat zeitweise unter Überfüllung mit Studentinnen gelitten, und es ist ein schönes Zeugnis für die Einsicht der Studierenden, dass sie trotzdem das Prinzip der Studentinnen als Studiengenossinnen als solches niemals angegriffen haben. Sie haben stets anerkannt, dass eine beschränkte Zahl tüchtiger Mitstudentinnen für sie kein Nachteil ist.» Ihm selbst erleichterte die Anwesenheit von Frauen die Erörterung heikler Themen: «Wenn ich in meiner ‹Urgeschichte des Menschen› von den Geschlechtsverirrungen mancher ‹Wilder› oder von der Entwicklung der geschlechtlichen Beziehungen gegen die Monogamie hin zu reden habe, wird mir das viel leichter durch die Anwesenheit von weiblichen Studierenden.»[15]

Alberts Offenheit gegenüber Frauenanliegen stiess an Grenzen, wenn es um das Frauenstimmrecht ging: «Es mag verwundern, Heim, der dem Frauenstudium stets die Wege ebnete, hier auf der Seite der Gegner zu sehen», schrieb seine vormalige Schülerin Marie Brockmann-Jerosch, selbst Mitglied des Zürcher Frauenstimmrechtsvereins. Als 1928 Unterschriften für eine Petition zugunsten des Frauenstimmrechts gesammelt wurden, erklärte Heim seine Vorbehalte. Er war ein Gegner, weil «den Frauen damit eine sehr oft unangebrachte, unangepasste schwere neue Pflicht aufgeladen würde, während die meisten Frauen deren schon genug zu tragen haben. Ich achte die Qualitätsarbeit der Frauen viel zu hoch, als dass ich sie in derselben stören und hemmen möchte durch Aufbürden dieser neuen Pflicht.» Brockmann-Jerosch schliesst: «Das Wichtigste und nach Heims Ansicht völlig Ausreichende bleibt der weibliche Einfluss auf die stimmfähigen männlichen Familienmitglieder. Ethische Erwägungen sind demnach für seine Stellungnahme auch in dieser Sache entscheidend, während die soziale und rechtliche Seite nicht in Betracht gezogen wird.»[16] Arnold und Helene publizierten zwar die geologischen Kapitel aus Brockmann-Jeroschs Feder, verzichteten aber auf eine Veröffentlichung dieser Passagen. Vermutlich waren sie mit ihrem Vater in dieser Frage einig.

Für viele Zeitgenossen waren Marie und Albert Vorbild und als Ideal des modernen Paares eigentliche Hoffnungsträger. Deshalb lebten sie in einer Art Schaufenster und standen unter enormem Erfolgsdruck. Ihre Beziehung musste gelingen, ein Scheitern hätte in Maries Augen das ganze Frauenstudium diskreditiert, und Ewiggestrige hätten ihre Schadenfreude offen gezeigt.

In der Rückschau ergriff Sohn Arnold mit männlichem Selbstverständnis einseitig für den Vater Partei. «Albert Heim hatte volles, von Bewunderung erfülltes Verständnis für das Lebenswerk seiner Gattin, in der Schweiz den Arztberuf für die Frau zu erobern, den Beruf, dem sie sich mit allen Kräften ihres Wesens hingab. Und er war sich darüber klar, dass ihre Doppelaufgabe ihm vielerlei Entsagung auferlegen werde.

Doch das Leben an ihrer Seite brachte ihm ein schwereres Entbehren, als er geahnt hatte. Seine tiefe, immer gleich bleibende Liebe aber wusste alles Gute, das ihm aus seiner Ehe erwuchs, sich und anderen ins hellste Licht zu stellen. So gingen die beiden in treuer Kameradschaft und gegenseitigem Vertrauen durch mehr als vier Jahrzehnte neben einander, in allen wichtigen Fragen des Lebens übereinstimmend.»[17]

Über die Opfer der Mutter schweigt Arnold sich aus.

Maries Praxis – das
Leben ihrer Wahl

Wenige Tage nach ihrer Doktorprüfung im Juli 1874 eröffnete Marie ihre Praxis in Hottingen, in einem neuen, nahe bei der Universität gelegenen Quartier. Das Dorf Hottingen befand sich zwar in der unmittelbaren Umgebung, lag aber damals noch ausserhalb der Stadt und wurde erst 1893 ein Teil Zürichs. Die Gegend war Marie vertraut, einige Schritte weiter hatte sie 1868 bei «Major Ottiker» ihr erstes Zürcher Zimmer bezogen. Mit der Eröffnung ihres eigenen Betriebs ging Marie ein Wagnis ein. Würden genügend Patientinnen Vertrauen zu einer Ärztin haben? Drei Wochen nach Arbeitsbeginn schienen die Geschäfte auf gutem Weg: «*Mit der Praxis geht es auch gut. Ich bin noch gar nicht mit Arbeit überhäuft, könnte mehr bewältigen, aber für die 3 ersten Wochen kann ich sehr zufrieden sein. Ich habe täglich neue Patienten [...] aus allen Classen, doch viel mehr Wohlhabende als Arme. Hauptsächlich gynäcologische Praxis; bis jetzt noch keine geburtshilfliche gehabt [...]. Also summa summarum: es geht mir gut. Ich habe das Leben, das ich mir über allem auf der Welt auswählen würde.*»[1]

Ihr ganzes Berufsleben verbrachte Marie im Haus an der Hottingerstrasse 21 (heute 25). Zur Bewältigung des Alltags brauchte sie von Anfang an eine Hilfe, wobei Marie als erfahrene Hausfrau hohe Ansprüche stellte. «*Mit der Haushaltung geht es gut. Meine Magd ist in der Leistung nicht tadellos, aber ich bin zufrieden. Sie hat für eine Magd ein ausgezeichnetes Leben, worüber ich froh bin.*»[2]

Von 1874 bis 1916 befand sich Maries Praxis im Erdgeschoss des Hauses an der Hottingerstrasse 25 (mittleres Haus).

Ihr Arbeitstag war lang. Am frühen Nachmittag begann die Sprechstunde, morgens und abends erledigte Marie Hausbesuche und anschliessend führte sie ihre Korrespondenz. Diese war für Marie und ihren Gatten eine ständige Belastung, wie beide in ihren Briefen immer wieder klagen: «Ich habe heute abend schon 11 und mein Wibli 7 Briefe geschrieben.»[3] Nachdem ihre Kinder geboren waren, musste Marie in dieses gedrängte Programm zusätzlich Zeit für Mutterpflichten einbauen.

Mindestens zu Beginn ihrer Laufbahn war sie gelegentlich auch ausserhalb von Zürich im Einsatz, wie ein Brief Alberts an seinen Freund Johannes Hundhausen belegt: «So – jez dänk' der wi ich's hüt langwilig ha, min Schatz ist zu ere grosse schwere Operation nach Richterschwyl berufe worde – es geht vileicht morn na de ganz Tag. Ich bi allei diheim, es escht scho über zähni und morn um 6i i aller Frühni han i Vorläsig, und muess na druf hi studiere.»[4]

Da mit Ausnahme eines von Marie verfassten Artikels[5] keine vollständigen Krankengeschichten überliefert sind, lässt sich Maries Berufsarbeit nur bruchstückhaft rekonstruieren. In Briefen oder Tagebüchern

Kaum hatte Marie am 12. Juli 1874 ihre Doktorprüfung bestanden, eröffnete sie ihre Praxis. Das Inserat im «Tagblatt der Stadt Zürich» teilt einer breiteren Öffentlichkeit mit, dass die erste Schweizer Ärztin ihre Arbeit aufnimmt. Zu Beginn waren Maries Sprechstunden noch verhältnismässig kurz.

finden sich vereinzelte Hinweise, die einem eher zufälligen Blick durch das Schlüsselloch gleichkommen. Als sie ihre Tätigkeit aufnahm, hatte sich die rationale, naturwissenschaftliche Medizin durchgesetzt, Marie besass beispielsweise ein Mikroskop. Zwar stellte die Ärztin nun wissenschaftlich abgestützte Diagnosen, als Therapeutin aber blieb sie – mit ihren Kollegen – allzu oft hilflos. Marie hatte beispielsweise keine spezifischen Medikamente gegen Infektionen zur Verfügung. Infektionen waren überaus gefährlich, eine Lungenentzündung eine lebensbedrohende Krankheit, was vermutlich auch am Familientisch erörtert wurde, wie die Bemerkung des vierjährigen Sohnes vermuten lässt: «Dänk Dätte, zwei Oepper händ d'Lungeenzündig.»[6] Operationen, vielfach der einzig mögliche Ausweg, wurden viel häufiger ausgeführt als hundert Jahre später. Immerhin gab es bereits die Anästhesie, und die Kranken erlebten chirurgische Eingriffe nicht mehr bei vollem Bewusstsein mit.

Die Behandlung stützte sich auf Erfahrungswissen. So verschrieb Marie Wickel oder bei Verstopfung ein Klystir, wie bei ihrem acht Monate alten Sohn: «Schlechte Nacht, Verstopfung, Klystir [= Darmeinlauf].»[7] Bei schwerem Husten behandelte sie den Kleinen mit Inhalation: «Arnold leidet unter schlimmem Husten […]. Inhalation von Wasserdämpfen. Durch um ihn herum aufgestellte Becken genug heissen Wassers und Anwendung der Inhalationsmaschine wirken rasch und sehr günstig, müssen aber in der Nacht noch wiederholt angewendet werden.»[8] Als der Bub ein Jahr alt war, beobachtete sein Vater: «Arnold ist wieder gesund, aber verstopft – vielleicht noch die Folge von 1/4000 gr. Morphium mit Lauroceram gegen den Hustenreiz, der ihm sonst die

Nächte ganz stören wollte.»[9] Morphium, normalerweise gegen Schmerzen und Durchfall verordnet, verschrieb man damals auch Kindern. Diese litten dann unter der bekannten Nebenwirkung Verstopfung.

Im «Correspondenz-Blatt» der Schweizer Ärzte stellte Marie ihre Behandlung von mehren Fällen von Blasenerkrankung vor. Die eine Patientin hatte 27, die andere 23 Jahre an dauernden Blutungen gelitten. Unter der Anleitung von Professor O. Wyss, einem Pionier dieser Technik, wagte sie in ihrer Praxis den Eingriff. Oscar Wyss war zu jenem Zeitpunkt Direktor der Medizinischen Poliklinik, 1879 wurde er ordentlicher Professor an der Universität. Doch zurück zu Maries Eingriff: «Die simonschen Harnröhrendilatationen [= Erweiterungen] liessen sich in tiefer Narkose durchführen.»[10] Die beiden Frauen litten an einer gutartigen Wucherung und wurden geheilt. In einem anderen Fall war der Tumor bösartig und die Patientin starb trotz dem Eingriff ein Jahr später. Patientinnen wie diese Frauen, die über Jahrzehnte schwer beeinträchtigt und nun plötzlich geheilt waren, verbreiteten Maries Ruf als Ärztin in der Öffentlichkeit.

Allgemeine Kräftigung war in manchen Fällen der einzig mögliche Weg zur Genesung, wie es Marie zum Beispiel in Richisau an sich selbst bereits erfolgreich ausprobiert hatte. Deshalb empfahl sie immer wieder «Luftveränderung», zum Beispiel auch der tuberkulosekranken Brugger Freundin Marie Belart-Jäger. Im ersten Studienjahr hatte sie ihr eine Konsultation beim Hochschulprofessor Anton Biermer vermittelt. Er stellte zwar eine klare Diagnose, wusste aber genauso wenig Rat wie andere.[11] Immer wieder fuhr die junge Frau zur Kur, im Sommer 1874 auf Maries Empfehlung ins Klöntal. Auf der Heimreise besuchte sie Marie vertrauensvoll in Zürich: «Ich hätte gerne ihre Rathschläge eingeholt für den Winter, um auf den Frühling wo möglich einen neuen Ausbruch zu verhindern.»[12] Als Marie in ihren letzten Lebensjahren ihrerseits an Tuberkulose litt, suchte sie – ebenfalls umsonst – Heilung in Sanatorien und durch «Luftveränderung», das heisst einen Aufenthalt in den Bergen.

Schon als Studentin setzte Marie vor allem auf den gesunden Menschenverstand. Marie Ritter erkundigte sich bei ihr, was sie von der sogenannten Schroth-Kur halte (nach Johann Schroth): «*Über diese Schroth'schen Reden entsetze ich mich gar nicht, sondern bin mit allem, was Du sagst, ganz einverstanden. Natürlich habe ich ja in dieser Hinsicht noch rein gar nichts gelernt, als vielleicht etwas praktische Anschauungen von Dingen, die ich verstehen kann und diese lehren mich auf Wasser und namentlich auf Luft grosses Gewicht legen. So z. B. würde ich nie mehr einen halben Tag in einem Zimmer sein, ohne frische Luft einzulassen, auch behalte ich die ganze Nacht das Fensterflügeli offen mit einem feinen Vorhang darüber gezogen, und befinde mich ausgezeichnet dabei. Die viele Luft, die ich täglich geniesse und das Gehen (mindestens 1 Stunde täglich) halten trefflich das Gleichgewicht bei der strengen Arbeit.»*[13]

Wenige Tage nach der Eröffnung ihrer Praxis bat Marie Ritter ihre Freundin für eine Bekannte um Hilfe. Ihre Antwort gibt eine Vorstellung, wie Marie ihren Patientinnen schriftlich Rat gab. Das ausgewogene Urteil und die grosse Vorsicht fallen auf: «*Da es Frau Wyss nicht besser geht, denke ich doch an die Möglichkeit, dass irgend eine Anomalie im Sexualsystem bei ihr besteht, was nach Fehlgeburten, zumal nach vernachlässigten, so häufig ist. – Das kann der Fall sein ohne irgend welche Localsymptome. Sie soll aber an der Ueberzeugung festhalten, dass jedenfalls keine gefährliche organische Krankheit irgend wo im Gang ist. Nun ist sie aber noch nicht fort gewesen u. das müsste sie doch noch thun. Es ist ja jetzt noch sehr schöne Zeit dazu, und Luftveränderung möchte doch gut sein für sie. Ich denke, sie wird die Lust verloren haben zu mediciniren, für die Verdauung wäre doch jedenfalls etwas nöthig. Das kommt öfters vor, dass Carlsbadersalz zu wenig eingreifend wirkt, ich probiere aber systematisch immer erst die milden Mittel. Wenn es aber damit in Ordnung ist, so lange sie Obst isst, so ist es ja gut und braucht man nichts weiter zu thun. Ich möchte gern noch weiteren Bericht haben, ob sie fort geht und ob sie lieber ohne Medicin sein will, ich schwatze nämlich niemandem auf diese Distanz etwas auf. Freundliche Grüsse bitte.*»[14]

Nicht alle Patientinnen waren von Maries Therapievorschlägen begeistert. Die Winterthurerin Fanny Sulzer-Bühler hatte Knieprobleme und war von einem anderen Arzt nicht zufriedenstellend behandelt worden. Ihre Mutter brachte sie 1883 zu Marie. «Diese verordnete mir eine rostrote Medizin, die ich über Tisch nehmen sollte, was mich vor andern Leuten genierte, einen Spaziergang nüchtern vor 7 Uhr, dazu einen Aufenthalt am Blausee, wo ich nichts als Himmel und Wald sehen würde und meine Nerven ausruhen könnte, wenig Lektüre und auch kein Reiten mehr. Ich fand das abgeschmackt, denn so krank fühlte ich mich durchaus nicht.»[15] Die 18-jährige Patientin zog weiter zum nächsten Arzt nach Münsterlingen, der mehr nach ihrem Geschmack war, er liess sie morgens ausschlafen!

Von Versuchen, Patienten dank Hypnose zu heilen, war Marie, wie viele ihrer Zeitgenossen, angetan. Mit sechs Jahren litt ihr Sohn Arnold an schlimmem Keuchhusten mit Erbrechen. «Hypnotisiren wirkt gegen Weinerlichkeit und Erbrechen etwa 2 Tage gut, am dritten Tag ist die Wirkung kaum mehr da [...]. Wachsuggestion kann den Anfall in Absätzen von ¼ Stunde schliesslich 1 bis 2 Stunden hinausschieben.»[16]

Maries Studienkollege Auguste Forel, inzwischen Direktor der psychiatrischen Klinik, war bekannt für seine Versuche mit Hypnose. Für den Gatten einer Patientin, einen alkoholkranken Landwirt, bat ihn Marie um Hilfe. Im Jahr zuvor hatte diesem eine Kaltwasserkur in Albisbrunn nichts gebracht. Ob ihn der Professor zu einer Konsultation aufbieten könnte?[17] Forel machte einen Versuch, doch nun fürchtete die Gattin einen Rückfall: «*Nächsten Sonntag wird Herr Nauer Sie wieder aufsuchen.*»[18] Forel praktizierte, wie damals nicht ungewöhnlich, auch am Sonntag! Maries eigener Therapievorschlag zeugt von ihrem praktischen Verstand. Sie riet der Ehefrau:

«*[...] doch während der Weinlese und Mostzeit fortzugehen, um ihn der Verführung zu entziehen, und wir wählten dazu einen Ort in den Bergen, wo ich den Wirtsleuten vorher einen Wink geben könnte, sodass jedes alkoholische Getränk im Hinterhalt gehalten würde. Sowie die Feldarbeit aufhört und damit der obligate Durst, wird es dem Patienten leichter werden zu widerstehen und bis zum Frühjahr würde sein Verstand die Oberhand gewinnen können.*»[19]

Zwei weitere Fälle sind belegt, in denen sich Marie an Forel wandte. Die erste Patientin erlitt fünf Tage vor der normalen Entbindung eine Lähmung der beiden unteren Extremitäten, und im zweiten Fall ging es um die Unfruchtbarkeit eines Mannes aus «hochgestellter» Familie.[20] Wie die Sache ausging, ist nicht bekannt.

Im Lauf der Zeit führte Marie eine ausgedehnte Armenpraxis. Wie Fanny Sulzers Beispiel zeigt, kamen aber auch begüterte Frauen zu ihr in die Sprechstunde. Bei den studierenden Frauen galt Marie als medizinische Autorität. Die künftige Direktorin des renommierten amerikanischen Frauencolleges Bryn Mawr in Philadelphia, Martha Carey Thomas, erkrankte während ihrer Prüfungen: «I was quite ill for 3 days with a severe headache and fever. I sent at once for Dr. Heims, the most prominent woman doctor here. She did everything possible for me when she heard I was on the point of passing my examination.»[21] Marie konnte bestimmt mitfühlen! Thomas' Freundinnen und Dr. Heim «were afraid of some bow fever setting in – but in a week I was well enough to go for my written examination of 6 hours on German philology.» Marie half erfolgreich und die Kandidatin bestand ihre Prüfung mit Bravour.

Der berühmten Jugendschriftstellerin Johanna Spyri stand Marie in ihrer letzten Krankheit bei. Johanna Spyris Mutter und Albert Heims Grossmutter waren – wie schon erwähnt – Freundinnen gewesen. Nicht nur mit Alberts Tante, auch mit seiner Schwester Sophie war die Autorin eng verbunden. Eine Thurgauer Freundin Johanna Spyris begleitete den Therapieverlauf mit kritischer Aufmerksamkeit. «Sie habe nie direkt gefragt, ob es wieder besser werde, sonst hätte sie nicht die Unwahrheit sagen können», soll Marie erklärt haben. In den letzten Tagen schirmte sie die zunehmend schwächere Patientin ab und liess keine Besucher mehr zu ihr. Johanna Spyri litt vermutlich an Krebs, wenige Tage vor ihrem Tod riskierte Marie, aus welchen Gründen auch immer, eine Operation. Niemand sei auf die Todesnachricht gefasst gewesen, schrieb Aline Kappeler ihrer Tochter Hedwig nach Frauenfeld. «[…] nachdem vor zwei Tagen doch wieder eine grössere Operation gemacht worden ist […]. Die Operation war jedenfalls zu schwierig für von einer Frau allein ausgeführt zu werden – gewiss hat sie viel Blut verloren und ist in der Schwäche nun eingeschlafen.»[22]

Besonders gefragt waren Maries Dienste in der Frauenheilkunde. Etwa 1887: *«Ich arbeite streng diesen Sommer; geburtshilflich strenger als je; Kopfweh alle zwölf bis vierzehn Tage, aber erträglich. Ich muss noch zufrieden sein, da ich so viel gestörte Nächte habe. Sonst fehlt mir nichts. In der ‹Hagrose› [Hüsli] ist es wunderschön, und ich geniesse doch viele luftige Stunden, wenn auch selten einen freien halben Tag.»*[23]

Als Vorbereitung auf eine Geburt empfahl Marie 1889 Johann Hundhausens Gattin eine Vaseline-Behandlung und klagte darüber, wie schlecht sich Geburtstermine voraussagen liessen: «*Liebe gute Tante! Ich habe eigentlich kaum Zeit zum Schreiben, aber ich habe noch neue Verordnung wegen Deinem Baggen. Fang jetzt gleich an jeden Morgen und jeden Abend den Damm, also die Stelle wo die Rissnarbe ist, mit reinstem Vaseline tüchtig einzureiben. Damit wird die Narbe elastischer und es ist mehr Wahrscheinlichkeit, dass es nicht wieder reisst. Wie mag es Dir seit der Kälte mit dem Bein gehen? Ach, es ist doch eine unglückliche Einrichtung, dass man nicht vorher weiss, auf welchen Tag die Leggeten [= Geburten] zu erwarten sind. – Gerade jetzt habe ich eine Frau, die von 15. – 20. November bestimmt hätte leggen sollen, und sie ist noch nicht an die Nähe gekommen. Letztes Jahr war es eine sehr schwere Zangengeburt, und nun muss dies Kind so über die Zeit hinaus warten bis es wieder einen so ungeheuerlich grossen und harten Kopf hat. Wenn ein ‹glückliches› Telegramm von Euch kommt, wie will ich da aufatmen!*»[24]

Im gleichen Brief empfahl sie zur Säuglingspflege die Anschaffung einer Kinderwaage: «*Ich befehle dem Unggle categorisch, dass er eine nette kleine Decimalwaage anschafft, auf der das Kindlein bequem und genau gewogen werden kann. Die letztjährige war jeger nichts Nutz zu dem Zweck.*» In ihrem Buch von 1898 über die Kinderpflege betonte Marie die Wichtigkeit des regelmässigen Wägens und illustrierte den Abschnitt mit den Gewichtskurven ihrer eigenen Kinder.

Vielmehr als heute war der Tod damals allgegenwärtig. Die «liebe gute Tante» starb knapp zwei Jahre später im Kindbett. Im selben Jahr, als sie Johanna Hundhausen über die Anschaffung einer Waage schrieb, hatte Marie ihre kleine Tochter Rösli verloren. Während Marie und Albert mit ihren Kindern nur mit Mühe über Sexualität sprechen konnten, waren Sterben und Tod kein Tabu, wie die folgende Episode zeigt.

Arnold war sechs und Helene zwei Jahre alt, als eine 42-jährige Nachbarin plötzlich im Sterben lag. In aller Form verabschiedeten sich die Kinder von ihr, wie in Arnolds Album nachzulesen ist: «In Villa Belsito liegt in klarem Bewusstsein noch sprechend, und doch schon halb todt, langsam sterbend Fräulein Louise Gysi, die vorher viel Freude mit den Kindern hatte. Sie lässt alle Verwandten zum Abschied kommen.

Heute auch noch Arnold und Helenli. Die Kinder bringen ihr Blumen. Auch Martin Schröter [Sohn von Alberts Freund] grüsst sie noch. Da zeigt sich folgende für Alter und Verständniss charakteristische Reaktion: Martin sagt beim Hereintreten: ‹Zwiback!› – Helenli, die sonst dort Nidelzeltli gebettelt hat, merkt schon, dass die Situation anders als früher ist, ist etwas beklommen, bettelt nicht. Arnold sieht das halb todte Gesicht, das er vor 8 Tagen noch frisch gesehen hat. Er nimmt sich aber zusammen, empfängt aus der halb todten Hand ein ‹Nidelzältli›, er weiss, dass sie bald sterben wird, sagt adieu. Dann schickt Mutter ihn herüber nach Hause. Gleich aus dem Krankenhaus hinaus überwältigt ihn das Gefühl der Trauer. Bitterlich weinend läuft er heim und stürzt sich in meine Arme und presst sich an mich und weint fast eine ganze Stunde, nimmt kein Frühstück. Jedesmal wenn er das ‹Nidelzeltli› in seiner Hand sieht, fängt er wieder zu weinen an ‹es ist halt e so grüseli truurig d Fräulein Gysi.› Ich glaube der Eindruck wird […] bleiben und es ist gut: tiefes Mitgefühl und Trauer ohne Angst oder Schauder, und vielleicht erinnert er sich auch im späteren Leben an die bewusste ernste Ruhe und Ergebung an den schönen bewundernswerthen Heldenmuth, den er gesehen hat, und der ihm ein Vorbild bleiben möge!»[25]

Bis beinahe zu ihrem Lebensende blieb Marie als Ärztin ihren Patientinnen verbunden. Mit grösstem Bedauern zog sie sich schwer krank aus ihrem Berufsleben zurück.

Arnold – Maries
«Alleinherrscher»

Die erste Verlobung ging 1867 in Brüche, und die verzweifelte Marie war überzeugt, für immer auf eigene Kinder verzichten zu müssen. «*Wenn ich Kinder sehe, so werde ich oft so leidenschaftlich; ich möchte ein Kind nehmen und es behalten und alles andere aufgeben. – Du kannst dir denken, wie hart es ist, den Gedanken, eigene Kinder zu haben, aufzugeben, wenn man zwei Jahre lang bei jedem Kind, das man sah, an die eigenen Kinder, auf die man gehofft, gedacht hat*»,[1] schüttete sie bei Marie Ritter ihr Herz aus. Mit der späten Geburt ihres «kleinen Alleinherrschers»[2] am 20. März 1882 ging ihr Kinderwunsch endlich in Erfüllung.

Marie hatte zwar ihre Praxis etwas eingeschränkt, war aber bis zur Niederkunft aktiv. Am Tag vor der Geburt operierte sie bei einer Patientin einen alten Dammriss.[3] Die Vorfreude auf das Kind war gross. Marie, die Ärztin, wusste allerdings auch um das entsprechende Risiko einer 36-jährigen Erstgebärenden.

Der überglückliche Vater hätte am 20. März 1882 nach Schinznach fahren sollen. In seiner Agenda strich er die geplante Verpflichtung und notierte: «3 Uhr! mein Kind [Arnold Heim]».[4] Auch für Albert hatte das lange Warten und Hoffen ein Ende. Er begann mit einem Tagebuch für und über seinen Sohn, das er während rund zehn Jahren in kürzeren oder längeren Abständen nachführte. «Beginn der Geburt: 19. März 1882 Abend 6 Uhr, Geburt 20. März 1882 3 Uhr früh. Zugegen waren als Arzt:

Dr. Wyder-Klotz, als Hebamme: Frau Wettstein, als ‹Vorgängerin› [= Säuglingspflegerin]: Jette [Henriette Schaffner] und der Vater des Werdenden.»[5] Nach Johanna Siebel war es eine Zangengeburt.[6]

Gleichen Tags verschickten die neuen Eltern eine Anzeige:

«Wir haben die Freude, Ihnen die heute früh erfolgte glückliche Geburt eines gesunden Knaben anzuzeigen.
Hottingen-Zürich, den 20. März 1882
Albert & Marie Heim-Vögtlin».[7]

Für Arnolds Geburt beanspruchte Marie die Hilfe eines Kollegen. Der Gynäkologe Theodor Wyder (1853–1926) hatte eben seine Praxis als Frauenarzt eröffnet. Wie Marie hatte er bei Adolf Gusserow und in Dresden bei Professor von Winckel studiert. Später wurde er Professor für Frauenheilkunde an der Universität Zürich. Auch für ihn musste diese Geburt eine besondere Erfahrung gewesen sein. Wyder war ein bekennender Gegner des Frauenstudiums und stand wohl erstmals einer Fachkollegin bei![8] Ricarda Huchs Erinnerungen an den Choleriker Theodor Wyder widersprechen allen Erfahrungen, die Marie seinerzeit bei ihren eigenen Professoren gemacht hatte: «[…] der Gynäkologe, der ein Gegner des Frauenstudiums war und das auf eine sehr unfeine Weise äusserte. Er verflocht nämlich anstössige oft geradezu unflätige Witze in seinem Vortrag, die er vielleicht überhaupt gern angebracht hätte, die aber zugleich den Zweck hatten, die anwesenden Studentinnen zu verscheuchen oder zumindest zu beleidigen; denn sie konnten ja, ohne ihr Studium aufzugeben, auf diese Vorlesung nicht verzichten.»[9]

Am Tag nach Arnolds Geburt nahm Albert sein normales Programm wieder auf, verliess Marie und Arnold und reiste in geologischen Angelegenheiten nach Glarus. Mutter und Kind konnten auf die Dienste der treuen Jette zählen. Aus Verehrung für Alberts Lehrer und Förderer Arnold Escher von der Linth erhielt Arnold dessen Vornamen. Escher war jener «komischste, altväterischste Mann»,[10] den Marie und Susan auf einer Exkursion mit ihrer Sportlichkeit beeindruckt hatten und auf dessen Lehrstuhl Albert berufen worden war. An die erste Begegnung mit Arnold Escher erinnerte sich Albert noch mit 56 Jahren dankbar:

«Ich vergesse diesen Freudentag meines Lebens niemals.»[11] Im Hause Heim hing Eschers Porträt in Öl, gemalt von Alberts Tante Anna Susanna Fries.

Alberts Freund aus der Schulzeit, Eugen Huber (1849–1923), der künftige Redaktor des Schweizerischen Zivilgesetzbuches, wurde Arnolds Pate. Zur Enttäuschung des Grossvaters in Brugg liessen die Eltern ihren Sohn nicht taufen.[12] Eugen Huber und seine Frau Lina wohnten damals in Basel. Regelmässig besuchten Marie und der kleine Arnold das Ehepaar, gelegentlich fand sogar Albert Zeit, Frau und Sohn kurz zu begleiten. Meist verband die Familie diese Ausflüge mit einem Besuch des Zoos. Bis ins hohe Alter nahm Eugen Huber lebhaften Anteil an Arnolds Entwicklung. Als der erwachsene Sohn in Indonesien nach Erdöl suchte, ermahnten ihn jeweils seine Eltern, doch bitte dem Paten Postkarten zu schicken, da sich dieser nach ihm erkundigt habe. Über eine mögliche Patin schweigt sich das Tagebuch aus.

Marie und Albert hatten auf ein Mädchen gehofft. («Wir beide wünschen mehr ein MÄDCHEN! Aus vielen Gründen! ‹Qui vivra verra›»,[13] hatte bekanntlich Albert an Johannes Hundhausen geschrieben.) Beim Anblick des wohlgeratenen Bübchens war von Enttäuschung jedoch keine Rede. In den kommenden Jahren drehte sich das ganze Familienleben um diesen Alleinherrscher, wie Marie die Situation treffend beschrieb. Die Elternschaft prägte Maries und Alberts neue Wahrnehmung der Welt. So kreierte der kleine Arnold einige Wörter, etwa «Legete» für Geburt, die im Familienwortschatz zur Selbstverständlichkeit wurden. Er hatte Mühe, das Wort «Müetti» auszusprechen, und formte es zu «Munti» um – und dabei blieb es. Auch ausserhalb des engen Familienkreises hiessen Marie und Albert bei ihren Freunden immer häufiger «Munti» beziehungsweise «Dätte».

Arnold war kein pflegeleichtes Kind, sondern ein grosser Schreihals, der besonders nachts die Familie, in erster Linie Marie und gelegentlich auch Jette, auf Trab hielt. Zweieinhalb Monate nach der Geburt notierte Albert: «4. Juni. Kind schläft ausnahmsweise ohne Unterbruch in der Nacht vom 3.ten auf 4.ten 6½ Stunden, ist sonst in der Nacht alle 2 bis 3 Stunden wach und begehrt zu seiner Mutter.»[14] Auch mit neun Monaten fand Arnold keine Ruhe: «Die Nächte sind immer recht schlecht.

Arnold erwacht 6 bis 10 Mal per Nacht.»[15] Glücklicherweise wussten die Eltern zu jenem Zeitpunkt nicht, was sie erwartete. Arnold brauchte über drei Jahre, bis er endlich durchschlief. «Vom 8. auf 9. Mai [1885] schläft Arnold fest zum ersten Mal in seinem Leben ohne zu weinen die GANZE NACHT – lässt sich 2 mal ans Häfi stellen ohne ein Widerwort und schläft sofort weiter.»[16] Dass man Kinder nachts weckte, um sie aufs Töpfchen zu setzten, war in manchen Familien bis in die Mitte des 20. Jahrhunderts üblich.

Besonders schlimm waren die Nächte, wenn Arnold seine Zähne bekam, wie der Vater im Tagebuch stöhnte. Von Marie gibt es aus dieser Zeit wenig direkte Zeugnisse. In einem der seltenen überlieferten Briefe an Marie Ritter stellte sie am 29. November 1882 fest, «*dass die vielfach unterbrochenen Nächte zu kurz sind.*» Noch war sie nicht vollständig in ihren Beruf zurückgekehrt: «*Ich arbeite immer noch nur ⅓ gegen früher und bin sehr glücklich dabei.*» Ausführlich beschrieb sie ihr acht Monate altes Söhnchen: «*Er ist aber in seinem Wesen sehr entwickelt, eine merkwürdige Kraft, Energie und Originalität ist in dem kleinen Geschöpf, dazu kommt ein Zug, der mir grosse Freude macht: wenn er ulidig [= ungeduldig] ist z. B. beim anziehen und ich nur ganz sanft bss mache, so hört er plötzlich auf mit Schreien und macht ein ganz geduldiges, verwundertes Gesichtli.*» Schon damals schloss Arnold Freundschaft mit dem Familienhund: «*Leo wird ihm auch immer lieber.*»[17] Im selben Brief bat Marie ihre Schwandener Freundin, «*ein paar Schuhe für Arnold zu kaufen, also am liebsten graue Filzfinkli mit Ledersohlen [...] für meinen kleinen Alleinherrscher.*»

Als Arnold bereits 16 Jahre alt war, erinnerte sich Marie im Buch über die Kinderpflege: «Ich habe immer die Mütter beneidet, die mir von den Überraschungen durch plötzliches Entdecken von neuen Zähnchen bei ihren Kindern rühmten!»[18]

Arnold war knapp zwei Monate alt, als er mit seinen Eltern eine «Sommerresidenz» bezog. Am 13. Mai 1882 notierte Albert: «Wir ziehen in die Villa Stella im Städtli Hottingen, um den Sommer dort zuzubringen – im gesundheitlichen Interesse von Mutter und Kind.»[19] Von 1882 bis zu ihrem Tode 1916 verbrachten Marie und ihre Familie die Sommermonate im Grünen. Zunächst waren Heims zur Miete, dann liessen sie sich ein einfaches Chalet, die «Hagrose» (Maries Lieblingsblume), am Zürichberg bauen, wo sie ein Jahr nach Arnolds Geburt einzogen. Die Praxis blieb auch in der warmen Jahreszeit an der Hottingerstrasse.

Die erste Zeit mit Arnold gehörte vermutlich zu den glücklichsten Perioden in Maries Leben: «*Ich kann mich nicht entschliessen, an die Naturforschende Gesellschaft zu gehen, weil ich Arnold nicht so lange verlassen mag. Es kommt Dir vielleicht sentimental vor, aber es ist mir keine Stunde recht wohl, wenn ich ihn nicht bei mir habe. Ich weiss ja nicht, wie lange er bei mir bleibt, oder wie lange ich bei ihm. Wenn ich denke, dass ich vielleicht nur kurz das Glück geniessen kann, ein so liebes Kind zu haben, so möchte ich mir keine Stunde um eines Vergnügens willen rauben. So habe ich es auch mit meinem Mann; ich bin geizig mit jeder Stunde, die er bei mir sein kann, und das Leben mit ihm scheint mir viel zu kurz, wenn es auch noch viele Jahre dauern sollte. Ein so durch und durch glückliches Leben ohne irgend einen Mangel haben gewiss wenige Menschen.*»[20] In diesen Zeilen kommt deutlich zum Ausdruck, wie anders das Lebensgefühl damals war, Kindersterblichkeit war zwar nicht mehr die Regel, aber immer noch häufig.

Marie bezahlte ihr Glück teuer. In diesen Jahren der unterbrochenen Nächte litt sie mehr als sonst an Migräne und Kopfschmerzen. «Aber wir haben strenge Zeiten. Arbeiten oft tief in die Nacht hinein! Munti dieses Jahr viel Migräne»,[21] fasste Albert das Jahr 1883 im Brief an Johannes Hundhausen zusammen. Ein Jahr später, 1884, war die Lage vergleichbar: «Arbeit und Arbeit. Das Wibli diese Zeit hat viel Kopfweh. Das Babi zahnt noch immer, aber ist sonst lustig.»[22]

Das Tagebuch, das Albert für seinen Sohn führte,[23] ist eine wichtige Quelle für das Leben der Familie Heim in jenen Jahren. Mit dem ihm eigenen Pathos schrieb Albert die Widmung:

«An meinen Sohn Arnold!
Die folgenden Blätter hat Dein Vater Dir niedergeschrieben in der freudigen Hoffnung, dieselben einst zu einem moralischen Konfirmationsunterricht für Dich zu benutzen. Wirst du jenes Alter erreichen, mein kleines Kind? Werden Deine Eltern noch so lange leben? Wir wissen es nicht! Sterbe ich vorher, so sind diese Blätter ein Erbtheil, das Dein Va-

ter Dir vermacht. Du sollst dieselben jedenfalls nicht vor zurückgelegtem fünfzehnten, lieber erst nach zurückgelegtem sechzehnten Altersjahr eröffnen und studieren, und Dir dabei denken, Dein Vater spreche mit der ganzen Kraft seiner Liebe zu Dir. Die Stunden, in welchen ich hier einzelne Gedanken niedergesetzt habe, waren für mich das, was für den Frommen ein Gebet ist – ein Sammeln in Betrachtungen, die über das Endliche erheben.

Ordnung wirst Du in diesen Blättern nicht finden, sie sind alle vereinzelt entstanden. Lege Du selbst die Ordnung und Verarbeitung hinein, die mir vielleicht zu schaffen nicht mehr vergönnt sein wird.

Kleines Kind – Du schweigst mich an, Du weisst nicht, was Dein Vater thut – er sorgt was in seinen Kräften liegt für Dich – mögest Du vollkommener werden als

Dein Vater Albert Heim».[24]

Alberts Notizen sind eine Mischung von naturwissenschaftlich genauer Beobachtung und väterlichem Entzücken, als Beispiel sei der 28. November 1882 zitiert: «Morgens früh fängt Arnold zuerst ganz leise für sich, dann lauter und lauter an, Sprachversuche zu machen, und findet zu seinem Vergnügen plötzlich mannigfaltige Laute wie: ‹häpimämpitihäpä› und dergleichen. Die Consonanten sind h, p, m, t, die Vokale i, ä, und öe. Das klanglich eintönige Weinen hat längst vielfach modulierten Lauten Platz gemacht. Beim Anziehen oder irgendwelcher Unzufriedenheit sind es Töne des Begehrens oder des Unwillens, eine Art ‹Aufbegehren› und ‹Reklamieren› nicht mehr das frühere machtlose Weinen. Im Bade ist Arnold stets über die Massen lustig, erschrickt ab nichts, auch wenn ihm das Wasser in die Augen und die Nase spritzt oder in den Mund schlägt. Das Bellen von Leo erschreckt ihn auch nicht. Er zwinkt bloss mit den Augen und lacht, wo andere weinen würden.»[25]

Der väterliche Stolz äusserte sich vielfältig, so etwa beim acht Monate alten Bübchen: «Arnolds Bewegungen sind so energisch, hie und da wild und selbständig, dass man hierin schon deutlich den KNABEN bemerkt. Beim Spaziergang auf der Strasse jauchzt er so laut, dass alle Vorübergehenden stille stehen.»[26] Oder auch: «Heute hat Arnold ins Häfeli Wasser gelöst das ich wegen dem grossen Quantum gewogen, zu genau

100 gr. bestimmt habe.»[27] In Briefen wurde Albert überschwänglich: «O das Bobi! Es ist unermesslich, diese Allerliebstheit und diese Entwicklung. Mit Entzücken hüpft er auf der herrlichen Galerie herum.»[28]

In ihrer Erziehung legten die Eltern unendlichen Wert darauf, dass Arnold «brav» sei, das heisst, dass er gehorche und tue, was man ihm sagte. Sowohl im Tagebuch wie in den Briefen ist diese «Bravheit» ein ständig wiederkehrender Refrain. Zunächst sein Vater: «Wenn Arnold unfolgsam oder heftig sein will, so genügt es, ihn ruhig vor sich zu nehmen und zu sagen: ‹Arnold was ist das, lueg mich a!› Zuerst wendet er den Blick seitlich ab. Auf nochmalig freundlich ernstes ‹lueg mich a! gell du wit ken böse Bobi si, du witten liebe si!› blickt er einem wieder ins Auge und ist wie der weiche Butter, der Trotz ganz gebrochen.»[29] Oder ein knappes Jahr später: «Arnold WILL brav sein und hat seine Freude daran sich brav zu wissen. – Er hat ein so gutmüthiges Herzlein ohne Falsch. Wenn er etwas gethan hat, von dem er weiss, dass man es missbilligt, so treibt ihn sein Gewissen zu kommen und zu sagen von sich aus unaufgefordert.»[30] 1888 «wird ein Kalender angelegt und da ++ vermerkt, wenn Arnold GANZ brav, + wenn ordentlich brav, – wenn mittelmässig, o wenn nicht brav, oo wenn sehr unbrav, das erregt grossen Eifer und hilft bedeutend.»[31]

Für Marie war Bravheit nicht weniger ein Thema: «*Arnold ist seit einiger Zeit von einer musterhaften Brävi und macht uns grosse Freude. Das wirkt natürlich stimulierend auf Meiti; so dass auch sie ungewöhnlich lieb ist […]. Arnold ist auch in der Schule vortrefflich, der beste seiner Klasse (35 Kinder) und sein Betragen, wie die Lehrerin sagt, musterhaft.*»[32]

Vor allem im Sommer konnten sich die Eltern etwas mehr Zeit für ihre Kinder nehmen. Im Tagebuch schilderte Albert die Turnübungen, die er mit seinem Sohn ausprobierte. «Wenn ich Arnold bloss mit den Händen an beiden Händchen halte, so steigt er an mir mit gestrecktem Körper vorne herauf, auf Schulter und ganz aufrecht auf den Kopf. Im Heu macht er mir einen ächten Purzelbaum rückwärts systematisch nach, bis er ihm gelingt.»[33] Im Winter standen Schlittelpartien und Schlittschuhfahrten auf dem Freizeitprogramm.

Wie alle Kinder seiner Generation musste Arnold früh im Haushalt mithelfen. Im Winter schrieb Albert über den Fünfjährigen: «Er soll täg-

Mit «Eure Maria alpina» unterschrieb die Studentin Marie einen Brief nach Brugg. Sie blieb eine ausgezeichnete Bergsteigerin, und es gelang ihr, mit ihrer Begeisterung Sohn Arnold anzustecken. Tochter Helene war etwas zurückhaltender – nur aus gesundheitlichen Gründen?

lich etwas ARBEITEN (Garnwinden, Altpapierschneiden, Posten etc.).»[34] Und im Sommer «hat [er] einige Geschäfte täglich zu besorgen: dem Pluto [Neufundländer] frisches Wasser zu bringen. Die Excremente am Pluto mit der Schaufel aus dem Wege zu räumen. Raupenfutter zu holen, Milch im ‹Paradies› zu holen etc.» Offenbar fiel ihm dies nicht leicht, denn der Vater kommentierte: «Arnold ist stets etwas zu mädchenhaft unselbständig, zu weich. Helenli wird viel emanzipirter sein, mehr Bub. Es kostet Arnold stets eine Art Ueberwindung nur in ein anderes Zimmer allein zu gehen, um etwas zu holen. Jetzt aber holt er doch allein die Milch im ‹Paradies› unten, es gelang ihm dies als Pflicht deutlich zu machen.»[35]

Marie und Albert unterstützten die Interessen ihrer Kinder, selbst wenn es gelegentlich Schwierigkeiten mit den Nachbarn gab, wie bei Arnolds Hobby, dem Zähmen von Raben: «Eine meiner grössten Jugendfreuden war das Zähmen und Beobachten von Vögeln. Die interessantesten, geistig höchst stehenden und besonders individuell verschiedenartig

Mit grosser Begeisterung zähmte Arnold Raben. Die Intelligenz dieser Vögel faszinierte ihn. 1910 berichtete er in einer ornithologischen Zeitschrift über seine entsprechenden Erfahrungen als Jüngling.

begabten sind die Vertreter der Rabenfamilie.»[36] In ornithologischen Artikeln beschrieb Arnold als Erwachsener seine Erfahrungen mit diesen Vögeln. «Meine Mutter hatte mir den jungen, noch nicht flüggen ‹Schaggi› aus Norddeutschland heimgebracht [...]. Schaggi hatte sich bald an unsere Sommerwohnung gewöhnt und flog nie weit vom Hause fort.»[37] Dieser Vogel war weder gegenüber Marie und Albert noch gegenüber Arnolds Schwester Helene freundlich. Dagegen hatte er sich mit dem Neufundländerhund angefreundet und schlief bei Regen im Hundehaus.

Als Arnold und seine Schwester in die Pubertät kamen, lehnten sie sich gegen Maries autoritäre Art auf, wie es Siebel vorsichtig formulierte: «Aus ihrer eigenen ungeheuren Leistungsfähigkeit wuchsen hie und da zu grosse Anforderungen an andere, besonders an ihre Angehörigen hervor, und Ungeduld, wenn ihre Wünsche unerfüllt blieben.»[38] Der häufig abwesende Vater war indessen auf seine Art nicht minder autoritär. Über seine Pflegeschwester schrieb Arnold: «Ein zur Seltenheit ausgesprochenes ruhig ernstes Wort des Vaters ging auch diesem Kinde, wie den eigenen, tief zu Herzen und brach augenblicklich jeden kindlichen Trotz.»[39] Arnold und Helene scheinen ihre Eltern mit verschiedenen Ellen gemessen zu haben. Verglichen mit anderen Familien jener Zeit ging es bei Marie und Albert trotz allem recht demokratisch zu.

Im Sommer das «Hüsli»,
im Winter der Christbaum

Den Sommer verbrachte die Familie Heim auf dem Zürichberg. «Damit diese nicht Stadtkinder werden sollten, hatte der Vater zwischen dem ‹Dolder› und dem ‹Städtli› an der Hofstrasse ein Grundstück gekauft, um darauf ein Sommerhäuschen zu bauen.»[1] An Arnolds erstem Geburtstag notierte Albert: «Fast täglich besuchen wir mit ihm den Chaletbau. Da will er oft die schwersten Maurerschlegel heben, kann er es nicht, so wird er zornig.» Die Pläne für das Häuschen im Berner Chaletstil hatte Albert selbst entworfen.[2] Ganz ohne Zwischenfall verlief der Bau allerdings nicht: «Unser Chaletbau wächst und geht gut – leider brach gestern dabei ein Arbeiter ein Wadenbein.»[3] Ausnahmsweise musste Marie einen Mann kurieren.

Kurz nach Arnolds zweitem Geburtstag war es so weit, der erste «Alpaufzug» fand statt: «28. April 1884 Arnold erwacht im Sommerhäuschen mit den Worten: ‹Jez sind mir alli alli im Hüsli obe!› Abends erhält er Heimweh nach der untern Wohnung und will hinab. Herrliches Wetter! Nach 3 Tagen ist er oben ganz eingewöhnt und glücklich. Nimmt zu an Kraft.»[4] Zwei Jahre später ist die Sommerresidenz für Arnold eine Selbstverständlichkeit. «21. April 1886. Zug ins Berghäuschen. Arnold ist voller Entzücken voll rührender Freude und im grössten Eifer wird gehackt, Blumenstöcke versetzt, der Fortschritt der Pflanzen controliert etc.»[5] Für einen kleinen Buben war es tatsächlich ein Paradies. So berichtete Marie über ihren Vierjährigen: «*Bobi ist sehr lieb hier oben, den ganzen Tag so eifrig beschäftigt, wie wenn es um den Taglohn ginge, singt und jauchzt und pfeift bei seinen unschuldigen Geschäften und erscheint alle paar Stunden in einem wahren Säulizustand.*»[6]

Einige Tage nach dem ersten Einzug beschrieb Albert seinem Freund Hundhausen das vollkommene Glück: «Also wir sind in unserem Berghüsli fix und fertig einlogiert. Das Hagrösli bewährt sich über die Massen als praktisch, herrlich wohnlich und meineid abbrennt gemüthlich – ein idealer Friede. Da hock ich unter dem vorspringenden Giebel, Blumen vor den Fenstern und draussen Wald und Berge und See und nichts Störendes – an der Arbeit am Vormittag und sehe und höre draussen auf der Laube oder im Garten mein Wibli und mein Babi. – Weisst Du solche Stunden absoluten idillischen Glücks wie jetzt habe ich bisher in meinem Leben noch nie genossen. Und statt dem ewigen Jagen unten hier die friedliche Ruh wenigstens einige Stunden – dann freilich dazwischen geht's auch wieder anders und der Arbeit ist genug im UEBERMASS.»[7]

Wieder einmal Familientreffen vor dem «Hüsli»: Albert und sein Hund, Helene neben Stelzen, Marie ausnahmsweise mit einer Schreib- statt einer Näharbeit, die Blumen liebende Sophie mit einem Sträusschen und Maries Schwiegermutter Sophie Heim-Fries im Fensterrahmen mit einer Enkelin.

Die Familie erholt sich auf der Veranda des «Hüsli». Helene stickt, Arnold darf ein Buch lesen, Sophie strickt, Marie näht, und Albert schaut dem Treiben zu. Sophies handgestrickte Socken waren beliebt, ihr Neffe Arnold wurde regelmässig beliefert, wie wir aus Briefen wissen.

«Herrlich wohnlich und gemütlich» mochte das Chalet Hagrose sein, aber praktisch? Jedenfalls nicht aus der Perspektive des 21. Jahrhunderts, denn es verfügte beispielsweise über kein fliessendes Wasser, was Hausarbeit enorm erschwerte. «Am Fuss des Steilhanges gegen den Wolfbach entdeckte Heim […] eine Quelle, die er fassen konnte. Von dort wurde das Wasser täglich von dem tüchtigen und kräftigen Dienstmädchen in einer kleinen Tanse ins Haus heraufgetragen.»[8] Die sanitären Verhältnisse liessen sich nicht einmal mit den Einrichtungen einer einfachen, modernen Berghütte vergleichen und würden den Hygieneansprüchen heutiger Menschen in keiner Weise genügen. Die geschätzte Nähe zur Natur zahlten Heims mit einem Verzicht auf jeglichen Komfort.[9] Selbst der fünfjährige Arnold fand den Gang in die Aussentoilette beschwerlich: «Ach das ist au langwilig, dass me allewil in Abtritt use mues wänn me sott Bächi mache. Me sot en lange Kautschukschluch am Biggili amache bis in Abtritt use, das me nüd müesti use, sonder s'Bächi dur de Schluch giengi!»[10] War die Abortgrube voll, kam eine städtische Dienststelle und pumpte die Toilette leer.[11]

Die Studierstube bot mit dem Blick vom Tödi bis zum Titlis zwar eine grandiose Aussicht, war aber sonst von dürftiger Bescheidenheit: «Unheizbar (nur durch Öffnen einer kleinen Klappe im Boden konnte man aus der darunter befindlichen Wohnstube etwas Wärme herein lassen), unmittelbar unter dem giebelförmig abgeschrägten Dach des Chalets, ohne jede moderne Bequemlichkeit.»[12] Mangelnder Komfort schreckte in dieser Familie niemanden ab, Marie brachte im Sommerhäuschen 1886 sogar ihre Tochter Helene zur Welt.

Von 1884 bis zu ihrem Tod 1916 verbrachte Marie die Monate April bis Oktober im «Hüsli». Wo sich heute ein gehobenes Wohnquartier erstreckt, war Zürich zu jener Zeit so ländlich, dass es selbst zu Mauseplagen kam: «Der Mauser Oberholzer kommt. Leo bellt ihn an. Arnold läuft ihm entgegen und sagt: ‹Herr Muser, hest de Leo thuet der nüt!›»[13] Von einem Bauern mieteten Heims einen Wagen und transportierten darauf Bettwaren, Tisch und Geschirr. Der Umzug im Frühling sei sogar für den schwarzen Neufundländer ein Fest gewesen, erinnerte sich Arnold. Wie alle andern Familienmitglieder hatte auch der Neufundländer seinen Beitrag zu leisten und eine Rolle beim Umzug zu spielen: «Seine Hunde zog er [Albert] zu der ihnen passenden Arbeit heran. Sie holten mit dem Schlitten seine Kinder von der Schule ab; sie halfen am Wagen beim Umzug von der Winterwohnung auf den Zürichberg.»[14] Albert hatte dafür ein Zuggeschirr konstruiert, das er an der Landesausstellung Bern 1914 unter dem Titel «Arbeit macht stark» einer breiteren Öffentlichkeit vorstellte.[15] Einmal auf dem Zürichberg angekommen, wohnte der Neufundländer im Hundehäuschen, ein Miniaturversion der «Hagrose».[16]

Bei der erwähnten Quelle pflanzte Albert Bäume, die sich im Lauf der Jahrzehnte zu einem Wäldchen entwickelten. Um die Stämme rankte sich Efeu, der Schlupfwinkel für verschiedenste Vögel bot. Idyllisch war dieses Stück Natur zweifellos: «Die Kinder zählten später auf ihrem Sommersitz etwa 35 Arten von Singvögeln, die Durchzügler mitgerechnet. Meisen, Finken und Rotkehlchen waren so zahm, dass sie Futter von der Hand holten und sich zutraulich in den Wohnräumen aufhielten. Immer neue Freude brachten auch die vielerlei Falter am Wiesenrain.»[17] Für Vögel interessierte sich die ganze Familie, doch scheinen sie sich nicht immer einig gewesen zu sein, wie mit ihnen umzugehen war:

«Arnold hört mich nicht gern Harmonikablasen. Wir schauen einem Vögelein auf dem Dach zu. Ich blase Harmonika, um es zum Singen aufzumuntern, Arnold aber sagt: ‹Dätte das Vögeli will glaub ich lieber ganz still uf em Dach obe höckle!›»[18]

Vielleicht litt der kleine Arnold tatsächlich, denn anlässlich seines 80. Geburtstags erinnerte sich einer seiner Mitarbeiter an sein fantastisches Gehör: «Dabei pfeift irgendwo ein Vogel. Sogleich sind die immer hinten im Feldbuch liegenden Notenblätter zur Hand, und im Nu ist die Vogelstimme mit Heims eigener Kurvenschrift, auf sein absolutes Gehör abgestimmt, aufgezeichnet.»[19]

Arnold beschrieb den Alltag seiner Eltern: «Im Giebel des Sommerhäuschens hatten die Eltern ihr kleines Arbeitszimmer mit herrlichem Blick auf See und Gebirge; hier sassen sie an einem grossen Tisch einander gegenüber und schrieben, mit beruflichen Arbeiten meist bis Mitternacht beschäftigt. Trotz der Tagesarbeit des Vaters in der Hochschule, der Mutter in der Sprechstunde oder auf Krankenbesuchen, nahmen sie sich oft Zeit, sich mit den Kindern zu beschäftigen.»[20] Marie war eine knappe Viertelstunde Fussmarsch von ihrer Praxis entfernt und für ihre Patientinnen wie gewohnt erreichbar.

Gegner des Frauenstudiums befürchteten, dass der Zugang zu den Universitäten das Aus der tüchtigen Hausfrau bedeuten würde. Diese Herren kannten Marie nicht näher. Berichte über Tätigkeiten in Haus, Garten und im Schinznacher Rebberg ziehen sich während Jahrzehnten wie ein roter Faden durch ihre Korrespondenz. Wie wichtig die hausfraulichen Tugenden für das Ansehen der Akademikerin waren, zeigt die Reaktion ihrer ersten Biografin: «Vorbildlich ist auch, wie sie in ihren freien Stunden und Ferienzeit ihre häuslichen Talente betätigt und so das Gebiet der weiblichen Ärztin anbaut, die Ärztin und Frau sein will und die von jeglicher Blaustrümpfigkeit himmelweit entfernt ist.»[21]

In Bözen hatte die kleine Marie mit den Bauernkindern gewetteifert und stolz gleich viele Körbe voll Kartoffeln wie diese nach Hause getragen. Auch Frau Doktor betrieb ehrgeizig Selbstversorgung und war überaus zufrieden, wenn ihre «Landwirtschaft» gar finanziell rentierte und sie den Überschuss verkaufen konnte. Zwar nahmen Marie und Albert auch die Dienste eines Gärtners in Anspruch, doch hielt sich Marie

Marie mit einem kleinen Löwen aus dem Tierpark des Bildhauers Urs Eggenschwiler (1849–1923). Der schwerhörige Urs Eggenschwiler war ein Freund der Familie Heim. Er malte und modellierte Tiere. Mehrere Löwenskulpturen sind noch heute Bestandteil des Zürcher Stadtbildes (Hafen Enge, Stauffacherbrücke). Sein Tiergarten auf dem Irchel war der Vorläufer des Zürcher Zoos. Albert war ein grosser Bewunderer des Künstlers und versuchte, ihm Aufträge zu verschaffen.

Familienleben vor dem «Hüsli». Das Bild ist nach 1905 entstanden, denn der Anbau steht bereits. Arnold schaut in die Ferne, Marie strickt neben Sophie. Helene und der Neufundländer, ein wichtiges Familienmitglied, liegen im Gras, Albert steht im Fenster des Anbaus, dessen Entstehung er begleitet und überwacht hatte.

selbst oft im Garten auf. Früh wurden die Kinder mit einbezogen. Der gut zweijährige Arnold erhielt eine Gärtnerschürze geschenkt. «Die grüne Gartenschürze macht ihm gar sehr Freude. Er hat solche stets am Gärtner Hans gesehen: ‹Das ist jez es Bobi wo n en Hans ist!› ruft er auf sich selbst zeigend aus.»[22] Der Gärtner Hans Schaffner war ein Bruder der so sehr geschätzten Haushalthilfe Jetti. Das landwirtschaftliche Gebiet rund ums «Hüsli» hatten ihm Heims verpachtet.

Später hatte Arnold auch ein eigenes Gärtchen: «Heute will Arnold die schönsten Blumenstöcke seines Gärtchens ausgraben und auf Leo's Grab setzen, das geschieht. Vom Spaziergang bringt er in Meitis Wägeli einen grossen Stein ‹für en Grabstei dem Leo!›»[23]

Trotz der rudimentären Einrichtung bewirtete die Familie Heim im «Hüsli» regelmässig zahlreiche Gäste. 1899 feierte Albert das 25-Jahre-Jubiläum seiner Tätigkeit am Polytechnikum. Einige Tage nach dem offiziellen Fest wurden die Studierenden auf den Zürichberg eingeladen. Arnold beschrieb den Anlass: «Zur Eröffnung wurde ein mannshoher, vom Professor selbst verfertigter Heissluftbalon losgelassen. Er trug zu Ehren seiner Gattin die Aargauerfarben und flog auch Richtung Aargau. Dann gab es ‹Sackgumpis›-Konkurrenz, ‹Hoselupfe›-Zweikampf, ‹Geltetanzis› und andere Älplerspiele auf der Wiese. Der Professor rang lange Minuten mit seinem Assistenten Dr. Hans Hirschi, bis er schliesslich, als der Schwerere, siegte. Dazwischen wurde gejodelt und Alphorn geblasen wie an einem richtigen Älplerfest. Schliesslich gab es noch ein Jugendturnen und Armbrustschiessen, dann Preisverteilung [...]. Es versteht sich, dass zu den riesigen ‹Wähen› nur alkoholfreie Getränke aufgetischt wurden.»[24] Trotz aller Bergromantik war der erste Preis intellektuell, nämlich Albert Heims «Mechanismus der Gebirgsbildung.»

Bei schlechtem Wetter muss der Aufenthalt im Chalet ein kühl feuchtes Vergnügen gewesen sein. Arnold deutete es an: «Auch auf der Talfahrt im Oktober ging es fröhlich zu; man freute sich auf allerhand Vorteile der grösseren Wohnung, wenn die Herbstnebel und die zunehmende Kälte den Aufenthalt im ungeheizten Berghäuschen ungemütlich machten.»[25]

1905 erhielt die «Hagrose» einen Anbau. Nachdem Albert sich über den «Schauderregen» beklagt hatte, berichtete er Arnold nach Berlin: «Heute beginnt die Bauerei des Anbaues. Und ich muss jetzt etwas dabei bleiben, bis die Sache in gutem Gang ist.»[26] Während Albert den Bau überwachte, vergnügten sich Mutter und Tochter auf einer Bergtour: «Von Munti und Meite allerbeste Berichte. Sie steigen auf einen 2880 m hohen Berg. Munti will 14. oder 15. zurück sein.»

Als sich Albert nach Maries Tod im «Hüsli» niederliess, hatte das Chalet eine bessere Heizung und eine Beleuchtung bekommen, aber noch immer hatte es kein fliessendes Wasser! Helene blieb bis zum Abbruch der Liegenschaft im «Hüsli» wohnen.

Neben ihrem Aufenthalt am Zürichberg zog es Marie und Albert auch sonst ins Grüne. Im Frühling verbrachten sie oft einige Tage in Lützelau bei Weggis am Vierwaldstättersee, und im Herbst stand fast immer Richisau auf dem Programm. Marie hatte einer tuberkulosekranken Brugger Freundin, Marie Belart-Jäger, ihre Lieblingsdestination für einen Erholungsaufenthalt empfohlen. Nicht alle teilten Maries Begeisterung für das ganz einfache Leben. Marie Belart beschrieb den

«Kurort»: «Man sieht, dass die Leute alles recht zuthun und einrichten wollen, aber es fehlt noch ungeheuer viel. Alle Zimmer sind zu 2 Betten, sehr hoch und gut gebaut, aber wegen ihrer Neuheit doch noch feuchtelig […]. Die Betten haben einen garstigen Geruch; von den neuen Federn, heisst's. Von Kommoden und Schränken ist auch keine Rede; man hängt alles an den Wänden herum.»[27] «Ein Waschtisch steht da mit einigen Schiebladen und ein Tischchen daneben.»[28] Marie war mit der Familie Stehli sehr befreundet: «Die gute Frau Stehli ist sehr zart und kränklich und einem solchen Haushalt nicht gewachsen […]. Es ist nirgends Ordnung und ein rechtes Ineinandergreifen. Dass einem etwas gebracht würde, davon ist keine Rede; man muss allem selbst nachlaufen […], man macht sich einfach sein Bett und sein Zimmer selbst, holt sich sein Krüglein im Keller, seine Milch in der Küche, seine Kerzen, Zündhölzchen, Gläser und was man braucht, dann ist's gut.»[29]

Höhepunkt des Winterhalbjahres war das Weihnachtsfest. Obwohl Marie und Albert Agnostiker waren, feierten sie Weihnachten mit grossem Aufwand. In einer Ansprache an die Familie legte Albert jeweils seine ethischen Vorstellungen dar. Arnold erinnerte sich: «Mehr als solche Ansprachen erfreute die Kinder des Vaters schönstes Geschenk an die ganze Familie, der vom Boden bis beinahe zur Decke reichende Christbaum. Nie haben sie je Weihnachtsbäume von solch feierlicher Schönheit gesehen wie die von ihm geschmückten. Mit grobem Kochsalz und Gummi wurde die schöne, schlanke Tanne in langer, mühsamer Nachtarbeit ‹bereift›, mit weissen Kerzen besteckt und mit wenigen auserlesenen schönen Kugeln behangen. Von dem Werden dieses Wunderwerkes merkten die Kinder nie etwas, und es fiel ihnen gar nicht ein, danach zu fragen: denn der Christbaum war für sie wie ein Besuch aus einer anderen Welt, der unbemerkt kam und unbemerkt wieder verschwand.»[30]

In Arnolds Album beschrieb Albert Jahr für Jahr den Festtag. Einige Monate vor Helenes Geburt beispielsweise: «Christbaumfreude, jauchzende, jubelnde unermessliches Entzücken. ‹Aber s'allerischönst ist doch was de Bobi übercho het, de Baum!› Die andern Sachen erregen sein höchstes Entzücken nachher ebenfalls. Er wird nicht aufgeregt, er ist ganz freudig ruhig. Er holt aus seiner Freude heraus plötzlich ‹Munti› um ihr IHRE Geschenke zu zeigen ‹aber lueg au da Munti was du über-

Der Weihnachtsbaum spielte im Leben der Familie Heim eine grosse Rolle. Auf dem Ofen im Hintergrund ist ein ausgestopfter Vogel erkennbar.

chunst!› Schöne Stunden für alle, die dabei waren, denk ich, dann beschleicht mich Wehmuth, dass sie schon vorbei sind!»[31] Als Weihnachtsgabe hatte Albert für Marie ein Bild gemalt: «Er sieht oft das Bild, das ich Mutter zu Weihnacht male, er hält aber bestes Stillschweigen und verräth nichts, dagegen verräth er, was er selbst Munti geben wird.»[32]

Ab 1892 übte Marie mit ihren Kindern als Weihnachtsgeschenk für Vater und Grossmutter ein Hauskonzert ein. Für die Hausfrau bedeuteten diese Tage neben aller Freude eine enorme Belastung, wie ein Brief von 1912 in Erinnerung ruft: «*Aber der Tag hat mir noch nie eine Stunde Ruhe geschenkt, um ihn [den Brief] wirklich zu schreiben. Nie war ich auch nur eine Viertelstunde allein, denn ich kann nicht mehr wie früher, am Morgen um fünf zur Weihnachtszeit aufstehen, um allein zu sein.*»[33]

Schon 1890 war Marie in einem Brief an Johanna Hundhausen deutlich geworden: «*Auch die Tage sind mir schwer geworden, zuerst durch den Druck der beständig und in solchen Zeiten in besonderem Masse auf mir liegt, dann durch unvernünftig strenge Arbeiten, Leggete aller Arten sogar während unserer Bescherung und ganze Nächte lang, und dazu über die Weihnachtstage 5 Tage Migräne, die mich vollends widerstandsunfähig machte.*»[34]

Helene und Marie – eine Mutter-Tochter-Beziehung mit Tücken

Während ihrer zweiten Schwangerschaft war Marie bereits 40 Jahre alt und von der körperlichen Anstrengung entsprechend mitgenommen: *«Ich bin eine schlechte Korrespondentin geworden. Überhaupt in den letzten Wochen eine so schwerfällige Maschine, dass mir alles zuviel ist; zuweilen bin ich noch zu müde, um im Bett zu liegen. Der Kopf wäre ganz herrlich frei, seit dem 4. Januar kein Kopfweh mehr. Ich glaube, es wäre mir am wohlsten in der Lage der Mastgäuche, wo man sich nicht einmal rühren kann, wenn man noch wollte, aber gründlich vollgeschoppt wird. Bei Arnold war ich erst in den letzten Tagen, wie jetzt schon seit acht bis vierzehn Tagen. Klagen möchte ich trotzdem nicht; denn es fehlt mir absolut nichts, nur dass mir eben jede Bewegung Mühe macht. Die Beine wollen nicht mehr die Treppe hinauf und auch auf der Strasse wollen sie nicht mehr marschieren, obschon ich sie nicht einrosten lasse, sondern täglich noch Krankenbesuche mache. Natürlich auch noch mehrstündige Sprechstunde. Das Unangenehmste ist, dass ich für Arnold nicht mehr sein kann, was ich wollte. Wenn man jede Bewegung scheuen muss, ist man nichts für ein so lebhaftes Kind. Er ist jetzt wieder wilder als um Weihnacht, nicht mehr gar so über die Massen brav wie damals, aber doch immer noch ein sehr lieber Bobi. Vielleicht wird es mir wieder leichter, wenn die Kälte nachlässt, und ich leichtere Kleider tragen kann. Sonst müsste ich fürchten, bis in dreieinhalb Monaten gänzlich zu verhocken. Gut, dass ich die Aussicht habe, die letzten Wochen im Hüsli zu verbringen, wo ich Luft haben kann, ohne mich zu bewegen.»*[1]

Nach dem Umzug auf den Zürichberg ging es Marie so viel besser, dass sie daran dachte, am längst geplanten Buch über die «Kinderpflege» zu schreiben. Eine Woche vor «dem grossen Spektakel» hoffte sie, die Niederkunft lasse nicht mehr allzu lange auf sich warten. *«Ich hätte so gerne ein Maiblümchen, und möchte nicht so ganz zum argsten Grad von Unbeweglichkeit gelangen. Immerhin bin ich dabei sehr vergnügt und freue mich über Gegenwart und Zukunft, fürchte mich auch gar nicht vor dem grossen Spektakel. Wenn ich dem kleinen nur wieder ein gutes Munti sein kann wie dem Bobi. Erst jetzt vergibt es mir der Bobi wohl, mit grösster Anhänglichkeit und Zärtlichkeit und mit immer wirklich rührender Sorgfalt für mich. Ich hätte gedacht, ich würde ihm ganz verleiden, da ich so gar nicht mit ihm spielen und laufen kann wie sonst, aber es ist das Gegenteil.»*[2]

Das Leben ging seinen gewohnten Gang. Am Tag vor Helenes Geburt kamen Schwägerin Sophie und Grossmutter Sophie Heim-Fries zu Besuch, Alberts Freund Professor Schröter blieb gar bis zum Mondaufgang. Dann setzten sich Marie und Albert an den Schreibtisch. Als Geburtshelferin war Maries St. Galler Kollegin Elisabeth Völkin (1849–1929) vorgesehen. Sie war auf dem zweiten Bildungsweg zur Medizin gekommen und in ihrem Vorhaben von Marie unterstützt worden. Kurz vor Helenes Geburt hatte sie sich in ihrer Heimatstadt St. Gallen niedergelassen, wo sie beinahe bis zu ihrem Tod praktizierte und sich für verschiedene Frauenprojekte einsetzte.[3]

«Den 19. Abends 7 Uhr sagte Munti, es gehe gewiss noch mehr als eine Woche. 10 Uhr genossen wir auf der Laube den Vollmondaufgang und schrieben dann noch in der Studierstube. ¼ vor 11 Uhr wollten wir zu Bette, als Munti merkte, dass es vielleicht noch diese Nacht komme. 12 Uhr waren entsetzlich schmerzhafte Wehen schon so stark, das wir Noth hatten mit Auskleiden etc. Du weisst wohl, dass Marias treffliche Collegin Dr. Völkin, neu St. Gallen, hier weilt auf unser Gesuch, Ferienaufenthalt und Hilfe für uns. Sie schläft im Dolder und ist tags bei uns – das war stets GROSSE Beruhigung. 11.20 Uhr war sie da von mir im Dolder geholt, 11.40 Uhr war das Mädchen geboren! Also unglaublich rasch. Muntis geistige wie körperliche Energie hat sich da in allen Stücken wieder aufs Glänzendste bewährt. Das Kindlein ist mittelgross, rund und fett und allseitig gut gebildet. Hoffentlich wirst Du Freude an ihm erleben. Alles ging nun gut, alles wie bei den stärksten gesundesten Naturmenschen. Nach ½ Stunde schon suchte das Kindlein die Mutterbrust. Schon 2 Stunden nach der Geburt (nicht wie es in den Lehrbüchern heisst, frühestens 8 Stunden) sog es aus Leibeskräften an seiner Mutter, und es hat hier Ueberfluss in hohem Masse nach Quantität und Qualität! Bobi [Arnold] schlief die ganze Mondscheinnacht durch und wurde nicht gestört. Schon am ersten Tag kam Helenli auf den Balcon, das soll ein Kind gesunder Luft werden – und das tapfere Munti sieht so vergnügt drein und so gesund und betrachtet vom Bett aus die Berge. Du solltest herkommen können, liebster grosser Ungglegötti und ansehen, welche glückliche Situation hier oben gelebt wird! Bobi ist geradezu rührend mit dem Kindli besorgt und zärtlich und lieb und voll des höchsten Interesses.»[4] Mit diesen Worten kündete Albert seinem Freund Hundhausen im Mai 1886 die Ankunft der kleinen Helene an. Ihren Namen erhielt sie in Erinnerung an Alberts früh verstorbene jüngere Schwester.

Leider gab es dann doch Komplikationen: «*Heute bin ich den vierten Tag auf. Die zweite Woche ging es mir nicht gut. Ich bekam eine Darmentzündung, und es ging knapp an einer Bauchfellentzündung durch. Ich lag sechs Tage und Nächte wie ein Scheit mit warmen Umschlägen auf dem Leib und Eiskappe auf dem Kopf wegen beständigem Kopfweh. Dann ging es vorbei. Jetzt bin ich ganz ordentlich bei Kräften, aber die Beine sind noch sehr schwach.*»[5]

Über ihre Erfahrung beim Stillen schrieb Marie in der «Pflege des Kindes»: «*Was ist es für eine Freude, ein liebes Kindlein an der Brust zu halten, das mit vollen Zügen seine beste Nahrung aufnimmt, die Händchen voll Eifer gegen die mütterliche Brust gestemmt, die Augen weit geöffnet, laute Tönchen des Wohlbehagens von sich gebend, während der Überfluss der Muttermilch ihm zu den Mundwinkelchen herausfliesst! Das Glück, seinem Kind alles in allem zu sein, begreift nur die Mutter, die es erfahren hat!*»[6]

Am Geburtstag 1887 schenkte Marie ihrem Gatten Fotos seiner Kinder. Besonders Helene hatte es ihm angetan, wie er ihrem Paten schrieb.

«Liebschde grosse Unggle! Und unterdessä hämir hüt da min Geburtstag gfiiret. Aech herr je wie nächets dem Schwabealter, scho achtedriss-
gi! En schöne Tag! Händ mer gha. S'Munti hät mir halt herzige photo-
graphische Helgeli vo denen Schatzechinde, bsunders vom ‹Meiti› la
mache!»[7]

Sohn und Tochter waren grundverschieden. Helene war ein Jahr
alt, als Marie ihre Freundin Marie Ritter zu einem Besuch in Zürich ein-
lud und über die kleine Helene berichtete: «*Den ganzen Tag muss eins bei
ihm aufpassen, da es gar so flink ist und viel mehr Zerstörungsgedanken
hat als Arnold seinerzeit. Es zahnt immerwährend mit schrecklichen Schwie-
len; ich muss ihm nachts meist nasse Strümpfe anziehen, sonst hat es keine
Ruhe [...], macht ein köstliches, humoristisches, witziges Gesicht. Ein
Staatspaar dunkelblaue Augen voll Feuer sind seine Zierde [...].*»[8] Den
Charakter der 15 Monate alten Helene beschrieb ihr Vater: «Arnold hat
es etwas zu gut. Meiti wird von vornherein in ihrem Charakter viel selb-
ständiger und energischer.»[9] Helene schien sich elterlichen Erziehungs-
versuchen eher zu widersetzen als ihr Bruder: «Wenn Arnold unfolgsam
oder heftig sein will, so genügt es, ihn ruhig vor sich zu nehmen und zu
sagen: ‹Arnold was ist das, lueg mich a!› [...] Ernstere Strafmassregeln
etwa so wie bei dem viel kleineren Heleneli sind bei ihm niemals nöthig
gewesen.»[10]

An anderer Stelle: «Aber welche Verschiedenheit beider Kinder: Arnold langsam im Merken und Verstehen und langsam aber gut denkend,
Helene sehr gmerkig rasch. Arnold rasch und gewandt in Bewegungen,
Helene langsam und sehr bedächtig in den Bewegungen. Arnold sehr
musikalisch aber beim Klavier schlaff und oft unconcentrirt und mühsam. Meiti viel weniger musikalisch aber beim Klavier stramm in Haltung und Aufmerksamkeit. Arnold oft gleichgültig, Helene ehrgeizig, ob
eigenen Fehlern weinend. Arnold weint nicht ob Fehlern, sondern meistens nur ob Jodel.»[11]

Die musikalische Erziehung ihrer Kinder war Marie wichtig. Arnold hatte an Weihnachten 1889 ein Klavier bekommen und spielte dann
mit Marie vierhändig.[12]

Mit der vierjährigen Helene spielte sie Klavier, Arnold unterrichtete
sie im Singen und überwachte sein Geigenspiel. Dabei blieben ihre Hän-

de nie müssig, «zum Lesen und Üben strickte und flickte sie»,[13] wie es sich für eine gute Hausfrau ihrer Generation schickte.

Helene lernte früh, weibliche Handarbeiten auszuführen. Mit vier Jahren strickte sie ihrer Grossmutter eine Nachthaube.[14] Daneben wurde sie sportlich gefördert. *«Denkt nur, Meite fährt schon Schlittschuh. Sie bat mich so, sie probieren zu lassen, da kaufte ich ihr Schlittschühli und schon das 2. Mal musste man sie nicht mehr halten. Sie hat heute den Dätte auf dem Schlitten auf dem Eis herum gestossen. Diesen Winter ist sie so klug, kann alle Liedli auswendig, die Arnold singt, strickt ganz hübsch und stickt, dass es eine Freude ist. Sie geht mit Entzücken in den Kindergarten und hat 30 Freunde und Freundinnen, die sie auf der Strasse mit glücklichen Äuglein begrüsst. Bobi war Anfang des Winters ziemlich flegelhaft wie in Flims, seit 8 Tagen nimmt er sich sehr zusammen und ist ein sehr lieber Bub. Wenn ich es irgend machen kann, gehe ich mit ihnen aufs Eis oder Schlitten auf den Berg. Je das wäre ein Jux wenn der Unggle einmal dazu herkäme! Bobis Stimme hat sehr gewonnen, wir haben auf Weihnacht 10 Lieder für den Dätte gelernt, auch Meiti sang ein Liedlein mit Clavierbegleitung zur allgemeinen Rührung. Die Kinder sind ja trotz vielen Unarten so lieb, dass ich voll zufrieden sein sollte, wenn ich's nur könnte. Sagt guet Nacht Ihr liebe Lüt. Bald läuten die Glocken das neue Jahr ein, möge es ein schönes für Euch werden. Munti»*[15]

Als Marie diesen Brief an ihre Freunde Hundhausen schrieb, war es vor ihrer Haustüre bitter kalt, selbst der Zürichsee gefror. «Im Winter 1890 auf 91 herrschte eine so starke und lang andauernde Kälte, dass sich bis weit in den See hinein eine Eisdecke bildete, die mit Sicherheit begangen und befahren werden konnte. Das kommt nur selten vor, und es wurde wie ein Volksfest gefeiert. Ein Gewimmel von Schlittschuhläufern belebte die dunkle Fläche, es gab Buden mit Erfrischungen, Musik, Beleuchtung, und der Jubel ging bis in die Nacht»,[16] erinnerte sich die ehemalige Zürcher Studentin Ricarda Huch. Am 27. Januar 1891 durfte die Bevölkerung mit polizeilichem Segen den Zürichsee in allen Richtungen begehen. Selbst «Velocipedisten» (Velofahrer) wagten sich aufs Glatteis.[17]

Eine Episode aus Arnolds Album illustriert, wie sehr sich Marie ein «braves» Töchterchen wünschte: «Arnold ist schon lange im Bett und wir halten ihn für schlafend, da ruft er Mutter, sie solle kommen, er müsse sie nothwendig noch etwas fragen. Mutter geht zu ihm und Arnold frägt sie: ‹Säg ist eigentli s'Meiti es SCHÖN's Chind?› Mutter antwortet, dass das gerade nicht, Mund zu gross besonders wenn es ein unzufriedenes Gesicht mache und Schönheit eigentlich auf der Bravheit des Gesichtes und der Gedanken beruhe und das Gesicht herzig sei, wenn liebe Gefühle und Gedanken darin sind; am schönsten sei das Meiti gewöhnlich, wenn es Klavier spiele, dann mache es ein leuchtendes Gesichtlein. Das nächste Mal wie Meiti am Klavier sitzt und intensiv spielt kommt Arnold und betrachtet es mit gespanntester Aufmerksamkeit und leuchtend vergnügtem Gesichte die längste Zeit.»[18]

Zu einer wesentlichen Frage bleiben die Quellen stumm: Was empfand die fünfjährige Helene bei der Ankunft des kleinen Hanneli? Musste sie gelegentlich den Eindruck gewinnen, sie werde von ihrer Mutter im Vergleich zur kleinen Pflegeschwester zurückgesetzt? Marie verabscheute alles, was nach modischem Firlefanz und Eitelkeit aussah. Helene wünschte sich sehnlichst einen «Bogensträhl.» «Dieser Traum ist dem Kinde nie erfüllt worden. Das Pflegeschwesterchen Hanneli hingegen durfte einen haben, weil es die Schönheit eines solchen ‹Bogensträhls› nicht so hoch empfand.»[19]

Auf dem Weg zu einer eigenen Identität fand Helene später zur christlichen Religion und erteilte in ihrer Pfarrei Fluntern Sonntagsschule. Damals war eine ihrer kleinen Schülerinnen hingerissen von Helenes Schönheit![20] Arnold, der skeptischen Tradition der Familie verpflichtet, tat sich schwer mit der Entwicklung seiner Schwester. Marie nahm ihre Tochter in Schutz: «*Taste nicht an Meitis Religion! Lass sie ihm und freue dich darüber für es, wenn du sie schon nicht mitfühlst und darum nicht recht verstehst. O Arnold, man kann ganz frei sein von jeder Beschränktheit durch ‹Glauben› und doch durch diese Art Religion einen so festen Halt haben, dass man nie unglücklich werden kann. Über allem Irdischen bleibt noch etwas Unvergängliches, Ewiges. Gib ihm, was für einen Namen du willst, aber sei nicht traurig über die, die es besitzen. Wenn Meiti so Kopfweh hat, dass es sich nicht rühren kann, so sehe ich sein glückliches Lächeln. Das innere Glück kann ihm kein Leiden nehmen.*»[21]

Bei der Berufswahl dagegen scheint Marie Helene wenig Spielraum gelassen zu haben. Ihre Tochter hatte die zeichnerische Begabung der väterlichen Vorfahren geerbt sowie musikalisches Talent und wäre gerne Sängerin geworden. Kunst allerdings war für Marie keine Arbeit, sondern Freizeitvergnügen. Dies erstaunt an sich, war doch Alberts Bruder Ernst erfolgreicher Musikdirektor in Davos. «Als Helene später im Zweifel war, ob sie sich dem Gesang widmen oder Krankenpflegerin werden wollte, verlor sie plötzlich ihre Stimme und war im Grunde froh, auf diese Art aus dem Konflikt heraus zu sein»,[22] kommentierte Johanna Siebel. So wirklich Recht konnte es Helene ihrer Mutter trotzdem nicht machen: *«Helene ist jetzt ganz entschlossen, sich der Krankenpflege zu widmen, sobald ich es erlaube, d. h. sie für stark genug halte. Mir macht das eine sehr grosse Freude; es ist doch eins von Euch dann in Kontakt mit meinem Beruf. Wärst Du nur ein Arzt geworden, dann wäre es noch viel schöner.»*[23]

In einem Brief an Albert deutete Helene 1909 einen Konflikt an: «Mama hat mich wohl bei Dir gerechtfertigt, dass ich dir nichts Lätzes über sie gesagt habe. Jetzt ist es überhaupt ganz gut. Nun möchte ich dir noch sagen, dass du mir nichts, was die Malerei betrifft, nachschicken sollst. Mina [Maries Haushalthilfe] weiss, was sie damit machen muss.»[24]

Offenbar versuchte sich Helene auch mit Skulpturen, wie der Hinweis auf das «Lehmcheibli» im folgenden Brief vermuten lässt. Die Sache mit der Krankenpflege scheint eher ein Vernunftentscheid als eine begeisterte Wahl gewesen zu sein: «Aber los, was fällt Dir auch ein, dich jetzt schon und überhaupt wegen dem Spit [Spital] zu sorgen? Ich könnte ja nirgends besser versorgt sein. Und ich kann doch nicht mein ganzes Leben verträumen. Es gibt für mich nur die Wahl zwischen Kunst und Krankenpflege, und bei der Kunst könnte ich es bei meiner zu schwachen Begabung nicht aushalten, und nun freue ich mich eben auf das andere. Ein Schulmeister kann ich leider nicht werden, weil ich das Gegenteil von einem Lehrtalent habe. Und bei jedem andern Beruf müsste ich eine Zeit lang von zu Hause fort. Ohne Berufsarbeit könnte ich höchstens sein, wenn ich auf der Stelle heiraten täte; aber da müsste doch auch in Gottesnamen zuerst einer kommen der, mich wollte und den ich wollte. Also sieh, der Spit ist das natürlichste und selbstverständlichste und beste und schönste und no meh!

1916.

Marie Ritters Porträt zeugt von Helenes zeichnerischem Talent. Maries Freundin hatte grosse Sympathien für Helene, die offenbar erwidert wurden.

Vater, Tochter und Hund. Nur zu gerne liess sich Albert in späteren Jahren von seiner Tochter Helene umsorgen. Er scheint immer einen ausgesprochen guten Draht zu ihr gehabt zu haben. Hunde gehörten bei Albert einfach dazu.

Mit meinem Lehmcheibli komme ich nicht mehr vom Fleck. Es macht ein bodenlos langweiliges Gesicht und ich weiss gar nicht was anfangen damit. Ich glaube, ich muss es wieder verheien.»[25]

Helene trat in die von ihrer Mutter mitgegründete Pflegerinnenschule ein. Zunächst sah die Entwicklung erfreulich aus, und Marie berichtete ihrem Sohn zufrieden: «*Ich lebe von Deinen Briefen und Meitis spärlichen Besuchen. Herrlich ist es, dem Meiti zuzuhören, wenn es von seinen Mannen erzählt und wie viel Schönes es mit ihnen erlebt, mit den Sterbenden und den Genesenden, soviel Liebe und Vertrauen. Würdest Du's Meiti nun für verfehlt betrachten, wenn es in diesem hingebenden Leben immer bliebe? So vielen Hunderten wohl tun und all seine hohen Talente für sie verwerten können? Nein, wahrlich, es wäre ein glückliches, ja seliges Leben.*»[26]

Vater Albert hatte etwas mehr Mühe mit den Aufgaben seiner Tochter und seine immer noch vorhandenen Vorbehalte gegen Medizinisches schimmern im Brief durch: «Meiti geht es gut, es ist frisch und glücklich in seiner z. Th. entsetzlichen Arbeit!»[27]

Ob sie sich während ihrer Ausbildung oder bei ihrer Mutter mit Tuberkulose ansteckte, ist nicht ganz klar. Arnold jedenfalls empfahl in einem Brief an seine Mutter, Helene solle ihre Arbeit im Spital aufgeben.[28] Ein Jahr später schrieb Marie im Geburtstagsbrief an Albert erleichtert: «*Es ist ja wirklich wunderbar, wie es Fortschritte macht; jetzt muss man nur zurückhalten. Es würde den ganzen Tag herumstägeren, wenn ich es erlaubte.*»

In dieser Zeit war Marie selbst bereits schwer krank, wollte aber nicht, dass ihre Tochter ihre Ausbildung unterbreche, um sie zu pflegen. Ein mit Bleistift hastig hingeworfener Brief gibt eine Vorstellung von den Missverständnissen zwischen Mutter und Tochter. Helene, die in der Pflegerinnenschule wohnte, schrieb an ihre Mutter:

«Mama, versuche doch einmal mich zu begreifen und leg mir nicht alles als Böses aus. Wenn ich dich sehe, wie grenzenlos elend du aussiehst und dann nicht mit dir gehen und dich erst noch im Dunkeln allein heimgehen lassen muss, ich müsste ja das herzloseste Geschöpft von der Welt sein, wenn ich nicht das Heulelend bekäme. Und wie kann ich das anders verbergen als mit Wüsttun? Und dann sagst du, ich sei bös und du könnest mir nichts recht machen – da könnte ich dann schon mir Recht böse werden, wenn du so harte Sachen sagst. Ich habe es ja immer gesagt, es ist für dich und mich besser, wenn du nicht kommst. Ich kann es einfach nicht ertragen, dich so zu sehen, wenn du mich nicht heimkommen lässt. Also sag doch nicht mehr, ich sei bös. Wenn du so schlecht von mir denkst, so kannst du mir grad so gut für einmal die Tür weisen. So lange du in diesem Zustand arbeitest und mich nicht nach Hause kommen lässt, kann ich nicht anders als ‹böse› sein, wie du es nennst. Sage mir einmal, dass du das begreifst, dann habe ich doch ein wenig mehr Ruhe. Gute Nacht.»[29]

Im Spätherbst 1912 erhielt Helene ihr Diplom. Noch immer war ihr Gesundheitszustand prekär. Im Sommer 1914 hielt sich Marie zur Erholung in Braunwald auf. Ihr eigener Zustand bekümmerte sie, und sie machte sich Sorgen um Helenes psychische und physische Verfassung: «*Ich bin nicht zufrieden und gar nicht ruhig. Es ist weniger gut als in der ersten Woche dort oben […]. Das ist immer das Gespenst bei allem, die Furcht, dass es sich an mir infizieren könnte. […] Meiti ist ja so verschieden von anderen jungen Menschen, so absolut geduldig und ergeben, ohne die geringste Klage. Es scheint mir immer, darin liege auch ein Mangel an*

Willen zum Leben. Wenn es betet, so ist es gewiss nicht: ‹Lass mich gesund werden›, sondern: ‹Herr, wie Du willst, zum Leben oder Sterben.›»[30]

Ein Röntgenbild hatte ergeben, dass Helene ein zu kleines Herz hatte. Marie erinnerte sich mit schlechtem Gewissen daran, wie ihre Tochter früher nicht mit auf Veloausflüge kommen wollte: *«Das Bergsteigen war ihm ja immer eine Qual. Und ich habe auch eher gemeint, es sei ein wenig Phlegma und habe es wohl zu wenig geschont. So macht man seiner Lebtag immer Fehler, die sich dann mit den Jahren rächen.»*[31] Nach Helenes Rückkehr fragte sich Marie, ob sie mit ihr in den Süden fahren sollte. *«Aber gell, ich muss dann nicht immer fort sein, wenn Du endlich wieder hier bist!»*,[32] schrieb sie im gleichen Atemzug an Arnold.

Während die Welt kurz vor Ausbruch des Ersten Weltkriegs stand, machte sich Arnold in den Vereinigten Staaten Sorgen um die Familie: «Die Berichte von Meiti sind traurig. Umso schneller sollte ich heicho, und ich habe den Londonern geschrieben, damit sie gleitig machen mit einem Stellvertreter [...]. Es ist schüli fatal, dass Du [Marie] nun wieder allein sein sollst.»[33] Helene, ihrerseits schwer krank, sollte strikte Bettruhe bewahren und zu Hause gepflegt werden, in den Augen der Tochter für Marie eine viel zu ermüdende Aufgabe. Helene wollte nicht zusehen, wie ihre Mutter die eigenen Kräfte falsch einschätzte und sich überforderte, weshalb es sie fort drängte. – Inzwischen war der Krieg tatsächlich ausgebrochen. *«Weisst, es ist hart, so lange Zeit auseinander gerissen zu sein. Meitis défaillance in solchen Zeiten, und Deine Verschollenheit, das sind zwei tiefe Wunden, die der gottlose Krieg mir persönlich geschlagen hat [...]. Wenn Du hier wärest, ich glaube, Du wärst auch als Freiwilliger gezogen. Dann hätte ich doch auch ein Kind im Vaterlandsdienst.»*[34]

Zusammen mit ihrer Freundin und Lebenspartnerin Annemarie Bachofner pflegte Helene nach ihrer Rückkehr vom Krankheitsurlaub die schwer kranke Mutter. Marie starb am 7. November 1916. Einige Zeit nach ihrem Tod zogen Albert, Helene und ihre Freundin ganz ins «Hüsli».

Albert hatte Schwierigkeiten, Helenes religiöse Wahl zu akzeptieren. Trotzdem verstand sie sich mit ihrem Vater bestens und wagte im Erinnerungsbuch sogar, seine depressive Seite anzusprechen: «Wer Albert Heim nahe stand, musste empfinden, dass unter der meist heiteren, immer freundlichen Oberfläche seines Wesens dunkle Ströme von Schwermut zogen. Immer wieder rühmte er die Arbeit als einzige Zuflucht, einzigen Trost, und die forschende Arbeit als das höchste Glück des Lebens.»[35] Im Gegensatz zu Marie, die bis zum Schluss die Fäden nicht aus der Hand geben wollte, liess sich Albert gerne umsorgen und war ein einfacher Patient.

Als 60-Jährige sah Helene die Beziehung zu ihrer Mutter mit einer gewissen Gelassenheit: «Ich geniesse die heisse Jahreszeit und günne Brombeeren oder jäte oft stundenlang in der brennenden Sonne im Hemli. Jetzt mache ich solche Arbeit mit Freuden, und ich denke oft mit Schmerz, wie ich als junges Mädchen süchelte, wenn ich Munti bei so öppis helfen sollte und wie ich ihm und mir dadurch viele Stunden verdarb, die hätten schön sein können.»[36]

Die Sternschnuppe –
Röslis Geburt und Tod

Das Jahr 1889 begann hoffnungsvoll mit der Vorfreude auf Maries drittes Kind, doch brachte es ihr und Albert schwersten Kummer: Geburt und Verlust des Töchterchens Rösli und in der Folge gesundheitliche Probleme bei beiden Ehegatten. Wenigstens ein Problem erledigte sich: Im Frühling 1889 wurde die Auflösung des Geschäfts von Alberts Vater Konrad Heim abgeschlossen. Mit der Zeit würden Albert und Marie die restlichen Schulden tilgen können, wirtschaftlich hatten sie wieder eine Zukunft.[1]

Am 20. Februar brachte Marie ihr drittes Kind Maria Rosa, genannt Rösli, zur Welt. Geburtshelferin war diesmal die eben von einem Londoner Studienaufenthalt heimgekehrte Ärztin Anna Heer (1863–1918). Zum Verlauf der Geburt notierte Albert «Dammriss, Operation», es verlief also nicht alles nach Wunsch. Anna Heer vertrat Marie während des Wochenbetts auch in der Praxis. Einige Jahre später gründete sie zusammen mit Oberin Ida Schneider und Marie die Schweizerische Pflegerinnenschule. Wie stets versuchte Marie selbst in diesen Tagen verschiedenste Dinge nebenher zu erledigen. So zeichnete sie zur Unterstützung des Zürcher Frauenbundes zur Hebung der Sittlichkeit am 21. Februar Obligationen für dessen Projekt «Pilgerbrunnen».

Im Alter von knapp sieben Wochen erkrankte Rösli an einer Hirnhautentzündung. Zwar war Kindersterblichkeit damals viel verbreiteter

Maries Kollegin Anna Heer war Frauenärztin, Chirurgin und Gründerin der Schweizerischen Pflegerinnenschule, die sie als Direktorin leitete. Eine gründliche Ausbildung und die soziale Besserstellung der Krankenpflegerinnen und -pfleger waren ihr bis zu ihrem Tod ein wichtiges Anliegen. Sie ist eine der wenigen Schweizer Frauen, deren Andenken mit einer Briefmarke geehrt wurde.

als heute, doch litten die Eltern deswegen nicht weniger am Verlust, wie die Berichte der folgenden Monate belegen. Nachdem Röslis Gesundheitszustand kritisch wurde, informierte Albert die Geschwister: «Wie ich Arnold von der schweren Krankheit sage, rollen ihm die Thränen über die Wangen.»[2] Auch ein herbeigerufener Spezialarzt konnte nicht mehr helfen.

Die treue Haushalthilfe Jette besprach das drohende Unglück mit Arnold: «Das kleine Kindchen liegt todtkrank. Jetti sagt zu Bobi, es sei so schwer krank, dass es vielleicht sterbe. Bobi: ‹Jä herrje, dänn wär ja alles die Schmerze und Sache, wo s'Munti gha hät, vergäbe und müesst ja si na e mol ha – hiess dänn s'folgend au wieder Marie Rosa?› Die Frage klang so, als sei der feste Gedanke massgebend, es MÜSSTEN 3 Kindlein sein und kein Gedanke, dass es nicht ersetzt werden MÜSSTE.»[3]

Am folgenden Tag trat Arnold zu seinem ersten Schulexamen an. Wie üblich hatten die Kinder am letzten Tag des Schuljahres in einer Art «Tag der offenen Tür» einer weiteren Öffentlichkeit vorgeführt, was sie gelernt hatten. Albert schaute nur schnell im Schulhaus gleich um die Ecke rein, denn er wollte beim sterbenden Rösli bleiben. Frau Schröter, die Gattin des befreundeten Botanikprofessors Carl Schröter, sowie Grossmutter Heim vertraten die Familie.

Eine Postkarte an Familie Hundhausen gibt ein Bild vom Schmerz der Eltern: «Liebste Freunde! Munti geht's gut, aber unserem herzigen Röseli nicht. Es leidet an einer entsetzlichen Gehirnhautentzündung und wird wohl zu unserem unermesslichen Schmerz seinen grenzenlosen Qualen erlegen sein, bevor Ihr diese Karte erhaltet. Arnold hatte heute Examenstag und morgen ist mein Geburtstag. – Mög' es Euch und Euren Kindlein wohl ergehen. Dätte und Munti».[4]

Marie war völlig verzweifelt. Nach Siebel soll sie noch 25 Jahre später erklärt haben: «*Seit Röslis Tod habe ich nie mehr von Grund aus glücklich lachen können.*»[5] Albert versuchte sie aufzurichten. Er zeichnete für sie den kleinen Sarg mit Leichlein und Totenkranz, Marie hängte das Bild über ihrem Bett auf.[6] Helene brachte ihrer Mutter die Puppe, um sie über den Verlust des Kindchens hinwegzutrösten.[7] Die Geschwister reagierten unterschiedlich: «Später aber spricht Bobi wenig mehr von Rosa, nicht eine Ahnung von dem feinen Zartgefühl mit dem Meiti sich des Schwesterchens erinnert – oft recht hölzern.»[8]

In den folgenden Monaten war Marie als Mutter und Ärztin gefordert. Zuerst hatten Arnold und Helene Windpocken. Dann brachen auf dem Zürichberg die Masern aus. Am 5. Juni meldete Marie dem «Hottinger Krankheitsanzeiger» die Erkrankung von Arnold, Helene und der Nachbarstochter Anna Hess, eine Woche später folgten deren Brüder Paul und Hans.[9] Die Erholung liess lange auf sich warten. Noch im Dezember schrieb Marie an Johanna Hundhausen: «*Die Kinder sind ge-*

sund, aber Helenli [ist] seit den vielen Krankheiten doch nie so stark ge-
worden wie früher. Ich gebe jetzt Lebertran, sie hat fast beständig Schnupfen
und seit den Windpocken kleine geschwollene Drüschen am Hals.»[10]

Albert hatte alles darangesetzt, seine Frau aus ihrer Apathie heraus-
zuholen und ins Leben zurückzuführen. Kaum ging es ihr etwas besser,
brach er zusammen. Der Sohn berichtete: «Als es dem Sommersemester
entgegen ging, war der Professor erschöpft durch monatelange Schlaflosigkeit mit krankhaften Angstvorstellungen und gequält vom Gefühl,
seine Pflichten nicht mehr erfüllen zu können.»[11]

Röslis Tod hatte Albert zweifellos sehr mitgenommen, seine Gesundheit war jedoch schon seit längerer Zeit angeschlagen. Möglicherweise hatte der Unfalltod seines Assistenten Albert Wettstein die Angst-
zustände ausgelöst. Dieser war 1887 mit fünf Kollegen an der Jungfrau
abgestürzt. Wochenlang beschäftigte der Vorfall damals die Presse.[12] Auf
einer Bergwanderung im Klöntal mit Marie und Arnold glaubte Albert
plötzlich, der tote Freund und seine Kollegen würden vor ihm stehen
und ihm den Weg verbarrikadieren. Albert wagte sich keinen Schritt
mehr weiter und die Familie kehrte um.[13] Alberts Beruf brachte weitere
Belastungen mit sich. Im selben Jahr 1887 stürzte am 5. Juli ein Teil der
Zuger Vorstadt in den See. Albert wurde telegrafisch an die Unglücks-
stelle gerufen und war bereits morgens um 9 Uhr zur Stelle, um die Hilfs-
aktion zu leiten.

Mit dem Verlust des Töchterchens verschlimmerte sich sein Zustand. Marie hatte sich soweit erholt, dass sie eingreifen konnte: «Sofort
Urlaub verlangen und aus aller Arbeit heraus! Weg von Zürich und nicht
in die Berge, wo du nur Probleme siehst, sondern ans Meer! Die Kinder
und ich gehen mit, sonst hast du keine Ruhe aus Angst um uns. Für mich
wird es auch gut sein.»[14]

Die Familie fuhr nach Coutainville in der Normandie. Arnold war
inzwischen sieben, Helene drei Jahre alt. «Täglich ging man baden; man
wanderte barfuss am Strande oder kletterte auf den mit verschiedensten
Arten von Algen und Tieren besetzten Klippen umher. Man suchte und
fand wunderschöne Muscheln und baute Sandburgen, die unter dem Jubel der Kinder von der Flut überschwemmt wurden […], in dieser Umgebung fand der Vater den Schlaf wieder und erholte sich zusehends.»[15]

Marie versuchte, die Interessen ihrer Kinder mit zu leben. Sie selbst begeisterte sich für die Natur und hatte offensichtlich Spass an Arnolds Experimenten mit den Raben. Einmal brachte sie ihm aus Norddeutschland sogar einen Vogel mit, der dann aber mit den ansässigen Schweizer Raben seine Mühe hatte.

Ein Ausflug nach der Insel Jersey blieb Arnold in lebhaftester Erinnerung: «Als man dort den Dampfer zur Rückfahrt bestieg, zeigten sich Anzeichen eines kommenden Sturmes, doch ein Matrose beruhigte ängstliche Reisende lachend mit den Worten: ‹On va danser un peu›. Arnold stand an der Schiffsspitze und jubelte über das beginnende Schaukeln. Der Sturm nahm aber derart zu, dass bald alle Passagiere seekrank wurden ausser Albert Heim. Dieser konnte sich nur mit grösster Mühe auf dem Deck halten, seine Familie pflegen und auch anderen helfen. Der Dampfer, der um Mitternacht, statt um 6 Uhr im Hafen von Granville einlief, war schon als verloren vermutet worden.»[16]

Die Familie Heim bevorzugte bescheidene Unterkünfte. Auch in der Normandie wohnte sie nicht im Hotel, sondern in einer Privatpension, wo Marie einen Teil der Mahlzeiten selbst zubereitete.[17] In Arnolds Album hielt Albert einige Stichworte über diese Ferien fest: «Im Juli folgt Reise mit Eltern und Schwesterchen über Paris ins Meerbad Containville près Constance. In Paris Acclimatisationsgarten, in Containville eifrig und lustig im Meer gebadet, beinahe schwimmen gelernt. Reise auf Insel Jersey. Grosse Freude am sanften Schwanken bei der Hinfahrt. Erbrechen im Sturm auf der Rückfahrt. Nahm sich aber gut zusammen. Rückfahrt über Paris – Ueberglücklich über den Eiffelthurm dessen 2. Etage wir besuchten.»[18] Der Eiffelturm, gebaut für die Pariser Weltausstellung, die in diesem Jahr 1889 stattfand, war damals ganz neu und als höchstes Gebäude der Welt eine Sensation. Die zweite Etage liegt etwa 115 Meter über dem Boden. Die Heims waren in jenen Monaten nicht die einzigen Touristen in Paris. Man schätzt, dass 33 Millionen Interessierte die Weltausstellung besuchten![19]

Bereits im Jahr vor dieser Reise beschäftigte sich die Familie mit dem Bauwerk: «Der Eiffelthurm in Paris ist ein Gegenstand hohen Interesses für Arnold. Ich bringe ihm ein Bild desselben vergleichend mit den übrigen höchsten Bauwerken. 8. November 1888 spricht er zu Mutter: ‹Ich glaube fast, ich würde mich nicht getrauen hinaufzugehen bis oben, und fürchte, er breche.› Aber wenn du einmal hinkommst, werden schon Millionen Menschen oben gewesen sein und man wird wissen, dass er hält. Arnold: ‹aber er könnte dann auch von den Millionen Menschen lugg geworden sein und gerade dann brechen, wenn ich hinauf wollte.›»[20]

Als junge Leute hatten auch Marie und Albert auf Bergtouren etwas Wein getrunken. Nachdem Albert 1889 an grosser Schlaflosigkeit litt, bemerkte er, dass schon ein halbes Glas Wein am Tag die Nacht verschlimmerte. Ihre Ferien in Coutainville nützte Marie, um sich vertieft mit der Frage des Alkoholkonsums und -missbrauchs auseinanderzusetzen sowie die einschlägige Literatur zu studieren. In der Folge wurde sie endgültig zur Abstinentin.[21] Für den Gatten einer Patientin war sie in diesem Jahr zweimal bei ihrem Studienkollegen Auguste Forel, dem Direktor der psychiatrischen Universitätsklinik, vorstellig geworden. Forel war einer der prominentesten Vorkämpfer der Abstinentenbewegung in Zürich.[22]

Mit ihrer Überzeugung lag Marie auf der Linie der sozial verantwortungsbewussten Menschen ihrer Zeit. Die sozialen, gesundheitlichen und volkswirtschaftlichen Auswirkungen des massiven Alkoholmissbrauchs beschäftigten damals weite Kreise. Um den Konsum einzudämmen, hatte die Volksabstimmung vom 15. Mai 1887 dem Bund das Alkoholmonopol übertragen, das heisst, dieser hatte nun das alleinige Gesetzgebungsrecht über gebrannte Wasser. Statt «Härdöpfler» – Kartoffelschnaps – sollten die Konsumenten lieber das leichtere Bier trinken. Marie und ihre Mitstreiterinnen gingen einen Schritt weiter und plädierten für gänzliche Abstinenz. Auch in dieser Sachfrage waren sich die Ehegatten einig.

Marie und Albert kümmerten sich in diesen Monaten nicht nur um gesellschaftspolitische Anliegen, sondern auch um das private Glück ihrer Familie. Ein Brief an Johanna Hundhausen belegt, dass sie erfolglos versuchten, nochmals ein Kind zu bekommen. *«Das sollte ja wohl in mir freudige Weihnachtsgedanken wecken – aber ich komme noch nicht so weit, immer noch fürchte ich mich vor dem Fest, um so mehr, als noch immer keine Hoffnung auf ein neues Rösli da ist. Ich würde doch viel besser […] aufleben, wenn diese Aussicht käme. Ich arbeite noch sehr viel und bin stark wie früher, Albert auch sehr wohl. Und der gute Unggle, ist er getroster?»*[23] Voll Anteilnahme erkundigte sich Marie nach dem Geburtstermin des zweiten Hundhausenkindes, das dann doch erst im Januar 1890 zur Welt kam.

Die Sorgen dieses schweren Jahres waren mit den Festtagen nicht ausgestanden. Zwischen Weihnachten und Neujahr erkrankten Albert und Arnold an einer schweren Influenza – wieder war Marie als Ärztin und als Mutter gefordert.

Der grosse Onkel und sein kleines Geheimnis

Um Alberts Freund Johannes Hundhausen (1856–1946), den grossen Onkel oder «de gross Unggle», wie Albert ihn nach Arnolds Geburt in seinen Briefen nannte, rankt sich ein Geheimnis, das die Beteiligten mit ins Grab nahmen. Vieles bleibt ungeklärt. Unbestritten ist, dass Hundhausen Helene Heims Pate war und dass seine jüngste Tochter Hanneli 15 Jahre als Pflegekind bei Familie Heim verbrachte.

Es lässt sich weiter verfolgen, wie die zunächst überaus innige Beziehung, die den deutschen Chemiker mit Albert verband, sich spätestens nach 1905 lockerte und Gehässigkeiten Platz machte. War Marie der Grund? Hatte sie sich in Johannes Hundhausen verliebt? Hatte er ein Auge auf sie geworfen? Hatten gar beide aneinander Gefallen gefunden? Trotz Missklängen blieben die beiden Familien über ihre Kinder auf teils unheilvolle Weise miteinander verstrickt.

Johannes Hundhausen, 1856 geboren, war der Sohn eines deutschen Unternehmers, der in Hamm/Westfalen eine Stärkefabrik besass. Nach seines Vaters Tod 1881 führte Johannes Hundhausen den Betrieb weiter. Zuvor hatte er sein Studium der Rechtswissenschaften in Zürich 1876 mit einer Dissertation über «Das Motiv im Strafrecht» abgeschlossen. Im Sommersemester 1879 kehrte er nach Zürich zurück, schrieb sich an der naturwissenschaftlichen Fakultät ein und studierte Chemie.

Im April 1902 unternahmen die Familien Hundhausen und Heim einen Ausflug in Maries Heimat. Sie besuchten unter anderem Maries Geburtsort Bözen. Hier sind sie beim Picknick im Grünen.

In seinen ersten Ehejahren oder schon während der Verlobungszeit muss sich Albert mit Johannes Hundhausen angefreundet haben. Gemeinsam unternahmen sie anspruchsvolle Bergtouren. «Kommst Du den Sommer 1884 wieder einmal in die Berge, so hätte ich Lust, Dir eine Monte Rosa Besteigung in meiner Begleitung vorzuschlagen!?»[1] Das Programm jenes Sommers ist nicht überliefert, doch kam der «grosse Onkel» im August ins «Hüsli», wie die kleine Geschichte von Arnolds Sprachbegabung belegt: «Im August waren 3 Amerikaner (Prof. Emerson, Rise – Clark) bei uns. Arnold hatte grosse Freundschaft mit ihnen und interessierte sich sehr um deren Sprache. Wir sagten ihm, das sei englisch und nannten ihm einige Worte. Dann kam seine Krankheit. Mehr als 10 Tage später erzählt er dem grossen Unggle (Dr. Hundhausen): ‹Unggle dänk au die drei Herr Professore säged für Brod: bred, für ja yes, statt nei säged sie: nooo – etc.› hat Klang und Betonung genau aufgefasst und spricht sogar das th einige Male richtig aus.»[2]

Im Buch über seinen Vater beschrieb Arnold die Beziehung seiner Familie mit Johannes Hundhausen wohlwollend. «Johannes Hundhausen, ein norddeutscher Riese, war als Dr. chem. vor mehreren Jahren für einige Semester nach Zürich gekommen, um weitere naturwissenschaftliche Studien zu treiben. Er hörte Heims Vorlesungen, begleitete diesen auf vielen Untersuchungsreisen im Gebirge und befreundete sich mit der ganzen Familie Heim. Von den Kindern wurde er der grosse Onkel genannt und sehr geliebt.»[3]

Nach jahrelangem Experimentieren erhielt Johannes Hundhausen in den 1880er-Jahren das Herstellungspatent für das Kräftigungsmittel Aleuronat.[4] Der Brockhaus von 1928 beschreibt das Produkt als: «kohlehydratarmes Eiweissnährmittel aus Weizenkleber, enthält trocken etwa 87% Proteïne, 6% Fett, 1% Salze und nur 6% Stärke, statt Mehl zu Gebäck für Zuckerkranke verwendet.»[5] Ein Kilogramm Aleuronat enthielt so viel Eiweiss wie vier Kilogramm Fleisch, 140 Eier oder 14 Liter Milch. Es galt als leicht verträgliches, Blut bildendes, nervenstärkendes Kräftigungsmittel für Magen-, Darm-, Gicht- und Zuckerkranke.[6]

Während Jahren erhielt Familie Heim regelmässig Pakete mit den Hundhausen-Keksen. Arnold «hat neulich von Freund Hundhausen schon 6 herrliche grosse Bisquit aus dessen Weizenpulverfabrikat erhalten an seinen Namen adressiert.»[7] Die Kekse schienen Arnold zu schmecken, wie der Vater an anderer Stelle berichtete: «Das Büebli dankt Dir ganz besonders dafür. Es isst davon täglich mit ganz grossem Behagen z'Nüni. Gar für kein anderes Nahrungsmittel kann es sich so begeistern wie hiefür. Letzthin schob er gewaltsam so viel in den Mund, dass er nicht mehr kauen konnte und dann kam und mir bedeutete ‹use neh!› ich sollte ihm helfen, wieder etwas herauszunehmen – es war zu komisch.»[8]

Heims waren in guter Gesellschaft, selbst auf der Nansen-Expedition war Aleuronat mit dabei. – Fridtjof Nansen durchquerte im August/September 1888 erstmals das 3000 Meter hohe Binneneis Grönlands von Osten nach Westen. 1893 liess er sich in der «Fram» polwärts treiben und gelangte bis 86° 14' nördliche Breite. – Hundhausenartikel wurden in jenen Jahren verschiedentlich mit Gold- und Silbermedaillen ausgezeichnet: in Amsterdam (1883), Brüssel und Berlin (1888), Wien und Jamaica (1891) sowie Antwerpen (1894).[9]

Im Sommer 1902 fuhren die beiden Familien in die Normandie ans Meer. Die Steilküsten liegen nicht allzu weit weg von der Gegend, in der im Zweiten Weltkrieg die Alliierten während der Invasion landeten.

Albert und Marie hatten Johannes Hundhausen in den schwierigen Zeiten der Experimente finanziell unterstützt. 1884 war er erfolgreich genug, um das Darlehen zurückzuzahlen: «Also Deine Wechsel sind gekommen. Sag aber WIE VIEL hatten wir Dir gepumpt? Ich weiss es nicht mehr. Jedenfalls schickst Du mir da zu viel Geld. Ich werd's für Dich aufbewahren und habe daraus schon Deine Mitgliedschaft der Schweizerischen Naturforschenden Gesellschaft bezahlt.»[10]

Obwohl Aleuronat Preise errang, hatte Johannes Hundhausen Mühe mit der Vermarktung, wie ein Neujahrswunsch Alberts 1890 ahnen lässt: «Bhüetdech und gsegnech und erlöisech vom Aleuronathvorrath.»[11] Für die Propagierung versuchte er auch Marie und Albert einzu-

spannen. Marie glaubte nicht an die Wirkung teurer Inserate. «*[...]*
*leider hat er darüber nicht um Rath gefragt. Ich bin überzeugt, dass das In-
serieren [...] nicht viel nützt für Verbreitung bei uns. Wir können auf priva-
tem Wege viel mehr thun [...]. Wenn ich nur nicht einen so grossen Aber-
willen hätte gegen Schriftstellerei. Ein paar Aufsätze in Wiiberzitige und
andere Blätter würden sehr viel nützen, aber es ist mir zuwider. Muss sehen
wie weit ich mich Euch zu Gefallen darin überwinden kann. Heute habe
ich an die Redaction der Modewelt Berlin geschrieben. Die [...] beriefen
sich auf ein Attest von Frl. Dr. Heim aus Hamm. Das musste ich doch richtig stellen, habe den Anlass ergriffen verschiedene nützliche Bemerkungen
zu machen, die hoffentlich von Nutzen sein werden. Am meisten verspreche
ich mir aber von der Schweiz.*»[12] Wer sich Maries Namen für Werbezwe-
cke bediente, ist unklar. PR-Artikel sind offensichtlich keine Erfindung
des 21. Jahrhunderts! In ihrem Buch über Säuglingspflege schmuggelte
Marie selbst eine Aleuronat-Werbung ein: «*Leider war das Aleuronat
noch nicht im Handel, als meine eigenen Kinder noch kleine waren; sie wären sonst wohl noch weiter gekommen, wie man nach dem Vergleich ihrer
Kurven mit derjenigen meines Pflegekindes vermuten kann. Dieses ausschliesslich künstlich, aber mit Aleuronatzusatz genährte Kind, mit dem
kleinsten Anfangsgewicht [...], das etwas zu früh geboren worden war und
einen sehr schweren Lebensanfang gehabt hatte, weist in seinem ersten Lebensjahr eine grössere absolute Zunahme auf.*»[13] In Deutschland sei das
Produkt direkt beim Fabrikanten Hundhausen in Hamm zu beziehen.

Johannes Hundhausen schickte nicht nur Kekse nach Zürich. In
einem Dankesbrief erwähnt Marie eine Lokomotive für Arnold: «*Ebenso ist die Dämpfilokomotive der Inbegriff aller irdischen Herrlichkeiten für
ihn (nur am Sonntag erlaubt!) und täglich wird die Laufbahn mit Stär-
kung durch Unggle Guts in Dättes und Muntis Trott begonnen.*»[14] Johannes Hundhausen hatte einen Hang zu teuren Geschenken, was den bescheidenen Zürchern nicht ganz angenehm war: «*So habe ich auch noch
nicht gedankt für Eure prächtigen Geschenke, über die ich nun auch nicht
schimpfen darf, obschon sie so gegen alle Verabredung gehen und auch
ohne dieselbe viel zu grossartig sind [...]. Ich ärgere mich sehr, dass meine
paar armseligen Sächelchen auch noch zu spät gekommen sind, daran war
auch das ewige Leggen und die Migräne Schuld.*»[15] Was das prächtige Ge-

schenk war, lässt sich auch aus Alberts Brief nicht eruieren: «Das Geschenk an die Kinder ist aber malefiz grossartig. Es ist aber wirklich PACKEND. Wir haben es bald herausgefunden, da mir ja das Prinzip schon bekannt war und es herrscht grosse Freude darüber. – Der ‹Summervogel› ist ein nobler Prachtskerl und morgen wird Bobi zu Dr. Standfuss, dem hiesigen ersten ‹Summervögler› gehen, um über die Behandlung der [Schmetterlings-]Puppen näheres zu erfahren.»[16] Johannes Hundhausen hatte sich daran erinnert, dass Arnold Schmetterlinge sammelte.

Der Freund aus dem Norden war keine Frohnatur, wie man aus einem Brief Maries schliessen muss, den sie wenige Tage vor Helenes Geburt dem künftigen Paten schrieb: «*Wir haben viel an Dich gedacht in Deiner Einsamkeit, wie Du sie in Deinem Briefli so schilderst, dass man nicht weiss, soll man drob lachen oder zürnen. – Wüsste man nur, wie es besser zu machen wäre – aber es hat überall Haken. Es Wibli kann man Dir auch nicht so recht mit Freudigkeit wünschen, so lange Du in dem Sorgezüg drinsitzest. Zwar wäre dann schon alles rosig angeweht, aber die rechte Lebensfreudigkeit nach allen Seiten würdest Du doch nicht finden, so lange Du nicht sympathischere Arbeit hast. Das Ideal von Liebe und Arbeit muss nebeneinander stehen, wenn das Leben etwas Rechtes sein soll.*»[17]

«Ein Wibli» suchte Johannes Hundhausen intensiv, allerdings mit wenig Glück und gelegentlich noch weniger Fingerspitzengefühl. In Zürich hatte er sich unglücklich in eine Ida verliebt, die bei Marie und Albert keine Gnade fand. Marie traute seinem Geschmack nicht wirklich, wie sie im selben Brief betonte: «*Ich habe immer einen ziemlichen Schiss, Du könntest einmal aus Verdruss über die Einsamkeit ein Wibli nehmen, das doch nicht ganz das Wahre für Dich wäre. Ich hoffe aber doch, Du werdest mit dem langen Warten immer kritischer und dadurch vor einem Irrthum bewahrt.*»[18]

Im selben Jahr 1886 wurde der inzwischen 30-jährige Johannes Hundhausen aktiv und gab ein Heiratsinserat auf. Marie und Albert waren zutiefst schockiert – sie etwas mehr als er – und reagierten postwendend: «Du drückst selbst aus, dass Du den Weg eigentlich VERACHTEST, logisch weiter: musst Du nicht auch von vorneherein und mit Misstrauen und VERACHTUNG an diejenigen Wibli denken, die einen von Dir verachteten Weg zu betreten wagen? Das Munti, das eben schärfer und etwas weniger tolerant als ich in solchen Dingen ist, meint, es könnte ein Wib, das auf diesem Weg sich dir beigesellt, niemals sehen. Ich würde, falls es allen Voraussichten entgegen gut ausfallen sollte, sagen: ‹Schwamm darüber!› – nämlich über den Weg, nicht über das Wiib. – Ich kann Dir nur nochmals sagen, dass mir Himmelerdeangst ist für Dich und dass andere Wege wohl besser gewesen wären: Geh einmal an einen freundlich einfach soliden Kurort und beobachte die Wibli und mach Dich eventuell heran, oder dergleichen – aber auf den Weg der Ausschreibung geht ein TIEF angelegtes Wibli niemals ein.»[19]

Der Heiratskandidat reagierte schuldbewusst und tat alles, um seine Zürcher Freunde zu beruhigen: «Ich will Euch die Geschichte von dem cheiben Annoncli mal einfach erzählen. – Es war, das vergesst nicht, von vornherein doch eigentlich nur als ballon d'essai gemeint, wenn ich mir auch nicht verhehlen kann, dass es mir aus einer tiefernsten heissen Herzensstimmung heraus gekommen, in der ich aber mich doch für alle Fälle einem mit kritischem Interesse war [...], d. h. das Herzklopfen überwog doch das Denken, ich habe mehr nur mit getrostem Gerüstetsein gehofft, als gedacht darüber, gedacht habe ich mir gar nichts dabei ursprünglich, sonst würde ich's wol kaum gethan haben.»

25 Frauen meldeten sich auf das Inserat: «Lehrerinnen und Gouvernanten, sind fast mehr wie die Hälfte; Töchter von Professoren, höheren Officiers, von Kaufleuten (– man kann annehmen, dass die Lehrerinnen Beamtentöchter sind –) Töchter aus sehr zahlreichen Familien und solche ohne oder nur mit Stieffamilien – sind die anderen. In den verschiedensten Motiven spielt doch nur die eine weibliche Sehnsucht nach dem Glücklichwerden und Glück machen. Aber zum Donnerwetter man kann sie doch nicht alle heiraten, und eine aussuchen, das ist heillos schwer und dann thun einem auch die anderen zu leid.» Soweit so gut. Nun aber zeigte sich Johannes Hundhausen von einer taktlosen Seite. Er schickte den Interessentinnen ihre Briefe zurück und schrieb: «[...] dass ich 25 Briefe thörichter Jungfrauen erhalten und allen dasselbe gesagt hätte, dass ich es selbst für einen Manne nicht für ziemlich hielte, in einem anonymen Briefwechsel mit einer Dame zu stehen [...]. Und dann ist der Unsinn aus: der mir eine interessante Erfahrung mehr, den 25

Närrinnen vielleicht sehr viel Belehrung gebracht hat.»[20] Den Rechtfertigungsbrief an Albert unterzeichnete er mit «De arm einsam Unggle!»

Es ist unbekannt, wann und wo Johannes Hundhausen um 1887 seiner liebenswürdigen Gattin Johanna Wirtz begegnete. Für seine künftige Familie liess er sich gleich ein Haus bauen. Albert und Marie freuten sich mit ihm, und Albert riet, nicht gleich in den feuchten Neubau zu ziehen: «Wänn häschd Hochzig? Du wirschd dänn doch nid grad in es nagel neues und drum na ungsundes Huus izieh welle, sunder z'erschd in es anders guets Näscht [...]. Luegg liebschte grosse Unggle, ich cha Dir nöd säge, wi das Biwusstsi Diner Verbindung mit dem Johanneli für Eus mächtigi Freud ischt! So jez isch es doch es anders a Dich dänke, als wie auch wo de mer [an] Eisidler hät müesse dänke [...]. Gsechnech und bhüedech Dich und Di's Wibli und schlüürfed in lange Züge Euers verdient Glück – es froit si niemert meh drüber als ich und mis Wibli. Und dass Du Eus nid fast vergissest ob Diner, das fröit is dänn gliich au na ganz bsunders.»[21]

Nach Siebel soll Marie Heim Johanna Hundhausen-Wirtz bei der Geburt der beiden älteren Töchter Mathilde und Margarete beigestanden sein. Sehr wahrscheinlich stimmt es im Fall von Mathilde, die am 17. September 1888 zur Welt kam, denn Albert notierte am 23. September: «Im September kehren Vater [Albert] aus London und Mutter [Marie] aus Deutschland zurück.»[22] Bei Margarete trifft es nicht zu. Albert, an Grippe erkrankt, gratulierte Johannes und Johanna zur Tochter, die am 17. Januar 1890 geboren wurde: «Liäbschde Unggle und Tante! Nur schnell in Eile komm ich noch zu Euch, um Euch in Eile meine herzlichsten Glück- und Segenswünsche für Euer 2. Mädchen darzubringen. Möge es gedeihen und Euer Stolz und Eure Sonne und Freude werden! Und jetzt tragt Euch Sorge so gut Ihr könnt – Wie ersehnt war die Nachricht! Unggle sieh die Föifer-Influenza nicht zu leicht an, bei Verschleppung gibt's zahlreiche tödliche Erkrankungen! – Munti war in einer schauderhaften Aufregung, bis endlich die Nachricht kam, und ist getröstet, dass es so ordentlich ging. Aber schau! Euch reden und Euer gedenken und bangen – ich kann's nicht, denn ich bin von der Influenza her noch ganz dumm, so dass Gefühl und Gedanke einerseits und Sprache andererseits noch oft gar nicht parallel zu gehen vermögen.»[23]

In ihrem Weihnachtsbrief von 1889 hatte sich Marie besorgt geäussert, weil der Termin der Niederkunft unklar war. Eine Reise nach Hamm hatte sie zu jenem Zeitpunkt nicht ins Auge gefasst,[24] sie selbst war in schlechter Verfassung, ihr Rösli erst einige Monate tot. Maries Angst vor Komplikationen war berechtigt. Nach der Geburt des dritten Kindes Hanneli starb Johanna Hundhausen am Kindbettfieber. Auf dem Totenbett wünschte sie, dass das kleine Mädchen bei ihren Freunden Heim aufwächst.

Am 19. November 1891 traf Albert aus Hamm kommend mit Hanneli in Zürich ein. Wie sich wohl Johannes Hundhausen bei diesem Arrangement fühlte? Marie jedenfalls hatte endlich ein drittes Kind. «Gute Heimkehr, grosses Glück!»,[25] schrieb Albert in sein Tagebuch.

Johannes Hundhausen verkaufte seine Fabrik und brachte die beiden älteren Töchter in Internaten unter. Am 7. April 1899 kam er nach Zürich, wo er an der Hofstrasse 84 im Chalet Saxifraga («Felsensprengerin»/Steinbrech) wenige Schritte vom «Hüsli» entfernt wohnte. Ob es sich dabei um Hundhausens Lieblingsblume handelte? Hanneli blieb bei Marie und Albert, die älteren Töchter lebten bei ihrem Vater. Die beiden Familien pflegten enge Beziehungen und unternahmen viel zusammen, etwa am 3. September 1899 einen Ausflug an den Greifensee, den Arnold fotografisch dokumentierte. Johannes Hundhausen war als «Herkules am Greifensee» zu sehen. Die Mitglieder der Familie Heim waren alle eher klein, deshalb fiel der Riese aus dem Norden schon rein äusserlich auf. Im Oktober, einen Monat später, waren die beiden Familien bei der Lese in Maries Weinberg in Schinznach, im Winter vergnügten sie sich mit Schlittelpartien. Ein Jahr vor Johannes Hundhausens Übersiedlung nach Zürich hatten im September 1898 alle Ferien in Richisau verbracht.

1901/02 unternahmen Albert und Johannes Hundhausen gemeinsam eine Forschungsreise: «Eine wunderbare Entspannung von den akademischen Pflichten bot eine Reise über Australien nach Neuseeland, zu der Heim von seinem Freund Hundhausen eingeladen wurde. Dazu gewährten ihm die Hochschulen Urlaub für das Wintersemester 1901/1902. Anfang Oktober schifften sich die beiden in Genua auf einem deutschen Dampfer ein, der durch den Suezkanal und über Ceylon direkt nach Freemantle in Westaustralien fuhr. Trotz Schaukeln und Hitze wurde ge-

Am 19. November 1891 brachte Albert das kleine Hanneli Hundhausen nach Zürich. Als Pflegekind wuchs es bei Marie und Albert auf. Bis zu ihrem Tod nahm Marie lebhaftesten Anteil an seinem Schicksal. Auf dieser Aufnahme ist das Kind etwa zwei Jahre alt.

Hannelis Schwestern Thildi und Margarete kamen 1899 mit ihrem Vater nach Zürich. Arnold verliebte sich zunächst in Margarete, dann in Thildi. Marie selbst fühlte sich den «Hundhüsli» sehr nahe.

zeichnet, sobald Land in Sicht war.»[26] Bereits auf dieser Reise ergaben sich Unstimmigkeiten, wie Albert später seinem Sohn schrieb. – Wie weit diese Missverständnisse damals gingen, lässt sich kaum abschätzen. Am 26. April 1902 zeigte Marie den Kindern und Johannes Hundhausen ihren Geburtsort Bözen und im Juli/August fuhr die Gruppe ans Meer in die Normandie.[27]

Auch nach der Rückkehr aus Neuseeland verband einiges die beiden Freunde, zum Beispiel die Liebe zu Neufundländern. Hundhausens Hund Koas (geworfen am 27. März 1902) stammte aus Alberts Zucht.[28]

«Diese Kinder lasse ich nicht fahren …» – das Ende einer langen Freundschaft

«Diese Kinder lasse ich nicht eher fahren, bis sie mich fahren lassen, dann in Gottes Namen. Ich habe zu lange für sie gesorgt wie für die eigenen, oder sogar die eigenen über ihnen vernachlässigt.»[1]

Marie und Albert kümmerten sich nicht nur während Jahren um Hanneli, auch seine älteren Schwestern Mathilde und Margarete waren im Hause Heim stets willkommen. Zu Beginn des 20. Jahrhunderts lebte ihr Vater Johannes Hundhausen gut sieben Jahre in unmittelbarer Nähe des «Hüsli» auf dem Zürichberg. Dann zog er nach Deutschland zurück. Was ihn zu diesem Schritt veranlasste, ist unklar. Hatte er persönliche oder berufliche Beweggründe? Die Antwort bleibt Spekulation. Sicher ist: Die Trennung von Marie und Albert löste bei allen Betroffenen schmerzlichste Gefühle aus.

Spätestens während Arnolds Studium kam es zwischen ihm und Johannes Hundhausen zu Konflikten, die sich nach der Diplomierung dramatisch zuspitzten. Dabei muss es auch um geologische Fragen gegangen sein. Johannes Hundhausen hatte sich unter anderem negativ über Arnolds Berufswahl geäussert. Mit jugendlichem Feuer wollte Arnold dem «Unggle» unmissverständlich seine Meinung sagen. Marie tat alles, um ihn von diesem Vorhaben abzuhalten.

Albert seinerseits versuchte, die Wogen zu glätten und Arnold, der inzwischen in Berlin weilte, zu beruhigen. Es fällt auf, wie sehr der Gatte immer wieder Maries Interessen in Schutz nahm. «Zu einigen Punkten muss ich Dir noch einiges sagen. Vor allem: Du schreibst: ‹Ich werde nächstens auch Unggle meinen Standpunkt äussern müssen. Die Zeit ist nun gekommen, da die Wahrheit frei werden muss.› Munti hat Dich schon beschworen, das nicht zu thun, höchstens mündlich. Ich muss nun hier Munti ergänzen und unterstützen. Das ist nun ein Punkt, wo Dir einfach und selbstverständlich die Erfahrung fehlt. Ich erinnere mich noch sehr wohl der Zeit, wo auch ich meinte, dass man in der Art ‹die Wahrheit frei machen müsse›! Aber ich kann Dich versichern, das geht nicht, sondern erzielt immer den gegenteiligen Erfolg: nicht Aufklärung, sondern vermehrtes Missverständnis, Pein ärgster Art, grössere und unlösbare Verwicklung werden die Folge sein.»[2]

«Sodann: Du fühlst Dich Unggle gegenüber zu sehr als ehemaliger Freund, Du musst an die Ungleichstufigkeit denken. Sehr wenige Naturen und sehr wenige Verhältnisse ertragen wirkliche Offenheit auch im Worte, nicht nur im Benehmen, und wenn Du mit Unggle über diese Dinge reden wolltest, so käme das ja doch hinaus auf einen Vorwurf an ihn im Schlussresultat und das darfst Du nicht. Das würde nicht nur für Dich, sondern für uns alle eine furchtbare Katastrophe erzeugen und eine lange Pein schaffen […].»

Um Arnold zu bremsen, predigte Albert den Respekt vor dem Alter: «Du kannst nicht mit Unggle rechten über Euer gegenseitiges Verhältnis wie mit einem Schulgenossen – das geht überhaupt bei älteren Menschen nicht mehr […]. Ich weiss, dass eine Erklärung an Unggle, wie Du sie in Deinem Briefe im Sinne hattest, einen Krach erzeugte und Du darfst das vor allem Munti nicht anthun und auch mir gegenüber nicht. Ich bin in gewisser Beziehung in ähnlicher Situation. Unggle hat mir vieles zu danken, ich ihm auch. Er war aber oft auch sehr unartig gegen mich, besonders auf der Neuseelandreise – sehr rücksichtslos […].»

Es lässt sich nicht mehr rekonstruieren, auf welchen Vorfall im Zusammenhang mit der Säntisforschung die folgende Passage anspielt: «Du musst Unggle vieles Unschöne seines Benehmens nicht so streng anrechnen, sondern immer bedenken, dass Du nicht alles wissen kannst – so wenig oder noch weniger als ich, was dabei bewusst oder unbewusst mitwirkt. Nur ein Beispiel: Er hat gar kein Interesse für Deine Säntis-

arbeit gezeigt. Ich will Dir sagen warum: Für ihn besteht eine so entsetzliche und unglückliche Ideenassociation zwischen einem Unglück, das
er erlebt hat und dem Säntisgebirge, dass ich z. B. nie vom Säntis ein Wort
zu ihm sage, nie ihm etwas davon zeige, ausser wenn er, was bei gewissen
Stimmungen sein kann, selbst nach etwas fragt. Bei gewissen Zeiten und
Stimmungen ist für ihn das blosse Nennen des Säntisgebirges wie der bö-
seste Stich ins Herz und da er leider unberechenbarer Gemüths und
Stimmungsmensch mehr und mehr geworden ist, so vermag er solches
nicht zu überwinden. Also nicht wie bei einem normalen Menschen sein
Benehmen beurtheilen, sondern ihn als krank bemitleiden – nicht sich
auseinandersetzen und rechten, sondern vergessen! Und dann muss man
eben resigniren gegenüber dem früheren schönen und einen modus vivendi finden, der den jetzigen Verhältnissen entspricht, das Gute nicht
daran noch zerstört, sondern zur Wirkung gelangen lässt.»

Der 23-jährige Arnold war 1905 – unglücklich – in die erst 15-jährige
Margarete Hundhausen verliebt. Ob dies eine der Ursachen für das Zer-
würfnis war? «Betreffend die Kinder, besonders G. [Margarete] stehst Du
wohl in einer Art psychischem Irrthum. Du hast das Kind einen Grad
von Zuneigung merken lassen, den zu verstehen und erwidern es noch
viel zu kindlich war. Deshalb wurde es ihm unangenehm und es kam auf
den Ausweg abzustossen. Du hast nicht genug berücksichtigt, wie ein
Kind in diesem Alter ist und sein muss. So lass es jetzt abgeschlossen sein
in Deinem Herzen vorläufig. Das ist für Euch Beide jetzt das Beste. Damit ist mir gar nicht gesagt, dass die Zukunft nicht vielleicht doch noch
bringe, was Du jetzt für verloren glaubst – vielleicht aber bringt sie auch
anderes.»

In einem späteren Brief kam Albert auf die Auseinandersetzung
mit «Unggle» zurück. Aufgrund des Konflikts fühlte sich Arnold durch die
Nachbarschaft der Hundhausens in seiner Bewegungsfreiheit eingeschränkt: «Nun aber nochmals betreffend Unggle! Das wäre nun doch
himmeltraurig, wenn Dir Daheimsein wegen der Nachbarschaft zur
Pein würde. Darüber musst du in dir selbst hinweg kommen. Du wirst
bald sehen, dass sich da ein ganz natürlicher modus vivendi finden lässt,
der für alle ganz und gar nicht unangenehm ist. Unggle kommt kaum
alle Momente einmal herauf, Du brauchst auch nicht mehr hinunter-

zugehen. Die beiden Kinder [Thildi und Margarete] sieht man vielleicht einmal per Woche. Ohne jede stets sehr gefährliche Erörterung bildet sich von selbst der Grad und die Form des Verkehrs aus, die den inneren Thatsachen entspricht. Du darfst Dir das Dasein bei Deinen Eltern und im Hüsli wirklich nicht durch das stören lassen. Ferner rechnest Du mit Unggle sicher noch ungerecht. Wer eben von Haus aus seinen Charakter hat, und dazu dann in seinen gemüthlichen Lebensverhältnissen durch Unglück und Missgeschick so entgleist ist und das Geleise nicht wieder hat finden können und nicht mehr in das Geleise einer Arbeitspflicht eintreten kann, der wird eben entsetzlich launisch und wechselvoll. Und wenn er Dir wegen Deiner Berufswahl noch so sehr Bosheiten und Grobheiten an den Kopf geworfen hat, so denkt er vielleicht schon ¼ Stunde nachher für sich allein ganz anders und sieht ein, dass es für Dich nichts günstigeres und für mich nichts erfreulicheres geben konnte.»[3]

Albert empfahl versöhnliche Gesten: «Betreffend Säntis ists auch so: Es gibt Tage, wo er die unberechtigtsten Ideenassociationen ins Spiel kommen lässt, aber sicherlich wieder solche, wo ihn das gar nicht stört. So sind eben die innerlich ruhelosen unbefriedigten Menschen. Ich werde ihm schliesslich doch das Säntiswerk als ganzes geben trotz des Abschnittes I. C. – es ihm nicht zu geben wäre dann wieder eine positive Unfreundlichkeit, die ihn auch wieder kränken würde. Man muss nur positiven Kränkungen ausweichen und mit den Wechselstimmungen seinerseits nicht schwer rechnen. Es ist absolut nothwendig, dass Du ihm von Berlin aus – eine besondere Widmung ist ja gar nicht nöthig – Deinen Vortrag sendest, sonst gibt das noch eine schärfere Verstimmung auch gegen mich – er erfährts ja doch.»

Offenbar waren auch Spannungen wegen Marie (Brockmann-)Jerosch (1877–1952) aufgetreten, die 1902–1904 Alberts Assistentin gewesen war und in Geologie ihr Doktorat geschrieben hatte. Albert hatte ihr die Autorschaft des erwähnten Kapitels I. C. überlassen, «in der vollen Überzeugung, dass sie der Untersuchung dieser Erscheinungen nach ihrer besonderen geistigen und körperlichen Begabung und Vorbildung völlig gewachsen sei [...].»[4] Bis zu ihrem Tod blieb sie eine Freundin der Familie Heim und arbeitete auch am Erinnerungsbuch mit, das Arnold und Helene über ihren Vater publizierten. Vieles muss im Dunkeln blei-

Thildi heiratete schliesslich nicht Arnold, sondern Alberts letzten Assistenten, den Geologen Walther Staub. Sie hatte zwei Söhne und eine Tochter und lebte mit ihrer Familie lange Jahre in Bern.

ben: «Da jetzt M. [Marie Jerosch] verheiratet ist und gewiss nicht mehr viel in Geologie machen wird, wird sicherlich ein Grund sein dafür, dass er Deine eigene Berufswahl jetzt nicht mehr so widrig empfindet – so sind eben solche Menschen und da man sie nicht corrigiren kann, muss man sich von ihrem unlogischen Benehmen [...] nicht so kränken lassen. Das schwierigste im Leben ist ja auch für normaler angelegte Naturen die Stimmungen [...] zu überwinden und zu beherrschen [...]. Tolerant gegen andere, streng gegen sich, dann ist das Leben schön.»

Trotz Arnolds Studienerfolg ging es Albert in jenem Jahr 1905 schlecht. Sein ehemaliger Schüler Paul Arbenz, später Professor in Bern, notierte: «Vom Jahr 1905 an litt Heim immer mehr unter den Folgen der Überbürdung und der unablässigen Hast und Eile. Im Sommer 1908 musste er sich teilweise entlasten und sich vertreten lassen.»[5] Es ist nicht auszuschliessen, dass sich hier die familiäre Disposition zur Depression zeigte.

Arnold kam von der Familie Hundhausen nicht los. Nach Margarete verliebte er sich 1910 in Mathilde, die älteste der drei «Hundhüsli», wie sie im Familienjargon genannt wurden. Nachdem sie sich entschlossen hatte, Alberts letzten Assistenten, den Geologen Walther Staub zu heiraten, waren Marie und Albert begreiflicherweise erleichtert.

In seinen Briefen an Marie beklagte sich der Sohn, dass die Mutter Walther Staub nicht von der Ehe abriet. Albert gab zu, dass er aus egoistischen Vorbehalten den Bruch begrüsste: «Bei allem Mitleid mit den Schmerzen, die Du hast erdulden müssen, bin ich doch für Dich sehr beruhigt, dass Du am ENDE der beiden Fälle angelangt bist. Die beiden haben neben vielen guten Eigenschaften doch zu viele angeborene, anererbte und anerzogene Herzensdefekte, als dass sie Dich je dauernd hätten glücklich machen können. Und wie froh bin ich egoistisch für mich, dass nicht neue Verbindung mit der Familie Hundhausen eintritt, es war ja längst zu viel, und wenn ein Mensch, der einst so vortrefflich war, wie ‹Unggle› einst gewesen ist, so werden kann wie er JETZT ist, so ist das eine tief liegende organische moralische Eigenschaft, die sogar die Nachkommen nicht intakt lässt und Vererbung gibt. Wir MÜSSEN auf die Abstammung achten, denn die Vererbung arbeitet unerbittlich.»[6] Ob es Albert tatsächlich um Fragen der Vererbung ging oder ob ihn andere Gründe veranlassten, eine engere Verbindung mit Familie Hundhausen zu scheuen, sei dahingestellt.

Johannes Hundhausen kehrte am 17. September 1906 nach Deutschland zurück, ging zuerst nach München und kaufte dann in Unkel am Rhein einen ausgedehnten Grundbesitz. Er kultivierte das Ödland, und so entstand allmählich das Gut Hohenunkel. Er war sehr autoritär und verbot seinen Töchtern zu heiraten. Mathilde setzte sich darüber hinweg.

Marie kümmerte sich nach Hundhausens Auszug weiter um Hannelis Erziehung. Die junge Frau wurde Gärtnerin und besuchte auf Maries Kosten die Gartenbauschule des Schweizerischen Gemeinnützigen Frauenvereins in Niederlenz. «*In dieser Zeit habe ich mit dem Geld einen grösseren Kampf gehabt als je; der Gedanke an das Geld hat keine freie Freude am Geben aufkommen lassen, denn dadurch, dass ich Hannelis Lehrgeld und alles, was es dazu braucht, Kleider etc. selbst zu bezahlen habe, bin ich schrecklich knapp mit dem Geld. Das hat mich heruntergedrückt diese Zeit […].*»[7]

Es scheint schwierig gewesen zu sein, für die ausgebildete Gärtnerin eine passende Stelle zu finden, denn selbst Arnold schaltete sich aus

Sumatra ein. Es war die Phase, in der er junge Menschen möglichst weit weg von den Eltern platzieren wollte: «Ich habe Erkundigungen vom botanischen Garten Buitenzorg, wo ich Hanneli nach Ablauf Niederlenz hinspedieren wollte. Leider nehmen sie gar keine Wibervölcher. Diese Hoffnung für Hanneli ist also auch aus.»[8]

Unter anderem arbeitete Hanneli in Orselina. Marie und Helene weilten dort zur Erholung, wie Marie Arnold berichtete: «*Mit mir selbst habe ich nicht gar viel Freude, aber vier grosse Freuden erheitern doch täglich mein Leben. Dätte beinahe fertig mit Jura. – Du mit Deiner Freudigkeit und dem herrlichen Lernen nach allen Seiten […] Meiti besser als vor einem Monat […]. Die Hauptsache ist, dass es jetzt Glauben an seine Genesung und auch den Willen dazu hat, was beides lange fehlte […]. Hanneli: das Kind macht sich merkwürdig heraus in seiner Stellung. Jetzt gerade ist sehr strenge Zeit, das Haus ist überfüllt und eine Hauptangestellte plötzlich krank geworden. Da muss es überall einspringen. Frau S. rühmt bei jeder Gelegenheit, wie man es überall brauchen könne, und wie es nie missmutig werde.*»[9]

Wegen eines Streits um ein Stück Land beziehungsweise ein Servitut erreichte die Beziehung der Heims zu «Unggle» 1912 eine neuen Tiefpunkt. «*Es tut mir furchtbar leid, dass auch die Kinder beteiligt sind an dem Streit, die unsinnigen Behauptungen von Unggle einfach annehmen und wiedergeben. Bitte schreibe mir doch alles, was in der Sache geht […]. Ich muss mich ja den Kindern gegenüber doch auf einen festen Standpunkt stellen*»,[10] bat Marie ihren Mann, während sie zur Kur im Berner Oberland weilte. Die Töchter Hundhausen liessen sich offenbar von ihrem Vater überzeugen: «*Man sollte doch meinen, nachdem die Kinder schon so viel Verkehrtes und Verlogenes an ihm erfahren haben, sie hörten auf, so einfach anzunehmen, was er ihnen uns gegenüber vorsagt.*»[11]

In ihren letzten Monaten beschäftigte sich Marie in den Briefen an ihre Schwester Anna häufig mit Margarete und Hanneli: «*Es ist merkwürdig, wie die beiden eigentlich erst jetzt recht anfangen einzusehen, in wie vielem ich doch Mutterstelle an ihnen vertreten habe, und sie beweisen es mir durch grosse Anhänglichkeit und herzlichem Vertrauen. Das tut dem alten Munti gut.*»[12]

Bis zum Tod ihres Vaters lebten Hanneli, inzwischen zur Johanna herangewachsen, und ihre Schwester Margarete mit ihm auf Hohenunkel, wo Johanna mit ihrem gärtnerischen Fachwissen ein weites Betätigungsfeld fand. Johannes Hundhausen liebte grosse Gesellschaften, und die Töchter hatten jeweils die Bewirtung dieser zahlreichen Gäste zu bewältigen. Mit 50 Jahren hätte Johanna die Chance gehabt, sich zu verheiraten, was der Vater aber wiederum verbot.

Die engen Beziehungen zu den jungen «Hundhüslis» blieben bestehen. Thildi und Walther Staub heirateten 1915. Kurz darauf besuchte sie Arnold in Den Haag auf der Heimreise aus den USA. «Papa [JH] habe heftig geweint bei Thildis Abschied, dann ist er verreist», erzählte Walther Staub. Demonstrativ kam Johannes Hundhausen nicht zum Hochzeitsfest seiner Ältesten. Maries Geschenk, ein silberner Suppenschöpflöffel kam beim Haager Besuch erstmals zu Ehren. «Zu Arnold Heim bestand ein brüderliches Verhältnis»,[13] heisst es im Nachruf auf Staub. Lange lebte die Familie Staub in Bern. 1957 verlegten Thildi und Walther Staub ihren Wohnsitz nach Deutschland, um in der Nähe ihres psychisch erkrankten Sohnes Hans (*1919) zu sein, der dort in einer Klinik interniert war. – Hannelis Patin, die Künstlerin Margarete «Gretchen» Goetz (1869–1952), pflegte den Kontakt mit Hohenunkel, als sie selbst bereits im Altersheim «Pfrundhaus» lebte.[14]

Johannes Hundhausen überlebte den Zweiten Weltkrieg und starb 1946 im Alter von 90 Jahren. 1950 verkauften die Töchter das Gut an den Hoesch-Konzern, der daraus eine Erholungsstätte für Bergleute machte. Seine Enkelin Margarete Staub (*1917)[15] hat ihren Grossvater Johannes Hundhausen als interessanten, strengen Mann in Erinnerung.

Zweifellos verband Marie und Johannes Hundhausen zeitweise eine grosse Zuneigung. «Als er aber von ihr verlangte, dass sie seinetwegen ihre Familie verlassen sollte, bricht sie die Beziehung ab»,[16] berichtete Maries Urenkelin aus der mündlichen Familienüberlieferung. Was es damit auf sich hatte? Im guten Stil der vergangenen Zeiten behielten die Protagonisten heikle Geheimnisse für sich und sorgten dafür, dass deren Spuren möglichst verwischt wurden.

Die Geschichte einer schmerzhaften Ablösung – Arnolds Erwachsenwerden

Arnolds Versuch, im Alter von 28 Jahren endlich aus der vorgezeichneten Bahn auszubrechen und auf eigenen Beinen zu stehen, löste bei seinen Eltern eine schwere Ehekrise aus. Mit seinem Entscheid, auf eine eventuelle akademische Laufbahn zu verzichten, zerstörte der Sohn die Hoffnungen, die sein Vater beinahe seit Arnolds Geburt in ihn gesetzt hatte. Seine Ablösung verlief dramatisch und aggressiv, trotzdem stellte sich Marie auf die Seite ihres Sohnes – und Albert fühlte sich doppelt missverstanden und allein gelassen.

Zunächst liess sich alles bestens an. Arnold erwarb das Diplom als Fachlehrer der Naturwissenschaften am Polytechnikum und den Doktortitel der Universität. Die beiden Institutionen befanden sich noch – genau wie damals, als Marie studierte – unter einem Dach.

An Arnold, der inzwischen in Berlin forschte, schickte Albert das Doktordiplom nach. Dies ist umso erstaunlicher, als normalerweise Marie die laufende Familienpost erledigte. «Mein lieber Sohn! Inliegend das amtliche Dokument, durch welches Du zum Dr. phil. mit Auszeichnung ernannt worden bist. Dieses Resultat und dass Du mein Fach ergriffen hast und die Art, wie Du Dich darin einlebst, ist wohl eine der grössten Freuden meines Lebens die ich je erlebt habe und die ich überhaupt erleben konnte. […] Ich setze der Hoffnungen noch mehr auf Dich. Mir schwebt es vor, dass Du dereinst mein Nachfolger sein werdest und der

Wissenschaft und dem Vaterlande in ähnlicher Weise nützen werdest wie ich und getragen sein werdest von der Liebe und Achtung derer, die Dich kennen […]. Ich meinerseits will auf dem Posten bleiben so lange, dass Du Zeit hast, Dich zu vervollkommnen und zu leisten bis der Erfolg ziemlich sicher sein wird […].»[1]

Arnolds Dissertation war Teil der grossen Untersuchung über den Säntis von Albert Heim. Ausser Arnold arbeiteten zwei weitere Studierende an der Studie mit. Seine Doktorarbeit widmete der Sohn «Meinem Vater und Vorbild».

Im Anschluss an sein Studium verfasste Arnold eine Habilitationsschrift, die ihn berechtigte, an einer Hochschule zu lehren. In der Probevorlesung vom 31. August 1906 stellte er sich erfolgreich der kritischen wissenschaftlichen Öffentlichkeit vor. Albert war selig, seine Träume schienen der Verwirklichung einen grossen Schritt näher. 1907 wurde Arnold zum Privatdozenten an den beiden Zürcher Hochschulen ernannt, wo er Vorlesungen über moderne Alpengeologie hielt.

Marie weilte zur Kur in Schuls. Auf einer kleinen Postkarte in aufgeregter Schrift berichtete ihr Albert – ohne irgend eine Anrede – von der «Predigt», wie er Vorlesungen im Familienjargon nannte: «Soeben hat Arnold gepredigt. Natürlichste Frische und Lebhaftigkeit in Form, geläufige klare Sprache, guter Inhalt, gespannte Aufmerksamkeit. Ich musste mit Gewalt die Freudenthränen zurückhalten! Freu Dich mit mir! Ungewöhnliches Klatschen. Dann gute und sehr zustimmende Diskussion (Lugeon,[2] Schardt,[3] Baltzer[4] etc.), dann allerliebstes kurzes Gratulationswort von Leo Wehrli an den VATER des Vortragenden und herzliches allgemeines Klatschen. Es war schön und gut! Dätte».[5] Vielleicht waren die wohlmeinenden Worte Leo Wehrlis von der Naturforschenden Gesellschaft psychologisch nicht sehr geschickt, unterstrichen sie doch zusätzlich die engen Bande zwischen den Geologen Albert und Arnold Heim und liessen den Sohn wiederum vor allem als Erben seines Vaters erscheinen.

Immer grundlegender zweifelte Arnold an der Richtigkeit seiner Berufswahl. Er lehnte sich gegen seine prominenten Eltern auf und beklagte gar deren Wohlstand.[6] «Ich glaube, es kann Dir Niemand den Vorwurf machen, dass Du in der Wahl Deiner Eltern ungeschickt ver-

Arnold Heim in seinem Arbeitszimmer in der Hottingerstrasse. Über ihm hängt ein Porträt des Geologen Arnold Escher von der Linth, Maries «altväterischer» Professor und Alberts Vorgänger als Geologieprofessor am Polytechnikum, gemalt von Alberts Tante Anna Susanna Fries.

fahren seiest»,[7] konterte der Vater. Arnolds Argumente müssen aus Alberts Antwort an seinen Sohn in Paris rekonstruiert werden: Wäre Arnold nicht besser Arzt geworden? Oberflächlich gab Albert dem jungen Mann jede Freiheit, einen anderen Berufsweg einzuschlagen – Arnold verstand die Botschaft anders.

Dieser Brief von 1908 ist in vielfacher Hinsicht von zentraler Bedeutung. Er zeigt, wie ein liebevoller Vater seinem Sohn unbewusst vor der Sonne steht. Ferner dokumentiert er, wie sich Alberts Einstellung zu Maries Beruf allmählich verändert hatte. 33 Jahre früher waren die beiden frisch verheiratet, Marie ermutigte zu jenem Zeitpunkt ihren Gatten in seiner Laufbahn als Lehrer und Forscher – bestimmt wollte sie damit nicht ihren eigenen Beruf und ihre Berufung abwerten. Endlich ist dieser Brief ein typisches Dokument seiner Epoche. Dekadenz und Degeneration beschäftigte in jenen Jahren die wachsten Geister. Da stand seriöse Geologie wahrhaft auf einer solideren Grundlage als die Sorge für Gebrechliche.

«Du wärest manchmal lieber Arzt als Geologe. Ich habe in meinem Leben auch öfter vorübergehend die gleiche Empfindung gehabt. Ich verstehe das wohl. Du hättest ja Arzt werden können, aber Du hattest dazu GAR KEINE LUST. Es bleibt ein Haken in der Welt, dass man den Beruf wählen muss, bevor man ihn kennt. Aber ich bin sicher, dass Dir der Lehrberuf reiche Befriedigung bieten wird und gehst ja einer herrlichen Zeit entgegen, wo ein Institut entsteht, wo viel mehr Verkehr zwischen Schüler und Lehrer sich anbahnt. Und Du wirst im Laufe der Zeit auch finden, was ich oft gefunden: es ist auf die Dauer oft viel befriedigender als Lehrer und Forscher zu arbeiten, weil diese Arbeit in ihren Früchten unzerstörbar bleibt, also idealer, mehr für weites Gemeinwohl ist, als in dem Gebäude der Menschheit die einzelnen verwitterten Steine zu flicken. Manche Arztarbeit ist ja herrlich befriedigend für Geist und Herz, allein tausendfältig sollte man ‹zerfallende Häuser flicken› und daneben muss man der allgemeinen Degeneration zusehen ohne sie aufhalten zu können. Der Lehrer bekommt die noch frischen Bausteine in die Hand und seine Arbeit reicht weiter als über den einzelnen Menschen, den der Arzt zusammenleimen soll. Und dann nach meiner Erfahrung liegt das Befriedigende des Aerzteberufes auch in unserm Beruf. Meine Situation bei Menschen, die vor einer Rutschung, einer Ueberschwemmung etc. zu retten waren, war oft sehr ähnlich der des Arztes – ebenso beim Helfen zu einer Wasserversorgung etc. etc. und ich hatte mich in Gefahren zu begeben wie der Arzt etc. Ich bin überzeugt als Arzt würde Dir bald der Einzelpatient keine ausreichende Befriedigung mehr bieten, Du würdest auch da nach der akademischen Thätigkeit streben müssen und in der Lehre und Forschung das dauerndem [sic] finden. Vor 33 Jahren habe ich mich einmal bedauert, nicht Arzt zu sein. Munti hat mich getröstet: ‹die Thätigkeit von Lehrer und Forscher ist die idealere› und Munti hatte damit RECHT. Wer Deine Begabung hat und auf eine solche gute Tugendentwicklung aufbauen kann, für den passt nicht nur einerlei. Der findet sich in JEDEM höheren Beruf zurecht und findet den Faden zur inneren Befriedigung. Sollte aber dieser Wunsch Arzt zu sein in Dir unbändig werden, so kannst Du umsatteln. Nichts ist leichter, ich leg Dir nichts in den Weg, DU hast Deinen Beruf durch Dein Leben zu tragen, nicht ich – aber himmelschade wäre es, und eine Sünde an unserer Wissenschaft, in die Du [Dich] nun so doch eingelebt hast und so erfolgreich arbeitest. Aber wie Du willst! Und noch etwas: Wie viel GESUNDER, ABWECHSLUNGSREICHER ist der Beruf des Geologen. In meiner Jugendzeit hätte ich wohl in damaligem Optimismus auch den Aerzteberuf freudig ertragen, jetzt hielte ich ihn kaum mehr aus, er würde mein Herz zerquetschen – stets das Elend zu sehen und stets zu sehen, dass man auf 10 Fälle 9 mal nur etwas flicken kann ohne zu helfen und zu sehen, wie die traurigen Krüppel alle Scharen von elend angelegten Nachkommen zeugen und die stark und gesund angelegten Menschen sich mit wenigen Kindern begnügen – ich würde in ewige Trauer gehüllt und könnte das wohl nicht mehr aushalten. Wie erquickend und emporhaltend und moralisch und im Gemüth und Herz befriedigend ist dagegen unsere Forschung! – Aber nochmals: Wie Du willst! Schluss für diesmal. Dätte».[8]

Noch einmal war es dem Vater gelungen, seinem Sohn den Wind aus den Segeln zu nehmen. Vergnügt berichtete Albert in den folgenden Briefen den neuesten Geologenklatsch, während Arnold in Paris blieb und sich auf Kosten der Familie weiterbildete.

Im Mai 1909 weilte Albert in Bern bei seinem Jugendfreund Eugen Huber, Arnolds Paten, zu Besuch. Arnold bereitete eine Expedition nach

Nordgrönland vor, demnächst sollte er aus Kopenhagen aufbrechen. Morgens um sechs Uhr war Albert bereits am Schreibtisch und dachte an seinen Sohn: «Mir ist sehr schwer ums Herz, aber ich bin halt alt und mir ist mein ganzes Leben habe nur noch Werth in der Fortsetzung durch dich. Du aber gehe muthig an Deine schöne und Dich mächtig fördernde Aufgabe und lerne und erfasse die herrliche wunderbare Erde und ihre Natur. Forschen ist doch der höchste dauerndste Genuss des Lebens – und sei glücklich in Deiner Aufgabe und ihrer Erfüllung. Ich segne Dich und sende Dir nochmals innigsten Abschiedskuss. Glück auf!» Und am Rande des Briefes fügte er als letzte Worte bei: «Und welches Glück wird erst Deine Rückkehr sein! Der Aussicht darauf leben wir!»[9]

Arnold kämpfte fortwährend mit seinem schlechten Gewissen. Er hatte sich unglücklich in Thildi Hundhausen verliebt und war mit ihr auf einen Ausflug gegangen, statt seinen Vater an einen Kongress nach Stockholm zu begleiten. «Sieh lieber Dätte, es war mir schon lang so, dass ich Thildi vielleicht wieder gar nicht sehen würde, wenn ich mit Dir nach Stockholm gienge, und das mit ein stiller Grund meines Zurückbleibens. – Hier finde ich Deine Karten, die mir für Dich und Munti weh tun. Ich mochte darum gestern nicht mehr schreiben. Ich finde es jetzt noch mehr Unrecht, dass ich Dich nicht begleitet habe, und bedaure besonders, Kilian, Walther, Sven Hedin und Penck nicht sehen zu können.»[10]

War es seine Verliebtheit, die ihm endlich die Kraft gab, ein eigenständiges Leben zu führen? Jedenfalls entschloss sich Arnold, mit seiner Vergangenheit zu brechen. Er liess sich durch einen jüngeren Freund, den Geologen Ernst Ganz – er war bereits dort aktiv – nach Niederländisch Indien (heute Indonesien) vermitteln. Im Auftrag der Dordt'schen Petroleum Maatschappij (später Bataaf'sche Königliche Petroleum Maatschappij) suchte er zwischen 1910 und 1912 in Sumatra und Java nach Erdöl. Sein Vater war untröstlich, dass Arnold «im Ölsumpf versank», statt seine wissenschaftliche Karriere fortzusetzen.

Am 10. November schiffte sich Arnold in Genua auf der «Rembrandt» ein. Was sich seine Eltern dabei dachten? 35 Jahre früher hatten sie den Hafen auf der Hochzeitsreise besucht, «abscheuliche Stadt in schöner Lage», hatte damals Albert notiert. Bevor Arnold in See stach, schrieb er ein letztes Grusswort an seine Eltern.

«Für mich ist alles gut gekommen. Und wenn ich nicht wegen Euch traurig sein müsste, so wäre ich ganz glücklich, frei hinausziehen zu können. Liebes liebes Munti, Du hast mir geholfen. Wenn ich jetzt so weit bin, so dank ich es Dir vor allem. Denke auch immer freudig an mich. Denn es ist wahr – so mutig und voller Hoffnung war ich noch nie in meinem Leben.

Und doch ist es so traurig, denken zu müssen, dass ich auf Eure Kosten glücklich bin. Du armer, lieber Dätte! Ich habe mich an mir selbst getäuscht und alle Deine Hoffnungen zerstört. – Weisst Du noch, was Du mir damals nach Paris geschrieben hast? Du hast mir frei gestellt, meinen Beruf zu verlassen, und was Du schriebst, hat mich so gerührt, dass ich den begonnenen Weg mit neuer Kraft weitere 3 Jahre durchgeschlagen habe. Dann kam ich wieder ans Ende meiner Kraft. Jetzt lass mich frei eine Zeit lang verluften. Ich muss mich selbst erst wieder ganz kennen lernen, damit ich mich nicht abermals täusche.»[11] Von Sumatra aus bat Arnold um seine Entlassung als Privatdozent und zog damit einen Schlussstrich unter seine akademische Karriere in Zürich.

Im Erinnerungsbuch an seinen Vater gab Arnold seine Sicht der Dinge wider. Er fürchtete, sein Entscheid habe Alberts Rückzug aus dem Lehramt 1911 mit verursacht, «das grosse Leid, das ihm sein Sohn Arnold zufügte.» «Es war dem Vater schmerzlich, ‹den talentvollen Sohn im Petroleumsumpf zu wissen, wo er Geld verdienen wollte›, statt etwa mit seiner Hilfe in den Himalaya zu reisen. Die Mutter verstand, dass der Sohn sich noch nicht fürs Leben binden konnte und vorzog, sich finanziell selbständig zu machen, statt noch weiter die Hilfe der Eltern in Anspruch zu nehmen. So entstanden wohl zum ersten Mal in wichtigen Fragen Meinungsverschiedenheiten zwischen den Eltern. Aber es kamen noch andere Gesichtspunkte für die Einstellung seines Sohnes hinzu […], es wurde schon damals klar, dass die Weiterführung der ‹Heimschen Tradition› nicht erwünscht war.»[12] Noch als 70-Jähriger glaubte Arnold, sich für sein Leben rechtfertigen zu müssen.

«Denke an Goethe!
Was wäre er als Euer
Kind geworden?»

Als Arnold in Süd-Sumatra nach Erdöl suchte und in Briefen mit seinen Eltern abrechnete, griff er immer wieder das Thema der Sexualität auf. In diesem Bereich fühlte er sich ganz besonders missverstanden und unglücklich. Albert und Marie waren zwar aussergewöhnliche Persönlichkeiten; mit ihrer Scheu, über Sexualität zu sprechen, waren sie allerdings eher typische Vertreter ihrer Epoche. In manchen Belangen waren sie zwar vielleicht offener als andere Eltern, gleichzeitig waren sie jedoch auch Verfechter einer strikten, gleichen Moral für Frau und Mann.

Erfreut notierte Albert am 12. Oktober 1883 in Arnolds Album, wie der Anderthalbjährige sich für seine küssenden Eltern interessierte: «Arnold sieht wie ‹Dätte› und ‹Müetti› sich küssen, lacht freundlich und ruft ‹mameh küssi!› [mameh = noch mehr]»[1] In den Notizen finden sich keine weiteren Hinweise auf irgendwelche Zärtlichkeiten zwischen den Eltern.

Einige Jahre später zeigte sich Albert sehr erleichtert, dass Arnold während der Geburt seiner Schwester Helene schlief: «19./20. Mai 1886 Arnold schläft in der glänzenden Mondnacht, während welcher sein Schwesterchen geboren wird. Am 19. Morgens fiel Arnolds erste Bemerkung über seiner Mutter Gestalt: ‹du häst doch es grüseli grosses Bücheli Munti!› Mit gespanntem Interesse betrachtet er den 20. Vormittags sein Schwesterchen. Beim Baden sieht er es von allen Seiten scharf an. Er bemerkt den Nabel und erschrickt ängstlich fragend: ‹Was häts au da Böses?› ich antworte: das haben alle ganz kleinen Kinder, es geht dann weg, du hast das auch so gehabt. Nachher sieht er offenbar die Differenz an den Genitalien, sagt aber kein Wort, es spiegelt sich ein stilles Erstaunen auf seinem Gesichtchen. Er kommt und sieht das Kindchen an der Mutterbrust. Ich sage ihm: Sieh Arnold, das brave gute Munti gibt dem kleinen Kindchen Milch zu trinken. ‹jä da us dem Ding use?› Ja. Du darfst zusehen, wie es trinkt, aber du musst davon anderen Leuten nichts sagen, man spricht nicht davon, den Nachbarkindern nichts sagen.»

Arnold, der aufgeweckte kleine Junge, hätte seinen Vater beinahe in Bedrängnis gebracht: «Nur einmal fragte er: ‹Wo war das Kindli, bevor es jetzt gekommen ist.› Eine Antwort unterblieb, indem ich ihn auf etwas anderes ablenkte. Die Frage wiederholte sich nicht. Ich würde bei Wiederholung sagen: es war eben noch nicht, noch nirgends.»[2]

«Arnold sieht sein Schwesterchen oft im Bad, auch da das Kindchen auf dem Häfi ‹Bächi› machte suchte er genau zu sehen, wie das Bächi herauskomme, aber merkwürdigerweise hat er noch nie gesagt oder gefragt, ob Helenli anders sei als er und warum etc.»[3] Einen Monat später wagt der Vierjährige die entscheidende Frage: «Während dem das kleine Schwesterchen Helenli gewaschen wird: Warum will auch dem Helenli si's Pipeli e so gar nüd wachse?»[4]

Nochmals hatte Albert eine Gnadenfrist, doch nach der Geburt seiner zweiten Schwester im Februar 1889 liess der siebenjährige Arnold nicht mehr locker: «Arnold hat grosse Freude und ist bewegt beim Anblick. Dann sagt er: ‹aber worum hät ich jez au nüd chönne derbi si wen's uf d'Welt cho ist, das het ich jez au welle gseh!› Später: Säg wie chömmed au d'Chindli uf d'Welt? Falled si vum Himmel, oder leit neime es Thier es Ei us dem si usschlüpfed? (Generationswechsel!) Später sehr oft: Bitti Dätte säg mer jez au a mal wie d'Chindli uf d'Welt chömmed, gsecht ich plange e so!»[5]

Albert muss sich mit Marie besprochen haben, denn mit unleserlich, aufgeregter Schrift notierte er: «Berathung und Entschluss ihm das Richtige nächstens zu sagen […] oder: nur die Wahrheit ist gut und die Wahrheit ist nur gut! Ich glaube bestimmt, Arnold ist Manns genug, das als ein Geheimnis zwischen ihm und seinen Eltern absolut zu bewahren.»

Dann malte sich Albert die entscheidende Szene aus: «Ich denke mir die Sache so: ich sage sehr ernst, dass es sich da um etwas handle, wo nur Vater und Mutter dem Kind Aufschluss geben können, und man mit keinem anderen Menschen darüber sprechen dürfe. Ich werde anknüpfen: du weisst wie die Hühnchen zur Welt kommen – weist wie die Hund – wie wohl die Menschen? – – – Geh jetzt und küsse und danke deiner Mutter, dass sie dich g'leit hät! Ferner präge ich ein, dass alles weitere darüber kein anderer Mensch als nur der Vater ihm richtig sagen könne, wenn er älter geworden sei.»[6]

Am 3. März 1889 kam der grosse Augenblick: «Sonntag nehme ich Arnold allein in die Studirstube feierlich. Er merkt die Feierlichkeit und kommt leuchtenden Auges. Zunächst strengstes Anbedingen, mit keinem Menschen, keinem Knaben etc. – nur mit Vater und Mutter darüber zu reden etc. dann kam die Ableitung: Wie entstehen neue Vögel – aus Eiern, die die alten legen. Wie ist es bei den Hunden? Sie legen schon lebendig ausgeschloffene Junge – wie denkst du, dass es bei den Menschen sei? – Keine Antwort, aber sehr leuchtender zaudernder Blick – auch so, sage ich: er: ‹jä! so! Aber hät dän s'Munti au blüetet?› Ja au e chli – Arnold findet das übrigens sehr natürlich, ist vollständig befriedigt, macht nicht die geringste Nebenfrage, nach Nebenumständen, das genügt ihm nun vollständig. ‹Jetzt geh du nur zur Mutter und gib ihr ein Küssli und sag ihr Dank dafür, dass dich s'Munti gleit hätt, sunscht wärsch du ja gar nüd da.› Er passt mit Spannung auf den Moment, Mutter allein zu treffen. Kommt X Mal vergeblich in ihr Zimmer und kehrt unverrichteter Sache wieder zurück, weil die Pflegerin oder Jetti dort sind. Endlich gelingts und leuchtenden Auges umarmt und küsst er seine Mutter und dankt, ‹dass du mich g'leit häst!› Das ist das letzte Wort in der Sache. Während er mich vorher täglich oft und viel geplagt hat, ihm zu sagen, woher die Kinder kommen, kommt keine Frage kein Gedanke mehr, keine Reflexion über den Grund, warum Mutter im Bett oder dergleichen. Jede weitere Neugierde ist abgeschnitten in vollem Bewusstsein.»[7]

Endlich konnte Albert aufatmen. Im Übrigen prägte von nun an Arnolds kindliche Ausdrucksweise die Familiensprache der Heims. Ab sofort sprach man nicht mehr von «Geburten», sondern von der «Legete.»

– Jahre später, am 20. März 1891 notierte der Vater: «Hauptwunsch von Arnold auf seinen Geburtstag war, eine Nacht bei seiner Mutter in deren Bett mit ihr schlafen zu dürfen. Das wurde auch erfüllt.»[8]

Im Nachhinein erwies sich das Gespräch über die sexuelle Aufklärung des kleinen Arnold als einfach im Vergleich zur Auseinandersetzung, die der beinahe 30-Jährige mit seiner Mutter führte. In seinen Briefen lehnte sich der Sohn gegen die in seinen Augen enge Sexualmoral des Elternhauses auf.

Anfang 1911, Arnold war erst wenige Wochen in Sumatra, als er erfuhr, dass Thildi Hundhausen, seine Liebe, nicht ihn, sondern den Geologen Walther Staub heiraten würde. In seiner Enttäuschung erklärte er diese Zurückweisung mit seiner Erziehung. «Sag Munti, ist denn wirklich das höchste Ziel der Erziehung, aus den Kindern unfehlbar brave Schäfchen zu machen, sie vor jedem Fehltritt zu bewahren […]. Sind denn die grössten freiesten Menschen die besterzogenen? Denke an Goethe. Was wäre er als Euer Kind geworden? (Sehr bezeichnend für Dätte, der den Faust ein ‹Söistück› nennt und ihn wohl am liebsten verbieten würde.) Sicher etwas mehr als mittelmässiger, aber nicht der genial tiefblickende Mann.»[9]

Im selben Brief schilderte Arnold, wie er in jungen Jahren mit seiner Sinnlichkeit nicht zu recht kam, «vermehrt durch meiner Eltern sittliche Lehren, bis ich durch Dr. Franck ein wenig Erlösung fand. Jetzt weiss ich, dass es mehr Menschen giebt, denen beständig solche quälende Gedanken zu äusserst im Hirn bereit liegen als andere.»

Einige Tage zuvor hatte er bereits das Intimleben seiner Mutter seziert: «Dich haben solche an Sinnlichkeit geknüpften Vorstellungen nie gequält – Du sagtest es mir selbst einmal.»[10] Zwei Tage später doppelte er nach: «Und doch verstehe ich Dich ja unendlich besser als Dätte. Munti, ich verkannte Dich nicht und verstehe Dich wohl, dass Du lieben konntest. Aber ich kann nicht fassen, wenn Du sagst: ich meine, es sollte nichts geben im Frauenleben, was ich nicht gefühlt hätte. Du fährst ja selber fort: ‹Nur in SPECIELL sexueller Beziehung war ich immer passiv.› Munti, das ist aber GRENZENLOS VIEL. Und ich meine, Menschen, die speciell sexuell nur passiv fühlen, können niemals anderen ganz nachfühlen und sie verstehen, deren es doch viel mehr gibt.»[11] In einem späteren

Brief kam er nochmals auf Franck zurück, der ihn gefragt habe: «Woher haben Sie doch diese verkehrten Ideen? und ich durfte keine Antwort geben. Und weisst Du noch, was Du mir sagtest, als ich Dir erzählte? Ich stand unter Deiner Schlafstubentüre und Du neben dem Schrank. Das aber möchte ich Dir empfehlen, Deine künftige Frau nicht so oft zu belästigen.»[12]

Es dauerte jeweils fünf Wochen, bis diese leidenschaftlichen Anklagen von Sumatra nach Hottingen gelangt waren. Für Marie müssen diese Monate nach Arnolds Abreise unendlich schwer gewesen sein. Ihr Gatte war zutiefst verletzt, dass sie Arnold in seinem Versuch, sich zu befreien, unterstützt hatte, und nun überschüttete sie der Sohn mit wilden Vorwürfen. Besonders musste es Marie verunsichern, dass er selbst vor ihr als Berufsfrau nicht halt machte. Sein missionarischer Eifer war grenzenlos: «Schicke Dir mit gleicher Post einen Aufsatz über Heirat und Concubinat in Indien, von einer Frau geschrieben. Wunderbar. Diese unbekannte Frau möchte ich kennen lernen.»[13]

Bei Johanna Siebel findet sich ein langes Antwortschreiben Maries, das sich auf einen dieser Briefe Arnolds beziehen muss. Marie versuchte, ihm ihre Sicht der Dinge klar zu machen. Teilweise akzeptierte sie die Schuldzuweisungen, sie rief aber Arnold aber auch ihre eigenen Erfahrungen als junge Frau in Erinnerung: «*Wenn ich noch einmal von vorn anfangen könnte mit Euch, so würde ich viel offener mit Euch sprechen. Was mich hinderte, war wohl gerade die Scheu vor dem Wecken oder Nahrung geben der ‹wilden Leidenschaft›, die so viel Unglück in die Welt bringt. Aber es war ein Fehler. Zu spät, um gut zu machen [...]. Was Du von Deiner Unfreiheit sagst, hat mich so betrübt. Liebster Bub, du meinst, ich begreife Deinen Wunsch nach Freiheit nicht – das ist falsch aufgefasst –, aber ich wusste im Detail nicht, in was Deine Unfreiheit besteht [...]. Dass du z. B. nicht über jeden Ausgang gerne Rechenschaft gibst, das glaube ich wohl. Es könnte mir freilich auch passieren, dass ich frage: ‹wohin gehst du?› aber es wäre gewiss nie, um Kontrolle zu üben, sondern aus purer Teilnahme. Und wenn Du mir antworten würdest: ‹Ich sage es nicht gern›, – so würde mich das kein bisschen betrüben, höchstens pädagogisch belehren [...]. Meinst Du etwa, ich gehöre nicht zu den Eltern, die im eigenen Leib gegen die Unfreiheit gekämpft haben? So schwere Kämpfe machen wohl wenige durch wie ich als junges Mädchen. – Doch war darin meinem guten Vater gegenüber gar keine Bitterkeit, denn er hatte mich sehr lieb, und dass er mir schliesslich die Freiheit gab, war nicht die Folge einer eigenen Über-zeugung, sondern eine heldenhafte Liebestat, zum Trotz allen Verwandten und Freunden, die ihn darob verdammten [...]. Ich finde, ein Dreissig-jähriger darf seine eigene Ansicht haben, wenn sie auch den Eltern nicht gefällt, oder nicht schmeichelhaft ist [...].»*

Schliesslich erläuterte Marie ihren eigenen moralischen Standpunkt und untermauerte diesen mit Erfahrungen aus ihrer Praxis: «*Für mich ist und bleibt Moral immer dieselbe: Wenn man aus Liebe nach den strengen Sittenbegriffen fehlt, dann ist man nicht schuldig. Aber ohne Liebe sich kör-perlich hingeben um der Sinnenlust willen, das ist und bleibt mir ein ekel-hafter Greuel. Und ich sage Dir noch einmal, was ein junger Mann an sich selbst Unrechtes tut – es ist nicht zum tausendsten Teil so unrecht, als wenn er mit sich selbst noch ein anderes Wesen erniedrigt [...].*

Wenn ich Prostitution, hereditäre Syphilis, uneheliche Geburten, was alles mir das Alltägliche ist, vor Augen habe, so muss ich in Gottesnamen das Übermass eben dieser wilden Leidenschaft verdammen und dabei blei-ben, dass es eine Hauptquelle des menschlichen Elends ist. Jedenfalls hat der ‹Mangel› an Sinnlichkeit weniger Unglück ins Leben gebracht, mir und andern, als das Gegenteil gebracht hätte.»

Sie erinnerte sich an ihre Studienzeit: «*Wäre ich ein sexueller Für-tüfel gewesen, was wäre aus mir geworden in der Studentenzeit, wo ich so umschwärmt war! Nur meine sexuelle Ruhe hat mich gerettet [...]. Mann und Frau müssen in ihren Seelen eins sein, sonst ist die sexuelle Freiheit kein Bindemittel [...]. Geist und Herz haben ein um so reicheres Empfin-den für sich, wenn das körperliche nicht so stark in den Vordergrund tritt [...]. Ist denn körperliche Liebe einzig das speziellste sexuelle Verlangen? Und all das Wunderbare, Andere, was in allen Nerven liegt und was jede leise Berührung so heilig macht, das ist nichts wert – das heisst, solcher Frauen Liebe ist minderwertig?*»[14]

Albert war Mitglied des Männervereins zur Hebung der Sittlichkeit und hatte am 13. Februar 1900 vor der männlichen studierenden Jugend beider Hochschulen im Schwurgerichtssaal Zürich eine viel beachtete Rede gehalten. Der Saal fasste 700 Zuhörer, da Hunderte von Interessierten abgewiesen werden mussten, wiederholte Albert seine Ansprache am 23. Februar. Den Studierenden berichtete er, wie er seinen Sohn Arnold aufgeklärt hatte. «Wir stehen nicht auf dem Standpunkte gewisser religiöser Richtungen, welche die Sexualität lieber ertöten würden, welche den Geschlechtstrieb als etwas niedriges verdammen. Wir achten ihn vielmehr als eine herrliche Gabe der Natur. Die schönste Gabe, am falschen Ort vergeudet, kann in den entsetzlichsten Abgrund führen [...]»[15] Auch etwas Rassenhygiene fehlte nicht: «Hundertfältig hat die Erfahrung gelehrt, dass späte Verheiratung zur Veredelung der Rasse führt, frühe Zeugung aber zur Schwächung.»[16] Albert empfahl seinem Publikum Enthaltsamkeit vor der Ehe und sagte der gängigen Doppelmoral den Kampf an: «Die Gesetze sind bisher nur von Männern gemacht und deshalb einseitig. Im Geschlechtsleben des Menschen ist der Rechtsbegriff noch sehr ungleich und im Ganzen noch recht schwach.»[17] Der Abstinent Heim holte zu einem Schlag gegen den Alkoholkonsum aus: «Der Alkohol ist der grosse Bundesgenosse der geschlechtlichen Vergehen.»[18] Auch Albert warnte vor der Ausbreitung der Geschlechtskrankheiten und deren verheerenden Folgen für das Familienleben. Und schliesslich rechtfertigte er sich: «Man hat mir vorgeworfen, ich sei konservativ, indem ich die geschlechtliche Ehre der Frauen schützen und der Männer festigen, die Familie, die Ehe in ihrer stolzen Geschlossenheit retten will. Nein, ich bin nicht konservativ, denn ich will grosse, tiefe Reformen. Ich will vor allem mehr Gerechtigkeit, mehr Gleichheit, mehr Wahrheit zwischen Mann und Frau.»[19]

Ein gutes Jahrzehnt nach diesem Vortrag griff Albert in die Diskussion über die Frage ein, wie viel sexuelle Freiheit es bräuchte. An Arnold, der vorübergehend in den Vereinigten Staaten weilte, schrieb er zerknirscht: «Mich plagt mein übermässig empfindliches Gewissen darüber, dass ich Dir zu engherzige Moralbegriffe eingepfropft haben könnte, und in Folge davon könnte es Dir im Leben gehen wie mir, dass Du unendlich viel leidest durch festhalten und nicht loslassen können an Uebertreibungen von Tugenden – da wo wohl ein vorsichtiges freieres Geniessen dessen, was die Natur uns bietet oder sogar von uns verlangt vor dem Richterstuhl der göttlichen Natur das Richtigere wäre. Ich weiss nicht, mich quälen Zweifel. Mir scheint manchmal, dass wenn eine Tugend uns dazu zwingt, der Natur jahrelang entgegenzutreten und sie zu verletzen, bis wir krank werden, so könne das keine Tugend mehr sein. Sollte man nicht eine Grösse des Herzens finden, die ÜBER einer zu engherzigen rücksichtslosen Tugend steht und die nicht vom wünschenswerthesten Idealfall aus alles andere beurtheilt, und richtet, was nicht damit passt – eine freiere weitherzigere Tugend, die sich an die Umstände anpassen kann, in die uns das Leben stellt. Der Massstab zur Beurtheilung für eine freiere Auffassung, den wir aber nie verlieren dürfen, ist gegeben durch die Frage nach den Folgen für sich und die andern. Nichts thun, dessen Folgen wir nicht in Gewalt zu behalten vermögen, und nicht zu rechtfertigen vermögen! Sich selbst stets in der Gewalt des eigenen Verstandes behalten, nur das thun, was wir selbst für vernünftig finden und erkennen, sich selbst das Gesetz von gut und böse geben, und dieses nicht verletzen, aber es bewusst nicht übereinzustimmen mit engherziger Auffassung einer Gegend und einer Zeit, es darf gross, es darf weit sein, angepasst der Natur in ihren reinen Instinkten – über die wir nicht hinaus können.»[20]

«Was ist das grössere Unrecht, durch bewusste Wahrheit weh zu tun oder nur einen Teil der Wahrheit zu sagen, um Schmerzen zu verhüten?», fragte Arnold in einem Brief an seine Mutter vom 28. Mai 1911.[21]

Maries Antwort darauf kennen wir nicht.

Maries Wunsch:

«recht helfen können, nicht nur tröpfliweise»

In ihrem Berufsalltag sah Marie viel Not und Armut. Schon die Studentin bedauerte, nicht grenzenlose Mittel zur Verfügung zu haben, um all jenen beizustehen, die Unterstützung brauchten. Und als alte Frau klagte sie: «*Mein heisser Wunsch und mein Ideal ist es mein Leben lang gewesen, ganz reich zu werden, um recht helfen zu können, nicht nur tröpfliweise.*»[1]

Maries Weihnachtsbescherung für ihre «armen Wiibli» war legendär. Nach Siebel soll sie jeweils bereits im September mit der Vorbereitung der Weihnachtsgeschenke begonnen haben.[2] Sie schnitt Stoffe zurecht, die anschliessend arme Frauen gegen einen Lohn zu Kleidungsstücken zusammennähten. Auf diese Weise half Marie gleich zwei Mal, den Beschenkten und den Näherinnen. Das Haus an der Hottingerstrasse verwandelte sich jeweils in ein Warenlager. An Weihnachten kamen Maries «Kunden» vorbei und liessen sich verwöhnen. Sie selbst packte ebenfalls tüchtig zu, wie der Ausruf des dreijährigen Arnold zeigt, den Albert im Album notierte: «Arnold sieht das Depeschenmädchen auf der Strasse und ruft: ‹Los Telegraphechind, s'Munti hät dir Unterhose zum Christtag gmacht!›»[3]

Als Arnold seiner Mutter sein erstes selbst verdientes Geld schenkte, war Marie überglücklich: «*Was habe ich da für einen schier unerschöpflichen Schatz in Händen! Du fragst nicht, was ich damit machen werde, aber ich werde es dir erzählen. 100 Franken hatte ich schon in meiner Frei-*

bettkasse[4] *gepumpt. Das wird zuerst zurückerstattet. Dann Rechnungen von Stoffen und etwa vierzig Paar Schuhe und Pantoffeln, die ich erst im Jahr 1911 hätte bezahlen können. Dann Lebensmittel und Kohlen; denn es wird nun nächstens kalt werden. Dann bessere ich allen die Posten für Gutscheine um 25 Prozent auf, jedesmal mit einem ‹Vergelts Gott› zu dir!»*[5]

Marie half ihren Patientinnen diskret. Zwei Tage nach ihrem Tod schrieb eine Nachbarin, Susi Krauer, an ihre Basler Verwandte Anna Löffler, der Mutter der Historikerin Susanna Woodtli: «Sie war sehr gut neben ihrer Tüchtigkeit als Ärztin; erst gestern (9.11.1916) hörte ich, dass sie unbemittelten Frauen die Rechungen quittiert geschickt habe.»[6]

Mehrfach ist belegt, dass Marie und Albert die Ausbildung für junge Menschen ganz oder teilweise finanzierten. So war Hans Dübendorfer, Arnolds Jugendfreund «Sirli», ein «Stipendiat» der Familie Heim.[7] Siebel schildert den Fall eines Glarner Fabrikarbeitersohnes, den Heims in Richisau kennen gelernt hatten und dem Albert und Marie eine Gärtnerlehre in Zürich ermöglichten.[8] Ein anderes Beispiel ist Adeline Wyss, für deren Zukunft sich Marie engagierte und deretwegen es 1908 zu Meinungsverschiedenheiten zwischen den Ehegatten gekommen war.[9] Die junge Frau hatte nach der Handelsschule auf dem Anwaltsbüro ihres Vaters gearbeitet und sich dann in der Pflegerinnenschule zur Krankenschwester ausbilden lassen, wollte aber Medizin studieren. Nach ihrem Abschluss eröffnete sie zuerst eine Praxis in Winterthur, kam dann zurück an die Pflegerinnenschule und betreute – wie einige Jahre zuvor Marie – deren Kinderabteilung. 1923 liess sie sich in Thun nieder und starb 1940. – Adelines Schwester Klara Zellweger-Wyss war bereits Ärztin. Maries Vorbild hatte sie zur Berufswahl inspiriert: «Seitdem ich Frau Dr. med. Heim als kleines Kind gesehen habe, wie sie zu meiner Mutter mit ihrem Köfferchen voller geheimnisvoller Instrumente und Spritzen gekommen war, sagte ich stets mit Bestimmtheit, auch eine Ärztin werden zu wollen.»[10]

Marie konzentrierte ihr soziales Engagement nicht auf private Wohltätigkeit, sondern unterstützte auch gewisse Frauenorganisationen. Anders als viele verheiratete Frauen ihrer Generation verfügte sie über eigenes Geld. Zudem war allein schon ihr Name eine Art Gütesiegel, und deshalb war Marie auch ein Werbeargument für einen Verein. Marie kon-

zentrierte ihre Kräfte auf einige wenige Bereiche: Abstinenz, Sittlichkeits-
bewegung und die Zusammenarbeit mit dem Schweizerischen Gemeinnützigen Frauenverein (SGF).

Mit der rasanten Expansion des Grossraums Zürich ergaben sich
zahlreiche soziale Probleme. 1872 forderte die Predigergemeinde in der
Zürcher Altstadt von den Behörden erfolgreich die Schliessung von fünf
Bordellen. Gegen diesen Entscheid setzten sich nicht nur Gewerbe, sondern auch 49 Ärzte zur Wehr, weil sie befürchteten, die Prostituierten
könnten sich auf diese Weise der sanitarischen Kontrolle entziehen.[11]
Die Mediziner waren überzeugt, Geschlechtskrankheiten liessen sich in
öffentlichen Häusern besser überwachen als bei unkontrollierter Prostitution.

Die Frage der Kontrolle beziehungsweise der Eindämmung der
Prostitution war auch andernorts aktuell. In Bern gelang es dem Frauenverein zur Hebung der Sittlichkeit 1886, die Schliessung der Bordelle
durchzusetzen. Sittlichkeitsvereine forderten nicht zusätzliche Kontrol-
len zum Schutz der Gesundheit, sondern eine neue Ethik, um die negati-
ven Folgen von Industrialisierung und Urbanisierung in den Griff zu
bekommen. Im November 1887 schlossen sich 16 Frauen zum Zürcherischen Frauenbund zur Hebung der Sittlichkeit zusammen, ein Jahr
später entstand ein analoger Verein für Männer. Die Gründungspräsi-
dentin, Elise Rahn-Bärlocher, war eine Nichte von Maries «Tante Rahn».
Für ihre Unterstützung des Frauenbundes hatte Marie also nicht nur
ideelle, sondern auch familiäre Gründe.

Bereits im ersten Jahr traten 1200 Mitglieder dem Frauenbund bei.
Beeindruckt vom Berner Vorbild beschloss der Vorstand 1888, als erste
Grossaktion eine Petition an den Hohen Regierungsrat des Kantons Zürich zu richten. Diese verlangte die «Vollständige Abschaffung der Tole-
ranzhäuser und eine strenge Bestrafung der Kuppler und deren Agenten».
In jenem Jahr gab es in Zürich 248 registrierte Strassendirnen, 1882 hatte
man 23 offizielle Bordelle gezählt.[12]

Im ganzen Kanton kamen 10 960 Unterschriften von Frauen und
Jungfrauen zusammen, der Männerbund brachte es auf 6570 Unterschriften. Die Erstunterzeichnerinnen waren öffentlich bekannte Persönlichkeiten: neben der Gattin von Professor Forel Marie Heim-Vögtlin

sowie die Vorkämpferin der Frauenrechtsbewegung, Emma Boos-Jegher. Die Gegner machten mit Spott und dem Verweis auf die Gewerbefreiheit mobil, der Frauenbund blieb aktiv. Nach mehreren Vorstössen lag das revidierte Strafgesetz beinahe ein Jahrzehnt später vor. In der Abstimmung vom 27. Juni 1897 sprach sich das Zürcher Volk mit 40 751 Ja gegen 14 710 Nein für die Abschaffung der Bordelle aus.[13]

Zahlreiche prominente Ehepaare engagierten sich im Kampf für die neue Sittlichkeit: Marie und Albert Heim-Vögtlin, Auguste und Emma Forel, Emma und Eduard Boos-Jegher sowie Louis und Elise Rahn-Bärlocher sind einige bekannte Namen. Die Sittlichkeitsvereine kämpften in der Öffentlichkeit gegen die damals allgemein akzeptierte Doppelmoral. Ihre Gegner argumentierten, dass sie auf diese Weise einzig die Freiheit der Männer einschränkten.

Neben der Unterschriftensammlung für die Petition plante der Frauenbund bereits im ersten Jahr die Gründung eines sogenannten Asyls, eine Aufnahmestation für «entgleiste Frauen». Das Protokoll vom 21. Februar 1889 hielt fest: «Mit grosser Freude und Genugtuung erfüllt uns der Umstand, dass Frau Dr. Heim nicht nur ein bedeutendes und unerwartetes Opfer für unsere neue Anstalt gebracht hat, sondern dass sie sich auch anerbot, uns zu jeder Zeit mit Rath und That an die Hand zu gehen bei der Einrichtung des Hauses und der Krankenzimmer.»[14] Marie hatte zugunsten des Hauses Obligationen im Wert von 1000 Franken gezeichnet.

1889 kaufte der Frauenbund für das geplante Asyl die Liegenschaft «Pilgerbrunnen». Das Haus sollte aus dem Spital oder Gefängnis entlassene Frauen aufnehmen, für die es nirgendwo sonst einen Platz gab. Am 28. Juni berichtete die juristische Sachverständige Emma Hess den Anwesenden: «Frau Dr. Heim habe auch auf die Nothwendigkeit einer solchen Anstalt hingewiesen.» Maries damaliges Interesse für die Anliegen des Frauenbundes ist umso bemerkenswerter, als sie in jenen Monaten um ihr verstorbenes Rösli trauerte.

1890 stand die Wahl einer geeigneten Hebamme für das Asyl an. «Frau Rahn bespricht die Wahl mit Frau Dr. Heim», notierte das Protokoll vom 2. Mai 1890. Auf Wunsch des Vorstandes referierte Marie an der Jahresversammlung im April 1891 zum Thema: «Einige erzieherische

Rathschläge für Mütter». Ihre Ausführungen geben einen Einblick in Maries Überzeugungen. Mütter von Söhnen und Töchtern waren gleichermassen vom Problem der Prostitution betroffen. «Die Söhne werden in aktiver, die Töchter in passiver Weise das Opfer des Unheils.»[15] Als Prophylaxe empfahl die Referentin eine rechtzeitige Aufklärung der Kinder durch die Mutter; Informationen über die Existenz von Bordellen drängten sich bei jungen Frauen aus der Arbeiterschicht früher auf als bei behüteten bürgerlichen Töchtern. Marie warnte vor Vergnügungssucht und gemischtem öffentlichem Tanzunterricht bei «erregbaren Kindern» und plädierte für Koedukation in den Schulen. – Für Marie bestand – wie für Albert – ein Zusammenhang zwischen Alkoholkonsum und sexuellen Verlockungen: «Denken Sie daran, dass der Weg zum Bordell fast stets über das Wirthshaus geht.» Keuschheit sei kein gesundheitliches Risiko; Marie berief sich bei dieser Feststellung auf die Autorität ihres ehemaligen Studienkollegen Forel. Aufgrund ihrer ärztlichen Erfahrung warnte sie zum Schluss vor der Gefahr der Geschlechtskrankheiten. Damit malte Marie nicht einfach den Teufel an die Wand. Im Jahr 1899 wurden in der medizinischen Poliklinik beinahe ebenso viel Patienten mit Geschlechtskrankheiten wie Tuberkulosekranke behandelt: 234 Fälle von Gonorrhoe, 206 von Syphilis und 432 von Tuberkulose.[16]

Maries Referat stiess auf ein so grosses Echo, dass der Frauenbund beschloss, allen Mitgliedern ein gedrucktes Exemplar zukommen zu lassen. – Marie war an einer weiteren Jahresversammlung 1904 die Hauptreferentin, offensichtlich garantierte ihr Name einen grossen Zulauf.

Die medizinische Betreuung des «Pilgerbrunnens» besorgte Maries junge Kollegin Anna Heer. 1894 musste sie diese Aufgabe wegen Überlastung abgeben. Maries Name erscheint auch in späteren Aufrufen des Sittlichkeitsvereins. Nach dem Rücktritt von Elise Rahn-Bärlocher spielte sie im Tagesgeschäft keine Rolle mehr. Inzwischen war Hanneli in ihr Leben getreten, und die Vielbeschäftigte brauchte Zeit für die Familie.

Vielleicht noch mehr als die Sittlichkeit war Marie der Kampf gegen den Alkoholismus ein Anliegen. Sie nahm jede Gelegenheit wahr, um Abstinenz zu predigen. Im Buch über die Kinderpflege schrieb sie etwa: «Glücklicherweise brauche ich Dir weder vom Wein noch vom Bier abzuraten, da Du den Segen der völligen Abstinenz schon längst er-

Maries Freude an der Natur begleitete sie ihr Leben lang. Als kleines Mädchen suchte sie ihre «Vergnügungen in Feld und Wald», auch in vorgerücktem Alter erlosch das Interesse nicht.

---

kannt hast und es für eine Sünde halten würdest, Deinem Kinde ein vom Alkoholgenuss abhängige Milch zu reichen. Es wird Dir im Gegenteil eine Wonne sein, zu wissen, dass Dein Kind die Alkoholabstinenz mit der Muttermilch eingesogen hat.»[17] Sie verfasste auch kleine Merkblätter für die Mütter der Erstklässler.

Auguste Forel war in Zürich der bekannteste Vorkämpfer der Abstinenz. Inspiriert von seinem Vorbild versammelte die junge Germanistin Hedwig Bleuler-Waser im Herbst 1901 eine Gruppe abstinenter Frauen um sich. Kurz vorher hatte sie sich mit Forels Nachfolger, dem Psychiater Eugen Bleuler, verheiratet, verlobt hatten sie sich auf einer Bergwanderung in den Glarner Alpen. «Mein Vorhaben fand Anklang, besonders Frau Dr. Heims liebe Zustimmung begeisterte mich.»[18] Schon ihre Mutter hatte Marie heimlich bewundert, weshalb Maries Ermunterung für Hedwig Bleuler-Waser eine ganz spezielle Bedeutung hatte. Hedwig Bleuler-Waser plante, ihre Tätigkeit über Zürich hinaus auszudehnen. Am 6. Juli 1902 gründete sie den Schweizerischen Bund Abstinenter Frauen (SBAF). Mitinitiantinnen waren neben Marie Heim-Vögtlin, Emma Boos-Jegher, Susanne Orelli-Rinderknecht, die Gründerin der alkoholfreien Restaurants in Zürich sowie Oberin Ida Schneider, eine der Gründerinnen der Pflegerinnenschule und Freundin Maries.[19] Im Kampf für die Abstinenz hatten sich diese Pionierinnen zur gemeinsamen Arbeit zusammengefunden.

Für die gute Sache verfasste Marie 1907 eine Schrift, die wiederum Einblick in ihr Denken gibt. Die Hausfrau dachte ans Familienbudget: «Denken Sie auch an die finanzielle Seite dieser Frage! Welche Summen gehen im Wirtshausbesuch mit Trinken und Rauchen zum Schaden der Gesundheit und Sitte verloren! Wie viele Kunstgenüsse, Ferienreisen, erheiternde Liebhabereien, Anschaffungen von wertvollen Büchern können Sie ihrem Sohn stattdessen gewähren!»[20] Dieses Argument verdiente tatsächlich die Aufmerksamkeit der Leserin, denn 1908 gab die Schweizer Durchschnittsfamilie pro Jahr 100 Franken für alkoholische Getränke aus.[21]

Die Töchter machten Marie etwas weniger Kummer als die jungen Männer, denn sie blieben länger unter der Obhut der Eltern und waren kaum im Wirtshaus anzutreffen. Doch auch sie mussten auf die richtige

Bahn gelenkt werden, «Sport statt Alkohol» lautete Maries Devise: «Gewähren Sie auch ihnen Freiheit zu allem ihnen zuträglichen Sport, Turnen, Schwimmen, Schlittschuhlaufen, Bergsteigen. In all diesen Übungen sollen sie untereinander wetteifern.»[22] Man glaubt sich an Maries frühere Expeditionen mit Susan und Sophie erinnert. «Wie viel lieber als Tanzschuhe sehe ich an Knaben und Mädchen Bergschuhe.»[23] Marie hatte gut reden, im Gegensatz zu ihrer Jugendfreundin Susan tanzte sie ungern und schlecht.

Die Vorkämpferinnen waren sich bewusst, dass eine bessere Berufsausbildung Frauen wirtschaftliche Chancen bot und vor dem Abgleiten in die Prostitution bewahrte. So fand die 62-jährige Marie ihren alten Kampfgeist wieder: «Jedes erwachsene Mädchen sollte einen Beruf haben, sei es auch der bescheidenste […]. Möglichst sollen dabei nicht nur die Fähigkeiten, sondern auch die Neigungen berücksichtigt werden, denn ausgesprochene Freude an einer Arbeit bietet eine unschätzbare Stütze im moralischen Leben.»[24] Frauen, die einen Beruf haben, müssen sich nicht auf eine frühe oder leichtfertige Heirat einlassen: «Auch wird der Mann die Gattin, die seiner nicht bedurfte zur Erwerbung einer Lebensstellung, als ihm Ebenbürtige mit voller Achtung und Rücksicht behandeln.»[25]

Um ihren Forderungen zum Durchbruch zu verhelfen, befürworteten die Frauen des SBAF auch das Frauenstimmrecht. Enttäuscht stellte Hedwig Bleuler-Waser fest: «Manche schon gewonnene Mitkämpferin wurde uns allerdings nachträglich durch das Veto des gestrengen Herrn Gemahls wieder abspenstig gemacht, wie denn bei vielen eine kaum bewusste Angst hindernd wirkte, sich bei den Herren der Schöpfung durch das Eintreten für diese Sache unbeliebt zu machen.»[26] Für gewisse Männer war Abstinenz bereits ein allzu emanzipatorisches Manifest.

Von Frauen ins Leben gerufen und von Frauen geleitet – die Pflegerinnenschule

Zahlreiche Vereinigungen, die aus der Schweizer Frauengeschichte des 20. Jahrhunderts nicht wegzudenken sind, haben ihre Wurzeln in den letzten Jahrzehnten des 19. Jahrhunderts. Der bis heute aktive Schweizerische Gemeinnützige Frauenverein (SGF) wurde am 18. März 1888 in Aarau gegründet. Seine erste Präsidentin, die Pfarrersgattin Rosa Gschwind-Hofer, verstand den gemeinnützigen Einsatz als wesentlichen Beitrag der Frau zur Gesellschaft. Von 1889 bis zu ihrem Tod 1908 führte die Lenzburgerin Gertrud Villiger-Keller das Zentralpräsidium. Ihre Persönlichkeit prägte den Verband zu einer Zeit, als grundlegende Weichenstellungen anstanden.

Gertrud Villiger-Keller (1843–1908) war die Tochter jenes Aargauer Erziehungsdirektors, der über Maries Zulassung zur Maturitätsprüfung entschied. Sie war verheiratet mit dem Anwalt Fidel Villiger und politisch bestens vernetzt. Unter ihrer Leitung beschränkte sich der SGF nicht darauf, einfach Not zu lindern. Dank einer gründlichen Schulung, sei es zur tüchtigen Haus- oder zur ausgebildeten Berufsfrau, sollte jede Frau ihre Chance im Leben haben.

1889 gründete Gertrud Villiger-Keller eine erste Dienstbotenschule in Buchs bei Aarau. Neben der Fabrikarbeit war der Dienst im privaten Haushalt für viele Frauen ohne Vorbildung die einzige Perspektive. Gertrud Villiger-Keller regte einen Preis für treue Dienstboten an, den die

Gertrud Villiger-Keller war Mitbegründerin des Schweizerischen Gemeinnützigen Frauenvereins. Als dessen Präsidentin unterstützte sie mit aller Energie die Gründung der
Schweizerischen Pflegerinnenschule.

Sektionen jedes Jahr verteilten. Daneben wollte sie den Frauen neue Berufsfelder eröffnen, zum Beispiel mit der Gründung der Gartenbauschule Niederlenz, in der Maries Hanneli seine Ausbildung erhielt.

Der SGF verstand Frauenbildung breit gefächert. Rosa Gschwind-Hofer publizierte Broschüren zu Koch- und Haushaltkunde, und Marie erhielt den Auftrag, ein Buch über die «Pflege des Kindes» zu verfassen, das 1898 erschien. Emma Coradi-Stahl, später die dritte Präsidentin des SGF, gründete nicht nur die Haushaltungsschule am Zeltweg in Zürich, sondern verfasste mit «Gritli in der Küche» ein Kochbuch, das während Jahrzehnten in mancher Küche unentbehrlich war.

Gegen Ende des 19. Jahrhunderts wurde der Ruf nach fachlich qualifizierten Pflegefachkräften unüberhörbar. 1893 meldete sich der Chefarzt des aargauischen Kantonsspitals, Heinrich Bircher, bei Gertrud Villiger-Keller. Er wollte in seinem Krankenhaus eine Pflegerinnenschule eröffnen und hoffte auf die Unterstützung des SGF. Auch die Organisation vom Roten Kreuz war daran interessiert, im Kriegsfall Frauen mit Pflegegrundkenntnissen einsetzen zu können.

Das Terrain war vorbereitet, als sich die junge Ärztin Anna Heer 1894 bei der Präsidentin des SGF meldete. Bisher hatten religiöse Orden oder Diakonissen über das beste pflegerische Wissen verfügt. Künftig sollte den Frauen die Ausübung eines qualifizierten Pflegeberufs ohne religiöse Verpflichtung ermöglicht werden. Im Sinn ihres englischen Vorbilds Florence Nightingale wollte sich Anna Heer nicht mit einer Schnellbleiche zufrieden geben. Ihr schwebte eine seriöse, mehrjährige Ausbildung vor. Auf diese Weise hätten Krankenpflegerinnen berufliches Prestige, und die Aufgabe würde Frauen mit einer guten Vorbildung anziehen. Ein von der Gesellschaft anerkannter Beruf würde auch entsprechend finanziell honoriert.

Wie Marie stammte Anna Heer aus dem Aargau. Nach dem Besuch der Bezirksschule besuchte sie die Kunstgewerbeschule in Zürich, um Malerin zu werden. Durch Vermittlung einer Freundin fand sie ein Zimmer bei der Familie des damaligen Erziehungssekretärs und späteren Stadtrats Johann Kaspar Grob. Nach und nach zweifelte Anna Heer an ihrer Berufung zur Künstlerin. Unterstützt von Johann Kaspar Grob und seiner Gattin holte sie die Maturität nach und studierte Medizin.

Bei der Gründung der Pflegerinnenschule spielte ihr «Pflegevater» eine wichtige Rolle.

Im Rahmen der Landesausstellung von 1896 in Genf fand der Schweizerische Kongress für die Interessen der Frau, der erste Schweizer Frauenkongress, statt. In einem Referat über «Die Ausbildung in Krankenpflege» stellte Anna Heer ihre Vorstellungen einer breiteren Öffentlichkeit vor. Eine Westschweizerin vertrat das Anliegen auf Französisch. Die Kongressbesucherinnen hatten geplant, Gertrud Stauffacher ein Denkmal zu setzen. Anna Heer empfahl ihnen ein lebendiges Denkmal: «Möchte der Geist der edlen Stauffacherin Ihre Huld unserem Unternehmen zuwenden und das steinerne Bild in ein lebendiges Denkmal werktätiger Nächstenliebe verwandeln.»[1] Die Zuhörerinnen waren aufgerufen, ihr Geld für eine Pflegerinnenschule mit Spital zu spenden. Schule sowie Spital sollten von Frauen geleitet werden und qualifizierten Ärztinnen Arbeits- und Ausbildungsplätze bieten – eine unerhörte Premiere.

Viele Frauen an der Basis misstrauten dem Plan. Es brauchte Gertrud Villiger-Kellers politisches Fingerspitzengefühl, um die Kritikerin-

---

Die Diplomfeiern an der Pflegerinnenschule waren stets ganz besondere Anlässe. Auf diesem «Klassenfoto» erkennt man neben Marie auch Anna Heer, die Direktorin, sowie Oberin Ida Schneider. Wer wohl den Bärenteppich im Vordergrund gestiftet hat?

Oberin Ida Schneider leitete die Pflegerinnenausbildung der Pflegerinnenschule. Als sie wegen eines internen Machtkampfes ihr Amt aufgeben musste, war Marie zutiefst betroffen. Trotz allen Intrigen sprang Ida Schneider immer wieder ein, wenn Not an der Frau war. Das Wohl der von ihr mitbegründeten Institution war ihr wichtiger als alles andere.

nen zu beruhigen. Ihr Mut verdient Anerkennung, denn es war für die meisten Menschen unvorstellbar, dass Frauen ein solches Projekt zu einem guten Ende führen konnten. Für das Gelingen war jedoch die Mitarbeit der Basis unabdingbar, denn nur die einzelnen Sektionen konnten das nötige Geld zusammenbringen.

Marie war von Anfang an aktiv mit dabei. Im Januar 1897 legte die Kommission dem Zentralvorstand des SGF seine Vorschläge vor. Die Kosten wurden auf 400 000 bis 500 000 Franken geschätzt. Anna Heer und ihre Freundin, die Pflegerin Ida Schneider, gingen landauf landab auf Betteltour, Marie war Quästorin. Die Sektionen arbeiteten hart, einzelne Pfarrer überliessen dem Frauenwerk eine Kollekte.

Im Januar 1898 brachte ein grosser Basar im Zürcher Tonhallesaal 25 000 Franken. Zu diesem Anlass steuerten Künstlerinnen und Künstler aus der Schweiz und dem Ausland Beiträge bei. Das Original der «Dichtungen, Kompositionen und Denksprüche» befindet sich heute im Gosteli-Archiv in Worblaufen. Den Basarbesucherinnen und -besuchern wurde eine Broschüre verkauft, in der die Beiträge abgedruckt waren.

Zuständig für die Publikation war Marie, wie aus einem Briefwechsel mit dem Schriftsteller und Arzt Arnold Ott hervorgeht. Er beschwerte sich über einen Druckfehler. Da sich inzwischen die Rechtschreibung geändert hat, lässt sich dieser nicht mehr ausmachen. *«Die Correctur eilte so sehr, dass jeweilen Nachts um 10 Uhr ein Angestellter des polygraphischen Instituts mit den Probebogen zu mir kam, um mit mir die Correctur zu besorgen [...], einmal erschien der Mann mitten in der Sprechstunden.»*[2]

Die Frauen verstanden es, im richtigen Augenblick einflussreiche Männer ins Boot zu holen. Stadtrat Johann Grob, Anna Heers väterlicher Freund, übernahm die Leitung der Baukommission, der als einzige Frauen Anna Heer und Ida Schneider angehörten. Mitglieder waren ferner der Kaufmann J. Spoerri, Kantonsbaumeister Fiez, Ida Schneiders Vater, der Rechtsprofessor Albert Schneider sowie Maries Gatte Albert Heim. – Als Erstes entschied sich die Kommission für den Bauplatz am Römerhof. Die Stadt war bereit, das Bauland zu einem günstigen Preis abzugeben.

Gleichzeitig verfolgte Anna Heer ihren Plan, das Ansehen des Pflegeberufs auch durch professionelle Administration zu heben. Gemeinsam mit ihrer Freundin Ida Schneider eröffnete sie 1899 ein Büro für Arbeitsnachweis, das tüchtige Pflegerinnen an Private vermittelte. Standort war Ida Schneiders Wohnung, später die Pflegerinnenschule. Ida Schneider, die damals noch mit ihrem Vater Albert Schneider zusammen wohnte, stand Marie besonders nahe. Schneider war jener Professor, welcher der ersten Schweizer Juristin die Habilitation an der Universität ermöglichte.

Zu Maries Ehren fand die Grundsteinlegung am 11. Juli 1899 statt. 25 Jahre zuvor hatte sie an diesem Datum ihre Doktorprüfung bestanden. Der Kreis ihrer Freundinnen und Bewunderer machte Marie ein ganz besonderes Geschenk. Sie sammelten Geld für ein Kinderfreibett im Krankenhaus. Jede Spenderin schickte ihre Unterschrift, die in ein

Album geklebt wurde. Die Hintergrundzeichnungen mit Kleinkindern und Säuglingen könnten von der Kinderbuchautorin Gretchen Goetz – Hannelis Patin – stammen, sie sind allerdings nicht signiert.

«Hochverehrte Frau!

Der 11te Juli 1874 war ein Ehrentag für Sie.

Damals schlossen Sie Ihr academisches Studium durch die Erreichung der Doctorwürde ab, als erste Schweizerärztin. Es war ein hochbedeutsames Ereignis für Sie, für Ihr Vaterland und für alle Frauen, welche sich das Recht erkämpfen wollten, öffentlich im Dienste der Menschheit zu wirken.

Sie standen da, gerüstet mit dem festen Willen, dieses Recht hoch zu halten, Ihr reiches Können und Wissen zu verwerthen, nicht mit Worten, sondern mit den Thaten nie versagender Aufopferungsfähigkeit.

Seitdem sind 25 Jahre vergangen. Mit wahrer innerer Freude können Sie auf diese lange Zeit treuer Arbeit zurückblicken.

Hunderten von Frauen haben Sie geholfen: Hunderten in schweren Stunden beigestanden, wie viele zarte Leben haben sie gekräftigt und wie viele Mütter zum Bewusstsein ihrer hohen Aufgaben gebracht!

Neben alledem haben Sie die Pflichten der Familie treulich erfüllt und mit seltener Energie mannigfaches Leiden und Leid überwunden.

Und wie die Sonne die Aehren zur Ernste reift, so hat Ihr Wirken Früchte gezeigt, die sich verbreiten und wieder Früchte tragen.

Eine kleine Ernte der Dankbarkeit bringen wir. Viele vereinigten sich, um Ihnen ihre Verehrung und Liebe auszudrücken.

Mögen diese Gaben Segen spenden durch Ihre Hand, mögen viele Pflege- und Sonnebedürftige Wesen sich in ihrem Lebensanfang dadurch stärken! Möge es Ihnen vergönnt sein, noch lange im engern und weitern Kreise zu wirken, in einem Leben, das die Hingebung an hohe und ernste Pflichten durch die That predigt!

Das wünschen wir!»[3]

Unter den Erstunterzeichnerinnen findet sich der Name von Mina Tobler-Blumer. Man kann vermuten, dass sie bei dieser Aktion federführend mitwirkte. Ihre Mutter Rudolfine Blumer-Eckenstein sowie

Alice Simonius-Blumer sind Spenderinnen. Marie musste sich in ihre früheste Zürcher Zeit zurückversetzt fühlen. Die Schwestern Roth aus Lenzburg und Marie Ritter waren mit von der Partie. «In herzlicher Liebe und Dankbarkeit denkt ans Munti Gretchen Goetz», sie war die Einzige, die einen kleinen Begleittext mitlieferte.

Die letzten Monate vor Bauabschluss waren hektisch. Die Schule brauchte Reglemente, jedes kleinste Detail verlangte Aufmerksamkeit. So bekamen die Kommissionsfrauen vom Berliner Krankenhaus Moabit eine Probematratze ausgeliehen. Sie stand in Konkurrenz mit einem Schweizer Modell aus Rüti. In Anna Heers Wohnung fand ein Probeliegen statt. Die Damen entschieden sich für das bequemere Schweizer Modell, obschon es teurer war. – Auch Albert trug seinen Teil bei, er entwarf die Brosche, die den Absolventinnen bei der Diplomierung überreicht würde. An speziellen Nähnachmittagen trafen sich freiwillige Frauen und stellten die nötigen Wäschevorräte her.

Am 30. März 1901 wurden Schule und Spital eröffnet. Seit Anna Heers Rede am Genfer Kongress waren knapp fünf Jahre verstrichen. Die Bausumme belief sich auf 520 972 Franken, durch Sammlungen und

So sah die Pflegerinnenschule bei der Gründung aus. Im Lauf der Zeit erlebte sie verschiedenste An- und Umbauten. Nicht immer begegneten die Nachbarn dem Krankenhaus wohlwollend. Sie nahmen beispielsweise Anstoss daran, dass Pflegerinnen Velo fahren durften. Im Ersten Weltkrieg verzichtete die Leitung auf das Halten von Hühnern, obschon Lebensmittel knapp und teuer waren, um der Nachbarschaft Lärmimmissionen zu ersparen.

Marie betreute in der Pflegerinnenschule die sogenannte Kinderstube. Diese Aufgabe erfüllte sie mit grosser Freude und Genugtuung. Umso schwerer fiel ihr der Abschied, als sie sich aus gesundheitlichen Gründen schrittweise zurückziehen musste.

Schenkungen kamen 349 788 Franken zusammen, 262 000 Franken waren durch Obligationen gedeckt.[4] Man kann sich denken, welche Arbeit die Quästorin in den vergangenen Jahren unentgeltlich geleistet hatte.

Im neuen Betrieb betreute Marie die Kinderstube: «Warum kann man nicht zwei Leben haben?»,[5] soll sie geklagt haben. Zu gerne hätte sie auch die Wöchnerinnenabteilung übernommen. Elisabeth Studer-von Goumoëns, eine der frühesten Absolventinnen, beschrieb Maries Tätigkeit: «Jeder Tag sah sie ein oder mehrere Male in ihrer geliebten Schule, wo sie neben der Kinderstube zahlreiche Privatpatienten behandelte und den Wochenpflegerinnen noch Unterricht in Säuglingspflege erteilte.»[6]

Als Pionierinnen waren die Frauen von der Pflegerinnenschule exponiert. Sie durften sich keine schweren Fehler leisten und hatten sich überall zu beweisen. «Etwas hinter den Erwartungen zurück bleibt in den ersten Jahren die Zahl der Geburten. Man traut den Frauen vielerorts noch nicht die Kraft zur Leitung einer schwierigen Geburt zu.»[7] Während ihres Praktikums im Kantonsspital mussten sich die Pflegeschülerinnen Sprüche über die «Damen der Pflegerinnenschule»[8] anhören. Selbstverständlich gab es auch Männer, die dem Unternehmen zur

Seite standen. Oscar Wyss, der bereits Marie in jungen Jahren bei Operationen half,[9] blieb auch als Universitätsprofessor eine wertvolle Stütze.

Marie lebte in der Kinderstube auf. Sie verwaltete ihr Freibett und betreute für den SGF die Adoptionsstelle. Über Maries Arbeit schrieb Elisabeth Studer-von Goumoëns: «Vorbildlich war ihre Sorgfalt bei Narkosen. Und manche junge Schwester, die im Operationssaal Anwandlungen bekam, etwas gar zu kühn und selbstverständlich den doch immer ernsten und folgenschweren Ereignissen und Anforderungen des chirurgischen Dienstes gegenüberzutreten, wurde nachdenklich wenn sie sah, mit welcher Gewissenhaftigkeit die erfahrene und gewiegte Frau Doktor Tropfen um Tropfen in die Narkosemaske goss, es sorgfältig vermeidend, auch nur eine Spur Chloroform oder Aether mehr dem Patienten zuzuführen, als unbedingt nötig war.»[10]

Auch ein Frauenbetrieb blieb von Auseinandersetzungen und Generationenkonflikten nicht verschont. Als Marie mit schwerem Herzen aus gesundheitlichen Gründen ihre Kinderstube aufgab, setzte sich die Nachfolgerin mit harscher Kritik von ihr ab. Zufällig begegnete sie ihr bei einem Erholungsaufenthalt: «*Wie bin ich erschrocken, als plötzlich Frl. Dr. Müller (Kinderstube) am Horizont auftauchte! Ich fürchtete, das gebe nun eine ganz unangenehme Begegnung, weil doch unsere Ansichten so weit auseinander gehen, dass ich die Kinderstube nicht mehr betreue. 2 Tage war sie hier, ohne dass ich sie begegnete. Da war es mir unheimlich und ich ging im Saal direct auf sie zu und begrüsste sie freundlich. Da war sie auch ganz artig, und nun grüssen wir uns, wenn wir uns sehen, und es ist keine Spannung mehr vorhanden. Solche Feindschaften kann ich nicht ertragen. Schwamm darüber.*»[11]

Anfang 1914 eskalierte ein Konflikt zwischen Oberin Ida Schneider und der Haus- und Röntgenärztin Anna Baltischwiler. Die Medizinerin stellte Anna Heer vor ein Ultimatum: Entweder ziehe sich Oberin Ida Schneider zurück oder sie reiche ihre Demission ein. Ida Schneider sah das ganze Werk in Gefahr und ging. Da Marie mit Ida Schneider eng befreundet war, muss sie dieser Vorfall sehr mitgenommen haben. Im Juni 1915 nahm Marie ihren letzten Abschied von der Pflegerinnenschule und trat als Vorstandsmitglied zurück. Ihr Gesundheitszustand erlaubte ihr keine Belastungen mehr.

Marie war bereits gestorben, als ein schwerer Schlag das Unternehmen traf. Mitten in der Grippeepidemie von 1918 hatte sich Anna Heer bei der Behandlung einer Patientin am Finger verletzt. Einen Monat später, am 9. Dezember 1918, starb sie an einer allgemeinen Sepsis.

Ihr Werk existierte beinahe 100 Jahre. Spital und Pflegerinnenschule wurden auf Ende 1997 geschlossen.

Schwerer Abschied
vom Leben

«In dieser Zeit legte sich über Albert Heims Familie ein schwerer Schatten. Seine Gattin hatte schon längere Zeit an Husten und Müdigkeit gelitten, die sich nun als Zeichen einer Lungentuberkulose erwiesen. Im Lauf der Jahrzehnte hatte sie mehrere Lungenentzündungen, die sie durch Ansteckung von Patienten bekommen hatte, durchgemacht, was ihre Lungen dauernd geschwächt hatte. Vier Jahre lang kämpfte die ungewöhnlich tatkräftige und tapfere Frau gegen die Krankheit, um ihr noch möglichst viel Arbeit und Hilfeleistungen für Bedürftige abzuringen. Sie litt schwer unter diesem Kampf; aber nie klagte sie über Leiden, sondern nur darüber, dass ihre Arbeitskraft ständig abnahm. Zuerst erhoffte sie Heilung von zwei Kuren im Sanatorium Ambri-Piotta.»[1]

Von 1912 bis 1916 war Marie mehr oder weniger krank. Aus ihrer Praxis war ihr der Krankheitsverlauf bekannt, sie wusste um die Hochs und Tiefs und die immer wieder enttäuschten Hoffnungen. Als Studentin hatte sie die Tragödie hautnah bei ihrer Brugger Freundin Marie Belart miterlebt, dann war sie Zeugin, wie ihre Schwägerin Mathilde Heim-Brem nach langem Dahinsiechen von ihren kleinen Kindern wegsterben musste. Tuberkulose war immer noch weit verbreitet. In Maries Todesjahr 1916 starben in der Schweiz 7429 und im Kanton Zürich 585 Personen an Lungentuberkulose. Von 100 000 Einwohnern starben im Jahresdurchschnitt 1915/16 in der Schweiz 137, im Kanton Zürich 115 Personen.

Arnolds Ablösung fiel mit dem Ausbruch der Krankheit zusammen. In ihrem reduzierten Zustand musste sie nicht nur mit sich selbst fertig werden, sondern auch die massiven Vorwürfe des geliebten Sohnes verarbeiten. Immer wieder stellte er die Berufswahl seiner Mutter so sehr in Frage, dass Marie glaubte: «*Wenn ich wieder vorne anfangen könnte [...], ich wollte ich könnte es [...], so würde ich wahrscheinlich nicht mehr Arzt werden, weil jetzt nicht mehr die Notwendigkeit besteht wie damals [...], ich würde gründlich geschulte Krankenpflegerin, und dann versuchen, eine wahre Gattin und Mutter zu werden.*»[2] In diesem Leben hing Marie allerdings mit allen Fasern an ihrer Arbeit. Arnold fand es an der Zeit, dass sie die Praxis aufgebe und die Räume ihm und seiner Schwester zur Verfügung stellte: «*Ich weiss schon, dass es nicht richtig ist, dass ich noch zwei Berufszimmer für mich beanspruche für die wenigen Wiber, und dass ich, damit ihr Kinder Platz gewinnt, eigentlich alles aufstecken sollte – aber weisst, die Wiber, die noch kommen, hängen so schüli an mir und ich an ihnen; die meisten kenne ich seit Jahrzehnten, und ich stehe eben anders zu ihnen als andere Tökter; alle Lebensfragen der Familie laufen mit ein, und in der Weise kann ich ihnen noch mehr leisten als mit dem medizinischen.*»[3]

Immer wieder fuhr Marie zur Kur, ins Sanatorium in Ambri-Piotta oder ins Gebirge, nach Braunwald oder ins Berner Goldiwil. «*Wenn ich nur nicht essen müsste – das ist eine Qual [...]. Wenn eben nur die Schwäche nicht wäre, die bleibt nun vielleicht meine Lebensplage*»,[4] ein Refrain, der sich als roter Faden durch Maries Korrespondenz zieht.

Marie hatte sich stets sehr gut mit Arnolds Freunden verstanden. Aus aller Welt kamen nun Postkarten und Briefe junger Geologen, die an ihrem Schicksal Anteil nahmen. Zwar wurde ihr Radius immer enger, doch lebte sie durch die Korrespondenz mit der jungen Generation in der grossen Welt. Eine ehemalige Schulkollegin Arnolds, nun verheiratet mit dem Pfarrer von Sternenberg, bedankte sich für die Zusendung von Arnolds Tagebuch: «Als Kleines Mädchen war ich einmal in einer Hottinger Ferienkolonie und riss mir bei einem Ausflug auf den Bachtel das Kleidchen durch, da hat droben auf dem Berg ihre geschickte Hand den Schaden geheilt. Diese Tat der ‹berühmten Frau Doktor› hat sich damals meinem Kinderherz unauslöschlich eingeprägt und es ist Ihnen immer dafür dankbar. […] Die ‹Pflege des Kindes› war sozusagen mein Evangelium.» Monika Egli schenkte es allen Frauen der Gemeinde, die erstmals Mutter wurden, als Andenken vom Frauenverein. Auch Maries Merkblatt zur Abstinenz «Warnung an die Erstklässler» erhielten die Sternenberger regelmässig geschenkt.[5]

Klara Hilty (Sigrist-Hilty), eine Absolventin der Pflegerinnenschule, mit der Marie und Helene öfters auf Bergtouren unterwegs waren, verbrachte einige Zeit bei einem Verwandten, der das Gut der Karthause Ittingen bei Frauenfeld bewirtschaftete. Sie hatte vor einiger Zeit ihren Verlobten verloren. Marie muss sie getröstet haben. «Wie sonderbar neu ist das Leben wieder geworden […]. Du bist […] für mich, ein Mensch, der alle Höhen und Tiefen vom Leben kennt und der nicht verurteilt und einen nicht verurteilt.»[6] Marie, die in jener Zeit so viel Zuneigung brauchte, musste ihrerseits durch die Zeilen des «Chlärlikind» getröstet werden.

Nicht nur Maries Leben war düster, schwarze Wolken zogen über Europa auf. Am 2. August 1914: *«Was ist das für eine traurige Zeit! Keine Post kommt aus Amerika und vielleicht auch keine von hier zu Dir. Als ich zuletzt schrieb, war nur erst so ein Gemunkel; niemand bei uns glaubte an eine ernste Gefahr. Und vorgestern ist es auf einmal eingebrochen, allgemeine Mobilisierung unserer Armee zur Grenzbesetzung. Überall müssen die besten Leute weg aus der Landwirtschaft, wo die gehäufteste Arbeit des ganzen Jahres ist.»*[7]

Unterdessen suchte Arnold in Kalifornien nach Erdöl und hatte seine Mutter davon überzeugt, in ein Grundstück zu investieren. Das grosse Geld kam nie, Arnold fand kein Erdöl. Albert dagegen erlebte eine Genugtuung. 41 Jahre lang war er ein Vorkämpfer der Feuerbestattung in Zürich gewesen. Nun meldete er überglücklich seinem Sohn: «Freitag 12. März war die feierliche Einweihung des herrlichen neuen Krematoriums. Orgelvortrag, dann meine Weiherede, dann Orgel und Gesang (Weidele), dann Rede des Stadtpräsidenten – Orgelvortrag und Schluss, Nachmittags Essen und Reden. In seiner Rede verkündete der Stadtpräsident, dass in Anbetracht meiner Verdienste um die Feuerbestattung in Zürich seit 41 Jahren die Stadt mir nach Auswahl eine Familienurnennische schenkt. – Es war sehr schön gesagt und mir eine grosse freudige Ueberraschung wie auch Munti. Und am Bankett überreichte mir Quästor Uhl eine Ia goldene Uhr – aussen eingraviert das Krematorium und mein Giebelvers, innen Widmung.»[8]

Eine gewisse Zeit hatte Marie gefürchtet, sie würde Arnolds Rückkehr aus den Staaten nicht mehr erleben. Im August 1915 konnte sie den Heimkehrer in die Arme schliessen: «*Arnold ist zurück, hat sich nicht verändert, ist nur etwas älter geworden.*»[9]

Belastend war es für Marie, dass auch ihre Tochter Helene erkrankte. Sie stellte sich immer wieder die Frage, ob sich Helene ausgerechnet bei ihr angesteckt habe. «*Durch die Giftigkeit meiner Krankheit ist mir die Lebensfreude genommen, die ich bei einer unschädlichen Krankheit gleichen Grades noch immer hätte. Du kannst nicht glauben, wie schmerzlich diese Gemeingefährlichkeit mir ist und wie niederschlagend, wenn ich sie einen Augenblick vergesse, und dann wieder daran erinnert werde. Der liebe Gott hätte mir auf mein langes Arbeitsleben nicht ein solches Ende antun sollen. Ach, nur nicht durch eine zu lange vermeintliche Erholungszeit mein bisschen Nützlichkeit im Leben noch mehr vermindern […]. Und bliebe ich ein ganzes Jahr fort, so wär's nachher doch noch im Alten, wenn ich die verwünschte Tuberkulose wieder mitbringe. Das bisschen Leben, das mir noch bleibt, und das für mich nur den Wert hat, es daheim, bei euch zu verleben, das fliegt dahin und ist mit einemal aus und fertig. Ach! Was leide ich jetzt schon in der Vorstellung von dem Haufen Geld, das ich jetzt rein nutzlos fortwerfe, und daheim soviel Not, die Lebensmittelpreise gehen so in die Höhe – der Brotpreis steigt fürchterlich! Und nun kommt erst noch die englisch-deutsche Blockade, die alles erschweren wird.*»[10]

In den Briefen der letzten beiden Jahre ist stets die Krankheit das Hauptthema neben dem schlechten Wetter, das in ihrer «Landwirtschaft» so viel Schaden anrichtete. Im Brief an Anna vom 28. August 1915 erwähnte sie den Besuch von Marie Ritter.

Als Marie ein letztes Mal vom «Hüsli» in die Hottingerstrasse umzog, empfand sie ihre Schwäche ganz besonders: «*Merkwürdig, wie ich nichts helfen kann, und traurig.*» Sie bestimmte genau, wo alle Stücke hin müssten: «*So kann ich doch wenigstens noch ein wenig regieren.*»[11]

Mit Sorge weilten ihre Gedanken oft bei Margarete und Hanneli Hundhausen in Deutschland. Zurück in der Hottingerstrasse, hatte Marie zwei Wünsche offen, die ihr das Schicksal nicht mehr erfüllen konnte.

«Die zwei Erlebnisse, die ich so unendlich gerne noch erleben möchte, die mir aber ohne Zweifel entrückt sind, sind: der Friede! und die Befreiung meiner Pflegekinder aus ihrer Tyrannei.»[12]

Albert bereitete sich auf die Trennung mit einem Gedicht vor:

«Nun geht das Leben bald zu Ende;
zu Ende geht die Herzensqual.
Doch zwischen langen, kalten Schatten
Erreicht uns noch ein Sonnenstrahl.
Was beide wir allein gelitten,
löst milde sich in Lieb' und Lust,
und ungeahnter Himmelsfriede
strömt ein in uns von Brust zu Brust.»[13]

Marie nahm bewusst und bei klarem Verstand Abschied von allen, denen sie nahestand. Über ihren Zustand berichtete sie am 2. November ihrer Schwester Anna in Brugg: *«Ich will ein paar Wörtli probieren. Ich kann wohl nur von mir schreiben, habe sonst nichts erlebt. Danke ich kann kaum mehr auf den Füssen stehen, so gross ist die Schwäche, und doch kann ich noch schreiben. Der Kopf regiert noch. Ich bin voller Ge-*

Marie als schwer kranke Patientin im Bett. In einem Brief an ihre Schwester Anna erzählte sie, wie gerne sie noch etwas «regiere». Anna wurde entsprechend mit energischen Ratschlägen zum richtigen Obsteinkauf eingedeckt. Für die Tochter Helene, die ihre Mutter pflegen wollte beziehungsweise sollte, war die Situation alles andere als einfach.

Die drei Geschwister Heim im Alter: in der Mitte Sophie, links der Musiker Ernst und rechts Maries Gatte Albert.

---

danken, denke viel viel an Dich [...], danke für alles Liebe. Es ist traurig, dass Du mich überleben und so einsam bleiben musst, mir bleiben Hundert, die ich ungern verlasse, die zunehmende Schwäche hilft aber zum Abschied nehmen.»[14]

Ihr vermutlich letzter Abschiedsbrief ging am 6. November 1916 ebenfalls an ihre Schwester: *«Liebe liebe Anna! Ein letzter Gruss, ich kann nicht mehr schreiben. Das Abschiednehmen von so vielen lieben Menschen ist eine so schwere Arbeit – gut, dass Du nur wenige hast. O wie wünsche ich Dir ein leichtes Ende! Bitt für das meine. Ich habe wenig Mut und Kraft mehr und ein grosses Elend [...]. Adie, adie meine liebe liebe Schwester. Deine Marie».*[15]

Marie starb am Morgen des 7. November 1916. Ihre Asche wurde im Ehrenurnengrab der Familie Heim im Krematorium Sihlfeld beigesetzt. An der Wand gegenüber befindet sich das Familiengrab der Familie Erismann.

Eine Nachbarin berichtete nach Basel: «Man sah am Sonntag schon, dass Frau Professor ihrem Ende sehr nahe sei; und sie starb dann schon am Dienstag Morgen. Sie hatte ein schönes, reiches Leben hinter sich und wird gewiss von unendlich vielen betrauert.»[16]

Wie es weiter ging

Die zahlreichen Nachrufe in der Deutschschweizer Presse im November 1916 belegen, dass Maries Bedeutung als Vorkämpferin für die Sache der Frau im öffentlichen Bewusstsein gegenwärtig war. Kurz nach ihrem Tod schrieb Johanna Siebel ihre Biografie, die 1919 erschien.

Albert verkaufte das Haus an der Hottingerstrasse und zog sich ins «Hüsli» zurück, wo er weiter an geologischen Werken schrieb und sich gegen den Eintritt der Schweiz in den Völkerbund (Vorläufer der UNO) engagierte. Er blieb ein hochgeachteter Hundezüchter und -experte. Noch vor wenigen Jahren erinnerten sich alte Leute in Hottingen an den weissbärtigen Mann, der seine Hunde zum See führte, um ihnen ein Bad zu gönnen.

Arnold verbrachte einen grossen Teil seines Berufslebens im Ausland. Er heiratete eine katholische Frau, Monica Hartmann. Albert gelang es nicht, sie von ihren Überzeugungen abzubringen. Monica und Arnold hatten zwei Söhne, Urs und Frank, die nach der Scheidung der Eltern bei ihrer Mutter in Frankreich lebten.

Nach dem Zweiten Weltkrieg heiratete Arnold in zweiter Ehe Elisabeth von Brasch, eine Nichte seines berühmten Nachbarn, des Birchermüesli-Erfinders Bircher-Benner. Elisabeth war eine Generation jünger als Arnold und begleitete ihn begeistert auf seine Exkursionen. Nach seinem Tod verwaltete sie den Nachlass der Familie Heim, den sie der Eidgenössischen Technischen Hochschule überliess.

ALTES PFARRHAUS BÖZEN
GEBURTSHAUS VON

MARIE HEIM-VÖGTLIN

1845-1916
DER ERSTEN SCHWEIZER ÄRZTIN
UND VORBILDLICHEN
HELFERIN DER ARMEN
VEREINIGUNG SCHWEIZER ÄRZTINNEN 1980

Die Erinnerung an Marie lebt weiter. Mit dem Marie-Heim-Vögtlin-Stipendium unterstützt der Schweizerische Nationalfonds Forscherinnen beim Wiedereinstieg in die akademische Laufbahn. Die Gedenktafel an Maries Geburtshaus in Bözen stiftete die Vereinigung Schweizer Ärztinnen 1980.

Helene blieb im «Hüsli», pflegte mit ihrer Partnerin während Jahren den Vater und war ein engagiertes Mitglied ihrer Kirchgemeinde. Die sechs kleinen Kinder ihres Neffen Urs seien als Säuglinge jeweils bei ihr in den Ferien gewesen.

Maries geliebte Schwester Anna bleibt im Schatten der Geschichte. Sie war Mitglied der Kommission des Brugger Kinderspitals und hielt das Erbe der Tante Rahn in Ehren. Anna überlebte Marie um sechs Jahre.

Anmerkungen

Einleitung
1 Kirchhoff, 95.
2 MV an MR, 7. April 1870, Siebel, 94f.
3 Mitteilung von Elisabeth Heim-von Brasch.

Das Kind vom Land – Leben in Bözen
1 Curriculum Vitae MV, 24. Februar 1870, StA Kanton Aargau.
2 Curriculum Vitae MV, 24. Februar 1870, StA Kanton Aargau.
3 Stettler, Maurer, 254.
4 Art. Bözen, Historisches Lexikon der Schweiz, Bd. 2, 2003, 640.
5 Volkszählung vom 18. März 1850, StA Kanton Aargau.
6 Wassmer, 192f.
7 Wassmer, 254–258.
8 Bei einem Ausflug 1902 fotografierte Arnold die Frauen am Brunnen.
9 Curriculum Vitae MV, 24. Februar 1870, StA Kanton Aargau.
10 Siebel, 13.
11 Wessendorf, 218.
12 Schweizerbote, 7. Mai 1853, Schneider, 37f.
13 MV an JDV, 9. Mai 1869, ETH Hs 724: 30.
14 MHV an Anna, 21. September 1916, ETH Hs 724: 6.

Die Eltern: Henriette Benker und Julius David Vögtlin
1 Stammbaum der Familie Benker bei Regula Schmid, Diessenhofen.
2 Pfister, 70.
3 Der Benker-Stammbaum gibt weder das Datum der ersten Heirat noch die Geburts-daten oder die Namen der Töchter an. Offensichtlich hatte Benker keinen überleben-den Sohn.
4 Gerber, 121.
5 Leuschner, 262.
6 Regierungsrat des Kantons Aargau (Hg.), 40.
7 Gerber, 123.
8 Gerber, 123.
9 Benker im Armenprotokoll, Gerber, 125.
10 Matter, Schreyger, Suter, 38f.
11 Ebenda, 39.
12 Neujahrsgabe 1860, Erinnerung an J. U. Benker.
13 Johann Ulrich Benker war von 1853 bis zu seinem Tod 1858 der erste Rektor der Kan-tonsschule Frauenfeld.
14 Siebel, 12.
15 Curriculum Vitae MV, 24. Februar 1870, StA Kanton Aargau.
16 Siebel, 31f.
17 Siebel, 155f.
18 MV an MR, Brugg 27. Dezember 1868, Siebel, 71f.
19 Album Arnold, 10. September 1886, ETH Hs 495a: 34. («Arnold betrachtet und be-sieht Grossdätte Pfarrers Reisetasche.»)
20 Siebel, 15.

21 Ryser, 10.
22 Erziehungsakten X 34, StA Basel-Stadt.
23 Ritter, 18.
24 Mitgliederkatalog des Schweizerischen Zofingervereins PA 412, StA Basel-Stadt.
25 Universitätsarchiv L 8, StA Basel-Stadt.
26 Bonjour, 356.
27 Universitätsarchiv L 8, 68, StA Basel-Stadt.
28 Ritter, Aufzeichnungen, 19.
29 Ritter, Aufzeichnungen, 20.

Eine durchaus gediegene Mädchenbildung

1 Brief an Erziehungsdirektor A. Keller, 25. Februar 1870, StA Kanton Aargau.
2 Siebel, 17.
3 Curriculum Vitae MV, 24. Februar 1870, StA Kanton Aargau.
4 Siebel, 15.
5 Stettler, Maurer, 415.
6 Curriculum Vitae MV, 24. Februar 1870, StA Kanton Aargau.
7 Maturitätsaufsatz Marie Vögtlin, StA Kanton Aargau.
8 Curriculum Vitae MV, 24. Februar 1870, StA Kanton Aargau.
9 MV an Anna, 30. Mai 1869, ETH Hs 724: 2.
10 Courvoisier, 91f.
11 Curriculum Vitae MV, 24. Februar 1870, StA Kanton Aargau.
12 Ritter, Aufzeichnungen, 25.
13 Récapitulations de Montmirail, 1861/62, Archiv Brüdergemeinde Basel.

Rudolfine oder die grosse, städtische Welt

1 Curriculum Vitae MV, 24. Februar 1870, StA Kanton Aargau.
2 Siebel, 16f.
3 Curriculum Vitae MV, 24. Februar 1870, StA Kanton Aargau.
4 Die genealogischen Angaben zu Johannes Blumer und seiner Familie in: Blumer, Walter: Genealogie Blumer, zweites Buch. Bern 1946.
5 MV an Familie, 11. April 1864, ETH Hs 724: 22.
6 Ebenda.
7 Ebenda.
8 Dies ergibt sich aus den überlieferten Dokumenten sowie einer mündlichen Mitteilung von Herrn Matthias Eckenstein-Geigy, dessen Vater als Student noch bei Rudolfine verkehrte.
9 MV an Familie, 28. November 1869, ETH Hs 724: 40.
10 MV an Julius, 4. Januar 1867, ETH Hs 724: 12.
11 Das Haus an der Zürichbergstrasse 8 gehörte der Familie Fierz. Gebaut wurde es nach Plänen des berühmten Architekten Gottfried Semper. Heute ist es Sitz des romanischen Seminars der Universität Zürich.
12 Sulzer-Bühler, 120.

Fritz Erismann, charmanter Rebell und Maries erster Verlobter

1 MHV an ArH, Goldiwil 6. März 1912, Siebel, 262f.
2 Siebel, 262.
3 MV an MR, o. D., Siebel, 24.
4 MV an JDV, Zürich 8. Februar 1869, ETH Hs 724: 27.
5 Ebenda.
6 Tuve, 22.
7 Tuve, 23.

8 MV an JDV, Zürich 8. Februar 1869, ETH Hs 724: 27.
9 MV an JDV, Zürich 12. Februar 1869, ETH Hs 724: 28.
10 MV an MR, 21. Oktober 1868, Medizinhistorisches Institut und Museum der Universität Zürich (MHIZ), Siebel, 62f.
11 Schlikoff, Virginia. In: SVA, 59f.
12 Volksrecht (Zeitung der Sozialdemokratischen Partei Zürich), 17. November 1915.
13 Siehe Kapitel «Die Russinnen kommen – oder: Sturm im Wasserglas».
14 Dossier Erismann, Stadtratssitzung vom 13. November 1915, Stadtarchiv Zürich.
15 Tages-Anzeiger, 15. November 1915.
16 NZZ Nr. 1530, 14. November 1915.
17 Dossier Erismann, Abschiedsrede Stadtpräsident Dr. Billeter, Stadtarchiv Zürich.

«Zu sterben wäre ich freudig bereit gewesen» – Schicksalsjahr 1867

1 MV an JDV, Zürich 4. Januar 1867, ETH Hs 724: 12.
2 MV an MR, o. D., Siebel, 48.
3 MV an MR, o. D., Siebel, 32f.
4 Siebel, 35.
5 MV an MR, o. D., Siebel, 36f.
6 MV an MR, Brugg o. D., Siebel, 36.
7 MV an MR, o. D., Siebel, 37.
8 MV an MR, o. D., Siebel, 39f.
9 MV an MR, o. D., Siebel, 40.
10 MV an MR, o. D., Siebel, 41.
11 MV an MR, o. D., Siebel, 41f.
12 MV an MR, o. D., Siebel, 42.
13 MV an MR, o. D., Siebel, 42.
14 MV an MR, o. D., Siebel, 43.

Marie Ritter, die verlässliche Vertraute

1 Abdankungsrede, 9. Januar 1933.
2 Ritter, Aufzeichnungen, 1.
3 Ritter, Aufzeichnungen, 8.
4 Ritter, Aufzeichnungen, 4.
5 Ritter, Aufzeichnungen, 11.
6 Ritter, Aufzeichnungen, 23.
7 Ritter, Aufzeichnungen, 10.
8 Ritter, Aufzeichnungen, 16f.
9 Ritter, Aufzeichnungen, 18.
10 Ritter, Aufzeichnungen, 24.
11 Ritter, Aufzeichnungen, 38.
12 Ritter, Aufzeichnungen, 26.
13 Abdankungsrede, 9. Januar 1933.
14 MV an MR, o. D., Siebel, 36f.
15 Wer «Mady» war, lässt sich nicht eruieren.
16 MV an MR, 21./22. November 1868, MHIZ, Siebel, 66–68.
17 MV an MR, 17. Januar 1869, Siebel, 74f.
18 Ritter, Aufzeichnungen, 38.
19 Mündliche Mitteilung von Edith Streiff-Brunner, 19. März 2007.
20 Ritter, Aufzeichnungen, 39.

Das Brugger Kinderspital und seine Gründerin «Tante Rahn»

1 Curriculum Vitae MV, 24. Februar 1870, StA Kanton Aargau.

2 MV an MR, o. D., Siebel, 52.
3 MV an MR Brugg, 27. Dezember 1868, Siebel, 71f.
4 Knochenfrass: Knochenentzündung.
5 Ryser, 12.
6 J. D. Rahn, Nr. 58, Art. Rahn, Historisch-biographisches Lexikon der Schweiz, Bd. V, 1929, 522.
7 Stammbaum Familie Rahn, 36.
8 Stammbaum Familie Rahn, 368.
9 Ryser, 8.
10 Ryser, 10.
11 Ebenda.
12 Biographisches Lexikon des Kantons Aargau, 1803–1957. Aarau 1958, 791.
13 MV an MR, 11. November 1868, MHIZ, Siebel 66f.
14 MV an MR, 3. Januar 1869, MHIZ.
15 Ryser, 17.
16 MV an JDV, 12. Februar 1869, ETH Hs 724: 28.
17 Ebenda.

Die Würfel fallen …

1 MHV an ArH, ca. 1911, Siebel, 250.
2 MV an MR, o. D., Siebel, 42–45.
3 MV an MR, o. D., Siebel, 46–48.
4 MV an MR, o. D., Siebel, 49–52.
5 MV an MR, o. D., Siebel, 53f.
6 Siehe Kapitel «Die Russinnen kommen – oder: Sturm im Wasserglas».
7 MV an MR, o. D., Siebel, 55–57.
8 MV an MR, o. D., Siebel, 59f.
9 Staatskalender des eidg. Standes Aargau für das Amtsjahr 1869/70.

Ein «schüchterner Versuch, vom Baum der Erkenntnis zu naschen»

1 Erismann, 1899, 537.
2 Jäggi, 14.
3 Rektorat der Universität Zürich, 5. Februar 1870, SVA, 287.
4 Erismann, 1899, 544.
5 Ebenda, 288.
6 Keller, 20.
7 Belser et al., 32f.
8 Hermann, Separatdruck NZZ 1872.
9 Erismann, 1899, 537.

Erste Schritte in der akademischen Welt

1 MV an MR, o. D., Siebel, 58f.
2 MV an MR, o. D., Siebel, 59.
3 MV an MR, 21. Oktober 1868, MHIZ, Siebel, 62f.
4 Ebenda.
5 Ebenda.
6 MV an MR, 6. Oktober 1869, Siebel, 84.
7 MV an MR, 21. Oktober 1868, MHIZ, Siebel 62f.
8 Ebenda.
9 Ebenda.
10 Siebel, 65.
11 MV an MR, 11. November 1868, MHIZ, teilweise Siebel, 66f.

Maries Kolleginnen – «über alle Massen zuvorkommend und liebevoll»

1   Siebel, 52.
2   Manton, 176.
3   AF an seine Mutter, 30. Dezember 1867, Walser, 55f.
4   AF an seine Mutter, 25. April 1868, Walser, 60f.
5   AF an seine Mutter, 9. Mai 1868, Walser, 64.
6   Forel, 1935, 45.
7   Forel, 1935, 54.
8   Onfel, 14: «Few members of the medical profession can have fought so hard a battle to qualify.»
9   McIntyre, 110.
10 MV an MR, o. D., Siebel, 52f.
11 MV an MR, 21. Oktober 1868, MHIZ, Siebel, 62f.
12 AF an seine Mutter, 19. Juni 1869, Rohner, 29, MHIZ.
13 AF an seine Mutter, 6. Mai 1870, Walser, 73f.
14 MV an MR, 21. Oktober 1868, Siebel, 64.
15 AF an seine Mutter, 25. April 1868, Walser, 61.
16 MHIZ, Nachlass Forel, Foto Miss Walker, handschriftliche Ergänzung von AF: «nous fit visite à Burghölzli vers 1890.»
17 MV an MR, 21. Oktober 1868, MHIZ, Siebel 62f.
18 Belser et al., 129, Volet, 142–144.
19 Tuve, 14.
20 MV an MR, Siebel, 52f.
21 MV an MR, 11. November 1868, MHIZ, teilweise Siebel, 66f.
22 AF an seinen Vater, 21. Januar 1871, Walser, 80f.
23 MV an MR, 14. August 1870, MHIZ, Siebel, 96.
24 Rose, 17.
25 Rose, 26.
26 Tuve, 20.

Sophie Heim – von der Freundin zur Schwägerin

1   MV an JDV, 21. Oktober 1869, ETH Hs 724: 38.
2   Schröter, 3f.
3   MV an JDV, 11. Dezember 1869, ETH Hs 724: 41.
4   MV an JDV und Anna, 9. Januar 1870, ETH Hs 724: 43.
5   Schröter, 3.
6   MV an MR, Brugg 27. August 1869, Siebel, 80.
7   MV an MR, Richisau 31. August 1869, Siebel, 82f.
8   MV an JDV, Richisau 1. September 1869, ETH Hs 724: 36.
9   MV an JDV, Schwanden 9. September 1869, ETH 724: 39.
10 MV an MR, Brugg 17. September 1869, Siebel, 82f.
11 MV an JDV, Zürich 11. Dezember 1869, ETH Hs 724: 41.
12 Schulamt der Stadt Zürich (Hg.), 42.
13 Dierks, 233f.
14 Jung, 341.
15 Brockmann-Jerosch, Heim, Heim, 39.
16 Monica Heim-Hartmann an AH, 10. April 1930, ETH Hs 400: 149.
17 Mitteilung von Dore Heim, 9. Juni 2007.

Susan Dimock, unternehmungslustige Kollegin, schmerzlich vermisste Freundin

1   Böhmert, 24.
2   MV an MR, 21. Oktober 1868, MHIZ, Siebel, 62f.

3 Cheney, 5.
4 Cheney, 7.
5 Cheney, 8.
6 17. März 1868, U 106h (10), StA des Kantons Zürich.
7 MV an MR, 11. November 1868, MHIZ.
8 MV an JDV, Zürich 9. Mai 1869, ETH Hs 724: 30.
9 MV an Familie in Brugg, 12. Juni 1869, ETH Hs 724: 33.
10 Auskunft von Dr. Christian Klemm, Kunsthaus Zürich.
11 MV an MR, 20. Mai 1869, Siebel, 78f.
12 MV an MR, Oktober 1869, Siebel, 90f.
13 MV an MR, 23. Juli 1871, Siebel, 97f.
14 Kindbettfieber: eine fieberhafte Infektionskrankheit der Wöchnerin.
15 AF an seinen Vater, Tübingen 18. November 1873: «Cette promenade en tête-à-tête m'a rappellé celles que j'ai fait avec Mlle Dimock.» Walser, 92.
16 AF an seine Mutter, 4. Dezember 1871: «J'ai été voir la galerie de tableaux du Belvédère avec Mlle. Dimock.» (Rubens, Van Dyck, Rembrandt …) Walser, 84f.
17 MV an MR, Brugg 2. April 1872, Siebel, 103f.
18 Siehe Kapitel «Die Russinnen kommen – oder: Sturm im Wasserglas».
19 Cheney, 32.
20 MV an MR, Leipzig 26. Juli 1873, MHIZ.
21 Drachman, 130.
22 E. R. Hoar an Dr. C. E. Buckingham, Boston 11. März 1873, Countway Library.
23 Drachman, 76.

Wie man in den Wald ruft, kommt es zurück – Maries Studienkollegen

1 Cheney, 17. Brief Susan Dimock, 25. Oktober 1868.
2 AF an seine Mutter, 30. Dezember 1867, Walser, 55.
3 MV an MR, 6. Dezember 1868, Siebel, 69 ff.
4 Siebel, 73 – o. D., vermutlich vor dem SS 1869.
5 Cheney, 16.
6 MV an AV, 30. Mai 1869, ETH Hs 724:2.
7 AF an seine Mutter, 9. Mai 1868, Walser, 62–64.
8 AF an seinen Vater, 30. Dezember 1867, Walser, 57.
9 AF an seine Mutter, 30. Dezember 1867, Walser, 56.
10 AF an seine Mutter, 9. Mai 1868, Walser, 62–64.
11 Forel, 1935, 53.
12 AF an seine Mutter, 6. Mai 1870, Walser, 73f.
13 MV an MR, 6. Dezember 1868, Siebel, 69 ff.
14 MV an MR, 20. Mai 1869, Siebel, 79.
15 AF an seine Mutter, 8. Mai 1869, Walser, 71.
16 MV an MR, 2. Mai 1869, Siebel, 77.
17 Böhmert, 20.
18 SVA, 288.
19 MV an MR, Leipzig 26. Juli 1873, Siebel, 106–109.
20 Ebenda.
21 AF an seine Mutter, 30. Dezember 1867, Walser, 55.
22 Keller, 20.
23 MV an AH, Dresden o. D., Siebel, 109.
24 MHV an ArH, Siebel, 255.
25 Escher, 1924, 8f.

«Der liebe Professor war überaus besorgt für uns»

1 MV an MR, o. D., Siebel, 56f.
2 MV an MR, 21. Oktober 1868, Siebel, 63, MHIZ.
3 Cheney, 20.
4 MV an JDV, Zürich 9. Mai 1869, ETH Hs 724: 30.
5 MV an MR, Zürich 2. Mai 1869, Siebel, 77f.
6 Siehe Kapitel «Wie man in den Wald ruft, kommt es zurück – Maries Kollegen».
7 MV an die Familie in Brugg, 11. Dezember 1869, ETH Hs 724: 41.
8 MV an die Familie in Brugg, 19. Juli 1869, ETH Hs 724: 34. Alle Zitate über die Exkursion in diesem Brief.
9 Böhmert, 16.
10 Böhmert, 18.
11 Siehe Kapitel «Die Russinnen kommen – oder: Sturm im Wasserglas».
12 MV an MR, 11. November 1868, Siebel, 66–68, MHIZ.
13 Brief, 25. Oktober 1868, Cheney, 17f.
14 MV an ihre Familie in Brugg, 21. Oktober 1869, ETH Hs 724: 38.
15 MV an MR, 27. März 1869, Siebel, 76.
16 MV an MR, 21. November 1871, Siebel, 100f.
17 Siehe Kapitel über Susan Dimock.
18 Schulamt der Stadt Zürich (Hg.), 37.
19 August Forel an seine Mutter, 30. Dezember 1867, Walser, 56.
20 MV an Familie in Brugg, 21. Oktober 1869, ETH Hs 724: 38.
21 Gagliardi, 567.
22 Böhmert, 25.
23 MV an MR, Leipzig 26. Juli 1873, MHIZ.
24 His, 223.
25 His, 224.
26 Kirchhoff, 36f.
27 Kirchhoff, 124.
28 Tiburtius, 169.

Wer den Rappen nicht ehrt, ist des Frankens nicht wert

1 Cheney, 19.
2 Ebenda, 20.
3 MV an JDV, 13. Dezember 1869, ETH Hs 724: 42.
4 Dierks, 225.
5 AF an seine Mutter, 6. Mai 1870, Walser, 73f.
6 MV an MR, Dresden 19. September 1873, MHIZ.
7 Brief MHV an AH zum Geburtstag 1912, o. O. o. D., ETH Hs 724: 19.
8 Brockmann-Jerosch, Heim, Heim, 20.
9 Brockmann-Jerosch, Heim, Heim, 22.
10 AH an JH, 13. Oktober 1881, ETH Hs 400: 734.
11 Brockmann-Jerosch, Heim, Heim, 27.
12 AH an JH, 11. November 1886, ETH Hs 400: 740.
13 Brockmann-Jerosch, Heim-Heim, 29.
14 AH an ArH, 30. März 1908, ETH Hs 495: 760.
15 AH an ArH, 25. Mai – 25. Juni 1911, ETH Hs 495: 797.
16 Ritzmann-Blickenstorfer, 502f.
17 Erismann, 1899, 537.

Die Russinnen kommen – oder: Sturm im Wasserglas

1 Victor Böhmert an den Regierungsrat, 17. Oktober 1872, SVA, 298.

2 An Rektor und Senat, 22. Februar 1870, SVA, 288f.

3 MV an JDV, 21. Oktober 1869, ETH Hs 724: 38.

4 MV an MR, Zürich 11. März 1870, Siebel, 93.

5 MV an MR, Zürich 31. Mai 1870, Siebel, 95f.

6 Allgemeine Studentenversammlung an Rektor, 19. Januar 1872, SVA, 291.

7 Senat an Erziehungsdirektion, 13. Februar 1872, SVA, 293.

8 «Die Verleumdung der in Zürich studierenden russischen Frauen durch die russische Regierung.» SVA, 304.

9 Tiburtius, 158.

10 Tuve, 37.

«Jetzt fällt mir der letzte solche Stein vom Herzen» – Studienabschluss

1 MV an Familie in Brugg, 9. Januar 1870, ETH Hs 724:43.

2 MV an Augustin Keller, StA Kanton Aargau.

3 Mesmer, 135.

4 MV an MR, Brugg 29. März 1870, Siebel, 93f.

5 MV an MR, Brugg 7. April 1870, MHIZ.

6 Dossier Marie Vögtlin, StA Kanton Aargau.

7 Fr. Goll, Aktuar leitender Ausschuss, 2. August 1870, MHIZ.

8 Fr. Goll, Aktuar leitender Ausschuss, 8. August 1870, MHIZ.

9 MV an MR, 14. August 1870, MHIZ.

10 Fr. Goll an MV, 13. Dezember 1870, MHIZ.

11 MV an MR, Brugg 7. September 1870, Siebel, 97.

12 Forel, 1935, 58.

13 Urner, 208 ff.

14 MV an MR, 23. Juli 1871, Siebel, 97f.

15 MV an MR, 21. November 1871, Siebel, 99f.

16 MV an MR, 9. Januar 1873, Siebel, 104f.

17 MV an MR, Leipzig 26. Juli 1873, MHIZ.

18 MV an MR, Dresden 19. September 1873, MHIZ.

19 Staehelin, 246.

20 Tiburtius, 169f.

21 MV an MR, 11. Juli 1874, MHIZ.

Das «Haus, wo es mir so durch und durch wohl ist» – Marie bei Familie Heim

1 MV an MR, o. D., Siebel, 91.

2 MV an JDV, Zürich 21. Oktober 1869, ETH Hs 724: 38.

3 Brockmann-Jerosch, Heim, Heim, 9.

4 Brockmann-Jerosch, Heim, Heim, 9.

5 ZB Zürich, Handschriften Heim, XIX2.

6 Brockmann-Jerosch, Heim, Heim, 76.

7 Am 8. bzw. 12. März 1846 notierte Meta Heusser in ihrem Tagebuch die Verlobung Sophie Fries' mit Konrad Heim. Hinweis von Regine Schindler.

8 Heusser-Schweizer, 95.

9 MV an JDV, Zürich 4. November 1869, ETH Hs 724: 39.

10 MV an JDV und Anna, Zürich 9. Januar 1870, ETH Hs 724: 43.

11 Susan Dimock an Dr. Zakrzewska in Boston, 9. Januar 1870, Cheney, 20.

12 MV an JDV und Anna, Zürich 9. Januar 1870, ETH Hs 724: 43.

13 AH an JH, Hottingen-Zürich 14. Juni 1880, ETH Hs 400: 733.

14 Dierks, 234.

15 Ebenda.

16 Brockmann-Jerosch, Heim, Heim, 42f.

«An ihrem Ziel das höchste geistige Interesse genommen» – Albert Heim

1   AH an JH, Zürich 13. Oktober 1881, ETH Hs 400: 734.
2   Brockmann-Jerosch, Heim, Heim, 22.
3   Ebenda.
4   MV an Anna, 30. Mai 1869, ETH Hs 724: 43.
5   Brockmann-Jerosch, Heim, Heim, 23 und Siebel, 74f.
6   Brockmann-Jerosch, Heim, Heim, 69.
7   Die Biografie stützt sich auf Arnold Heims Ausführungen in: Brockmann-Jerosch, Heim, Heim, 11.
8   Brockmann-Jerosch, Heim, Heim, 11.
9   Brockmann-Jerosch, Heim, Heim, 11.
10 Brockmann-Jerosch, Heim, Heim, 36, Festrede vom 11. Juli 1899.
11 ArH aus Sumatra an MHV, 23. März 1911.
12 Brockmann-Jerosch, Heim, Heim, 11.
13 MV an JDV, Zürich 4. November 1869, ETH Hs 724: 39.
14 Albert Heim: Notizen über den Tod durch Absturz. In: Jahrbuch des Schweiz. Alpenclubs 1892.
15 MV an AH, Dresden o. D., Siebel, 110.
16 AH an JH, Zürich 4. Juni 1880, ETH Hs 400: 733.
17 MV an AH, o. D., Siebel, 118.
18 MV an AH, o. D., Siebel, 125f.

«[...] wo die Zitronen blühn» – Marie und Albert auf Hochzeitsreise

Alle Zitate dieses Kapitels stammen aus Albert Heims Tagebuch von der Hochzeitsreise, das auch zahlreiche Skizzen enthält. ETH Hs 401: 773

Mit Feuer und Flamme für das Frauenstimmrecht

1   MHV an ArH, 4. Juni 1914, Siebel, 276.
2   Ernst Ganz war der Freund, dem Arnold seine erste Stelle in Indonesien verdankte.
3   ArH an Familie, 28. Juni 1914, ETH Hs 495: 809.6.
4   Siebel, 57.
5   MHV an ArH, 26. Dezember 1910, Siebel, 247f.
6   Siebel, 249.
7   AH an ArH in Paris, 30. März 1908, ETH Hs 495: 760.
8   AH an JH, 13. Oktober 1881, ETH Hs 400: 734.
9   Ebenda.
10 Album Arnold, 20. März 1884, ETH Hs 495a: 34.
11 ArH an MHV, 16. Januar 1911, Privatbesitz.
12 Album Arnold, 3. März 1883, ETH Hs 495a: 34.
13 Album Arnold, 16. November 1882, ETH Hs 495a: 34.
14 Album Arnold, 4. Dezember 1882, ETH Hs 495a: 34.
15 Erismann, 1899, 611f.
16 Manuskript Brockmann-Jerosch, 292f. Handschriften ZB XIX3.
17 Brockmann-Jerosch, Heim, Heim, 23f.

Maries Praxis – das Leben ihrer Wahl

1   MV an MR, 6. August 1874, MHIZ.
2   Ebenda.
3   AH an JH, 8. Mai 1884, ETH Hs 400: 737.
4   AH an JH, 4. Juni 1880, ETH Hs 400: 733.
5   Heim-Vögtlin, 1879.

6 «Denk Vater, zwei jemand haben die Lungenentzündung.» Album Arnold, 30. Januar 1886, ETH Hs 495a: 34.

7 Album Arnold, 12./13. November 1882, ETH Hs 495a: 34.

8 Album Arnold, 29. Dezember 1882, ETH Hs 495a: 34.

9 Album Arnold, 9. April 1883, ETH Hs 495a: 34.

10 Heim-Vögtlin, 1879, 389.

11 Belart, 160.

12 Belart, 159, 18. August 1874.

13 MV an MR, 6. Dezember 1868, Siebel, 69.

14 MV an MR, 6. August 1874, MHIZ.

15 Sulzer-Bühler, 147f.

16 Album Arnold, 26. März 1888, ETH Hs 495a: 34.

17 MHV an Auguste Forel, 29. Juni 1889, MHIZ.

18 MHV an Auguste Forel, 20. September 1889, MHIZ.

19 Ebenda.

20 MHV an Auguste Forel, 12. April 1890, MHIZ.

21 MCT an Mary Garrett, 25. November 1882, Bryn Mawr College Archives.

22 Aline an Tochter Hedwig Kappeler, Juli 1901. Kappelerbriefe 56a, Privatbesitz. Hinweis von Regine Schindler.

23 MHV an MR, o. D., Siebel, 163.

24 MHV an Johanna Hundhausen, 3. Dezember 1889, ETH Hs 724: 58.

25 Album Arnold, 12. Juli 1888, ETH Hs 495a: 34.

Arnold – Maries «Alleinherrscher»

1 MV an MR, 19. Juni 1869, Siebel, 80.

2 MHV an MR, Zürich 29. November 1882, ETH Hs 724: 48.

3 Siebel, 152.

4 Agenda 1882, ETH Hs 401: 775.

5 Ebenda.

6 Siebel, 153.

7 Album Arnold, ETH Hs 495a: 34.

8 Köppel-Hefti, 46.

9 Huch, 39.

10 MV an JDV, Zürich 19. Juli 1869, ETH Hs 724: 34.

11 Heim, Arnold, 1905, 2.

12 Siebel, 155.

13 AH an JH, Zürich 13. Oktober 1881, ETH Hs 400: 734.

14 Album Arnold, 13. Mai 1882, ETH Hs 495a: 34.

15 Album Arnold, 16. Januar 1883, ETH Hs 495a: 34.

16 Album Arnold, 9. Mai 1885, ETH Hs 495a: 34.

17 MHV an MR, Zürich 29. November 1882, ETH Hs 724: 48.

18 Heim-Vögtlin, 1898, 53.

19 Album Arnold, 13. Mai 1882, ETH Hs 495a: 34.

20 MHV an MR, o. D., Siebel, 156f.

21 AH an JH, 29. Dezember 1883, ETH Hs 400: 735.

22 AH an JH, 23. Dezember 1884, ETH Hs 400: 736.

23 Maries Dresdener Professor von Winckel soll sich für die Tagebücher über die Kinder interessiert haben. Siebel, 154.

24 Album Arnold, Einleitung, ETH Hs 495a: 34.

25 Ebenda.

26 Album Arnold, 15. November 1882, Hs 495a: 34.

27 Album Arnold, 5. März 1883, ETH Hs 495a: 34.

28 AH an JH, 8. Mai 1884, ETH Hs 400: 737.
29 Album Arnold, November 1884, ETH Hs 495a: 34.
30 Album Arnold, Oktober 1885, ETH Hs 495a: 34.
31 Album Arnold, 19. Januar 1888, ETH Hs 495a: 34.
32 MHV an Johanna Hundhausen, Zürich 3. Dezember 1889, ETH Hs 724: 58.
33 Album Arnold, 22. August 1884, ETH Hs 495a: 34.
34 Album Arnold, 8. Februar 1887, ETH Hs 495a: 34.
35 Album Arnold, 28. Mai 1887, ETH Hs 495a: 34.
36 Heim, Arnold, Geisterglaube, 1.
37 Heim, Arnold, Psychologie, 2.
38 Siebel, 178.
39 Brockmann-Jerosch, Heim, Heim, 80f.

Im Sommer das «Hüsli», im Winter der Christbaum

1 Brockmann-Jerosch, Heim, Heim, 28.
2 Siebel, 158.
3 AH an JH, Hottingen 13. Oktober 1883, ETH Hs 400: 744.
4 Album Arnold, 28. April 1884, ETH Hs 495a: 34.
5 Album Arnold, 21. April 1886, ETH Hs 495a: 34.
6 MHV an JH, 12. Mai 1886, ETH Hs 400: 738.
7 AH an JH, 8. Mai 1884, ETH Hs 400: 737.
8 Brockmann-Jerosch, Heim, Heim, 28.
9 Auskunft von Arnolds zweiter Gattin Elisabeth Heim-von Brasch.
10 Album Arnold, 28. Mai 1887, ETH Hs 495a: 34.
11 Auskunft von Elisabeth Heim-von Brasch.
12 Brockmann-Jerosch, Heim, Heim, 72.
13 Album Arnold, 6. Mai 1886, ETH Hs 495a: 34.
14 Brockmann-Jerosch, Heim, Heim, Artikel Walter Scheitlin, 246.
15 Ebenda, 247.
16 Erinnerung von Dore Heim, der Urenkelin Maries, 9. Juni 2007.
17 Ebenda.
18 Album Arnold, April 1886, ETH Hs 495a: 34.
19 Ganser, 4.
20 Brockmann-Jerosch, Heim, Heim, 28.
21 Siebel, 85f.
22 Album Arnold, Mai 1884, ETH Hs 495a: 34.
23 Album Arnold, 1. Mai 1887, ETH Hs 495a: 34.
24 Brockmann-Jerosch, Heim, Heim, 39.
25 Brockmann-Jerosch, Heim, Heim, 29.
26 AH an ArH, 7. Juli 1905, ETH Hs 495: 754.
27 Belart, 164f.
28 Belart, 166.
29 Belart, 168.
30 Brockmann-Jerosch, Heim, Heim, 33.
31 Album Arnold, 25. Dezember 1885, ETH Hs 495a: 34.
32 Album Arnold, 10. Dezember 1885, ETH Hs 495a: 34.
33 MHV an ArH, 31. Dezember 1912, Siebel, 260f.
34 MHV an JH und seine Frau, 30. Dezember 1890, ETH Hs 724: 59.

Helene und Marie – eine Mutter-Tochter-Beziehung mit Tücken

1 MHV an MR, o. D., [Anfang] 1886, Siebel, 159f.
2 MHV an JH, 12. Mai 1886, ETH Hs 400: 738.

3 Widmer, 401.
4 AH an JH, Hagrose, 21. Mai 1886, ETH Hs 400: 739.
5 MHV an MR, o. D., Siebel, 161f.
6 Heim-Vögtlin, 1898, 18.
7 AH an JH, 11. April 1887, ETH Hs 400: 742.
8 MHV an MR, o. D., Siebel, 162f.
9 Album Arnold, 11. September 1887, ETH Hs 495a: 34.
10 Album Arnold, Datierung unklar, ETH Hs 495a: 34.
11 Album Arnold, Datierung unklar, ETH Hs 495a: 34.
12 Album Arnold, Dezember 1889, ETH Hs 495a: 34.
13 Siebel, 176.
14 Siebel, 177.
15 MHV an JH und seine Gattin, 31. Dezember 1890, ETH Hs 724: 59.
16 Huch, 53.
17 NZZ, 23. Januar 1991.
18 Album Arnold, 25. März 1891, ETH Hs 495a: 34.
19 Siebel, 205.
20 Mitteilung von Dr. Susanna Woodtli (*1920), Zollikon.
21 MHV an ArH, o. D., Siebel, 235.
22 Siebel, 208.
23 MHV an ArH, o. D., Siebel, 240.
24 HeH an AH, 19. Juli 1909, ETH Hs 400: 87.
25 HeH an AH, Donnerstag [ohne Jahr], ETH Hs 400: 89.
26 MHV an ArH, Siebel, 251.
27 AH an ArH in Tula Oklahoma, 28. Februar 1912, ETH Hs 495: 806.
28 ArH an MHV, 7. April 1911, Privatbesitz.
29 HeH an MHV, Fluntern 27. September 1911, ETH Hs Hs 725: 50.
30 MHV, 16. Juli 1914, Siebel, 280.
31 MHV, 16. Juli 1914, Siebel, 280f.
32 MHV an ArH, 21. Juli 1914, Siebel 281.
33 ArH an Familie, Pira Ca/USA 18. Juli 1914, ETH Hs 495: 809.8.
34 MHV an ArH, 9. August 1914, Siebel, 282.
35 Brockmann-Jerosch, Heim, Heim, 72.
36 HeH an ArH, 7. August 1946, Privatbesitz.

Die Sternschnuppe – Röslis Geburt und Tod

1 Brockmann-Jerosch, Heim, Heim, 31.
2 Album Arnold, ETH Hs 495a: 34.
3 Album Arnold, 10. April 1889, ETH Hs 495a: 34.
4 AH an Familie Hundhausen, 11. April 1889, ETH Hs 400: 74.
5 Siebel, 167, Zitat ohne Quellenangabe.
6 Siebel, 168.
7 Ebenda.
8 Album Arnold, April 1889, ETH Hs 495a: 34.
9 Hottinger Krankheitsanzeiger 1886–1892.
10 MHV an Johanna Hundhausen, 3. Dezember 1889, ETH Hs 724: 58.
11 Brockmann-Jerosch, Heim, Heim, 31.
12 Huch, 22f.
13 Brockmann-Jerosch, Heim, Heim, 30.
14 Brockmann-Jerosch, Heim, Heim, 31.
15 Ebenda.
16 Ebenda.

17 Siebel, 174.
18 Album Arnold, o.D., 1889, ETH Hs 495a: 34.
19 Larousse du XXe siècle, Bd. III, Paris 1930.
20 Album Arnold, 8. November 1888, ETH Hs 495a: 34.
21 Siebel, 226f.
22 Siehe Kapitel «Maries Praxis – das Leben ihrer Wahl».
23 MHV an Johanna Hundhausen, 3. Dezember 1889, ETH Hs 724: 58.

Der grosse Onkel und sein kleines Geheimnis

1   AH an JH, 29. Dezember 1883, ETH Hs 400: 735.
2   Album Arnold, August 1884, ETH Hs 495a: 34.
3   Brockmann-Jerosch, Heim, Heim, 30.
4   Internetseite Hundhausen-Familienverband, Johannes Hundhausen: www.hund-hausen.org – Stand: 30. April 2007.
5   Brockhaus 1928, Bd. I, 264.
6   Vgl. Anmerkung 4 in diesem Kapitel.
7   Album Arnold, 15. Dezember 1883, ETH Hs 495a: 34.
8   AH an JH, 13. Oktober 1883, ETH Hs 400: 744.
9   Internetseite Hundhausen-Familienverband, Johannes Hundhausen: www.hund-hausen.org – Stand: 30. April 2007.
10 AH an JH, 8. Mai 1884, ETH Hs 400: 737.
11 AH an JH und seine Frau, 26. Dezember 1890, ETH Hs 400: 745.
12 MHV an JH und seine Gattin, 31. Dezember 1890, ETH Hs 724: 59.
13 Heim-Vögtlin, 1898, 37.
14 MHV an JH, 24. Dezember 188[?], ETH Hs 724: 60.
15 MHV an JH und seine Gattin, 31. Dezember 1890, ETH Hs 724: 59.
16 AH an JH und seine Gattin, 26. Dezember 1890, ETH Hs 400: 745.
17 MHV an JH, 12. Mai 1886, ETH Hs 400: 738.
18 Ebenda.
19 AH an JH, 11. November 1886, ETH Hs 400: 740.
20 JH an AH, Hamm 14. November 1886, ETH Hs 400: 741.
21 AH an JH, 11. April 1887, ETH Hs 400: 742.
22 Album Arnold, 23. September 1888, ETH Hs 495a: 34.
23 AH an JH und Johanna Hundhausen, o.D. [Januar] 1890, ETH Hs 400: 746.
24 MHV an Johanna Hundhausen, 3. Dezember 1889, ETH Hs 724: 58.
25 Brockmann-Jerosch, Heim, Heim, 30.
26 Brockmann-Jerosch, Heim, Heim, 44.
27 Fotoalben Archiv ETH.
28 Schweizerisches Hundestammbuch 1904.

«Diese Kinder lasse ich nicht fahren ...» – das Ende einer langen Freundschaft

1   MHV an ArH, o.D., Siebel, 240.
2   AH in Thusis an ArH in Berlin, 14. April 1905, ETH Hs 495: 749.
3   AH an ArH, 31. Mai 1905, ETH Hs 495: 753.
4   Heim, Arnold, 1905, 4.
5   Brockmann-Jerosch, Heim, Heim, 49.
6   AH an ArH in Sumatra, Zürich 25. Mai – 25. Juni 1911, ETH Hs 495: 797.
7   MHV an ArH, 26. Dezember 1910, Siebel, 247.
8   ArH an MHV, 7. April 1911, Privatbesitz.
9   MHV an ArH, Orselina 5. April 1915, Siebel, 285f.
10 MHV an AH, Goldiwil 27. Januar 1912, ETH Hs 724: 17.
11 MHV an AH, Goldiwil 29. Januar 1912, EHT Hs 724: 18.

12 MHV an AV, 21. September 1916, EHT Hs 724: 6.
13 Balmer, 289.
14 Margarete Staub, Bad Honnef 12. April 2004.
15 Margarete Staub, Bad Honnef 12. April 2004.
16 Heim, Dore, 192.

Die Geschichte einer schmerzhaften Ablösung – Arnolds Erwachsenwerden

1 AH an ArH, Zürich 5. November 1904, ETH Hs 495: 742.
2 Maurice Lugeon (1870–1953), Geologieprofessor in Lausanne.
3 Hans Schardt (1858–1931), damals Professor in Neuenburg, wurde Albert Heims Nachfolger auf dem Lehrstuhl für Geologie.
4 Richard Armin Baltzer (1842–1913), Professor für Geologie und Mineralogie an der Universität Bern.
5 AH an MHV, Curhaus Val Sinestra, Schuls 31. August 1906, ETH Hs 724: 49.
6 Siehe Kapitel «Wer den Rappen nicht ehrt, ist des Frankens nicht wert».
7 AH an ArH im Hôtel Sorbonne Paris, Schaffhausen 30. März 1908, ETH Hs 495: 760.
8 Ebenda.
9 AH an ArH, Bern 24. Mai 1909, ETH Hs 495: 762.
10 ArH an AH in Stockholm, 23. August 1910, ETH Hs 495: 766.
11 AH an seine Eltern, Genua 10. November 1910, ETH Hs 495: 767–796-
12 Brockmann-Jerosch, Heim, Heim, 50.

«Denke an Goethe! Was wäre er als Euer Kind geworden?»

1 Album Arnold, 12. Oktober 1883, ETH Hs 495a: 34.
2 Ebenda, 25. Mai 1886.
3 Album Arnold, 6. September 1886, ETH Hs 495a: 34.
4 Album Arnold, Oktober 1886, ETH Hs 495a: 34.
5 Ebenda.
6 Ebenda, 20 Februar 1889.
7 Ebenda, 3. März 1889.
8 Album Arnold, 20. März 1891, ETH Hs 495a: 34.
9 ArH an MHV, 22. April 1911, Privatbesitz.
10 ArH an MHV, 7. April 1911, Privatbesitz.
11 ArH an MHV, 9. April 1911, Privatbesitz.
12 ArH an MHV, 19. Mai 1911, Privatbesitz.
13 ArH an MHV, 5. Mai 1911, Privatbesitz.
14 Siebel, 253–257.
15 Heim, Albert, 1904, 4.
16 Ebenda, 7.
17 Ebenda, 14.
18 Ebenda, 23.
19 Ebenda, 31.
20 AH an ArH in Tulsa Oklahoma, Zürich 24. Januar 1912, ETH Hs 495: 802.
21 ArH an MHV, 28. Mai 1911, Privatbesitz.

Maries Wunsch: «recht helfen können, nicht nur tröpfliweise»

1 MHV an ArH, 26. Dezember 1910, Siebel, 248.
2 Siebel, 224.
3 Album Arnold, Dezember 1885, ETH Hs 495a: 34.
4 Siehe Kapitel «Von Frauen ins Leben gerufen und von Frauen geleitet – die Pflegerinnenschule».
5 MHV an ArH, 26. Dezember 1910, Siebel, 247.

6 Privatbesitz, Zürich.
7 Mitteilung Elisabeth Heim-von Brasch.
8 Siebel, 182–184.
9 Siehe Kapitel «Mit Feuer und Flamme für das Frauenstimmrecht».
10 Scherer, 44.
11 Ulrich, 133.
12 Zehnder, 55, 232.
13 Mousson-Rahn, 14.
14 Protokolle beim Evangelischen Frauenbund Zürich.
15 Heim-Vögtlin, 1891. Alle folgenden Zitate stammen aus dieser Broschüre.
16 Zitiert bei Baumann Kurer, 13.
17 Heim-Vögtlin, 1898, 26.
18 Bleuler-Waser, 198.
19 Zürcher, 21.
20 Heim-Vögtlin, 1907, 2.
21 Zürcher, 38.
22 Heim-Vögtlin, 1907, 3.
23 Ebenda, 4.
24 Ebenda, 4.
25 Ebenda, 5.
26 Bleuler-Waser, 201.

Von Frauen ins Leben gerufen und von Frauen geleitet – die Pflegerinnenschule

1 Studer, 7.
2 MHV an Arnold Ott, 6. September 1898, MHIZ.
3 Gosteli-Archiv, Dokumente Pflegerinnenschule, Album.
4 Studer-von Goumoëns, 15.
5 Studer-von Goumoëns, 36.
6 Studer-von Goumoëns, 36.
7 Studer-von Goumoëns, 53.
8 Studer-von Goumoëns, 55.
9 Siehe Kapitel «Maries Praxis – das Leben ihrer Wahl».
10 Studer-von Goumoëns, 37.
11 MHV an AH, vermutlich April 1912, ETH Hs 724: 19.

Schwerer Abschied vom Leben

1 Brockmann-Jerosch, Heim, Heim, 53.
2 MHV an ArH, o. D., vielleicht 1912, Siebel, 259.
3 MHV an ArH, 9. September 1912, Siebel, 265f.
4 MHV an AH, Goldiwil 21. Januar 1912, ETH Hs 724: 13.
5 Monika Egli an MHV, Sternenberg 19. Februar 1911, ETH Hs 724: 21.
6 Klara Hilty an MHV, Karthause Ittingen 18. Februar 1912, ETH Hs 724: 51.
7 MHV an ArH, Siebel, 281.
8 AH an ArH, 15. März 1915, ETH Hs 495: 810.
9 MHV an Anna, 21. August 1915, ETH Hs 724: 3.
10 MHV an ArH, 12. Februar 1915, Siebel, 284f.
11 MHV an Anna, 28. Oktober 1916, ETH Hs 724: 7.
12 Ebenda.
13 Brockmann-Jerosch, Heim, Heim, 54.
14 MHV an Anna, 2. November 1916, ETH Hs 724: 8.
15 MHV an Anna, 6. November 1916, ETH Hs 724: 9.
16 Susi Krauer an Anna Löffler-Herzog, 10. November 1916, Privatbesitz.

Bibliografie

Ungedruckte Quellen
Aargauisches Staatsarchiv
Curriculum Vitae Marie Vögtlin, 24. Februar 1870.
Brief Marie Vögtlin an Erziehungsdirektor Augustin Keller, 25. Februar 1870.
Volkszählung 1850: Bözen.

Staatsarchiv des Kantons Basel-Stadt
Stipendiengesuch David Julius Vögtlin vom 8. Oktober 1831.
Mitgliederkatalog des Schweizerischen Zofingervereins.
Vorlesungsverzeichnisse der Universität Basel.

ETH-Bibliothek Archive und Nachlässe, Zürich
Nachlass Marie Heim-Vögtlin, Albert Heim und Arnold Heim.

Medizinhistorisches Institut der Universität Zürich, Archiv
Briefe und Dokumente betreffend Marie Vögtlin.

Francis A. Countway Library of Medecine, Boston
Vier Briefe betreffend Susan Dimock, Zulassung zur Massachussetts Medical Society.

Gemeindekanzlei Schinznach-Dorf
Grundbuch betreffend Rebberg Anna Vögtlin und Marie Heim-Vögtlin.
Dossier Johann Ulrich Benker.

Gosteli-Archiv Worblaufen
Schweizerische Pflegerinnenschule.

Evangelischer Frauenbund Zürich
Protokolle des Zürcherischen Frauenbundes zur Hebung der Sittlichkeit 1887–1902.

Herrnhuter Brüdergemeinde Basel, Archiv
Dokumente betreffend Montmirail.

Privatbesitz, Langendorf SO
Ritter, Marie: Aufzeichnungen aus dem Leben von Marie Ritter 1842–1933.
Böniger, Hans: Abdankung für Marie Ritter, 9. Januar 1933.

Privatbesitz aus Nachlass E. Heim, Zürich
Briefe Arnold Heim und Helene Heim, Margarete und Johanna Hundhausen.

Interviews
Heim, Dore, 9. Juni 2007.
Heim-von Brasch, Elisabeth, 27. Januar, 17. Februar, 24. Februar, 3. März 1989.
Heim, Urs F. A. und Küngolt, Bern.
Sigrist, Rudolf, Buchs SG, Sohn von Klara Sigrist-Hilty, 2. Dezember 2005.
Staub, Margarete, Enkelin von Johannes Hundhausen, Bad Honnef, 12. April 2004.

Gedruckte Quellen

Baragiola, Elsa Nerina: Einer pädagogischen Pionierin. (Nachruf auf Sophie Heim) In: Schweizer Frauenblatt, 4.9.1931.

Baragiola, Elsa Nerina: Trauerrede für Sophie Heim. Zürich 1931.

Bleuler-Waser, Hedwig: Aus meinem Leben. In: Frauen der Tat 1855–1885. Zürich 1929.

Böhmert, Victor: Das Studieren der Frauen mit besonderer Rücksicht auf das Studium der Medicin. Leipzig 1872.

Dierks, Margarete (Hg.): «Gebildet, ohne gelehrt zu sein.» Essays, Berichte und Briefe von Luise Büchner zur Geschichte ihrer Zeit. Darmstadt 1991.

Erismann, Adolf: Die Kuranstalt Brestenberg am Hallwylersee im Kanton Aargau. Wasser-heilanstalt-Seebäder. Baden 1848.

Erismann, Friedrich: Verbrechen und Strafe vom naturwissenschaftlich-socialistischen Standpunkte aus betrachtet. Berlin 1869.

Erismann, Friedrich: Gemeinsames Studium für Männer und Frauen oder besondere Frauenhochschulen? In: Die Frau, Monatsschrift für das gesamte Frauenleben unse-rer Zeit. Hg. von Helene Lange. 6. Jahrgang 1899, Heft 9 und Heft 10.

Forel, August: Rückblick auf mein Leben. Zürich 1935.

Heim, Albert: Das Geschlechtsleben des Menschen vom Standpunkte der natürlichen Entwicklungsgeschichte. Vortrag am 13. und 23. Februar 1900. Zürich 1904.

Heim, Arnold: Der westliche Teil des Säntisgebirges. Diss. Bern 1905.

Heim, Arnold: Geisterglaube bei den Raben? In: Ornithologischer Beobachter, Bd. VII, 1910.

Heim, Arnold: Zur Psychologie der Vögel, besonders der Rabenfamilie. In: Ornitholo-gischer Beobachter, September 1910.

Heim-Vöglin, Marie: Einige Fälle seltener Blasenerkrankungen. In: Correspondenz-Blatt für Schweizer Ärzte, 1879, 388 ff.

Heim-Vögtlin, Marie: Einige erzieherische Ratschläge für Mütter. Ansprache gehalten an der Jahresversammlung des zürcherischen Frauenbundes zur Hebung der Sittlich-keit. April 1891. Zürich 1891.

Heim-Vögtlin, Marie: Die Pflege des Kindes im ersten Lebensalter, in Briefen von Marie Heim Vögtlin, hg. vom Schweizerischen gemeinnützigen Frauenverein. Luzern 1898.

Heim-Vögtlin, Marie: Die Aufgabe der Mutter in der Erziehung der Jugend zur Sittlich-keit. Vortrag gehalten an der Jahresversammlung des Zürcher Frauenbundes zur He-bung der Sittlichkeit am 19. Mai 1904.

Heim-Vögtlin, Marie: Eine Frauenfrage. Worte einer Mutter an Mütter. Zürich 1907.

Hermann, Ludimar: Das Frauenstudium und die Interessen der Hochschule Zürich. Separatabzug aus der Neuen Zürcher-Zeitung. 1872.

Heusser-Schweizer, Meta: Hauschronik. Kilchberg 1980.

Huber, Jacques: Erinnerung an Johann Ulrich Benker seiner Zeit Rektor der thurgaui-schen Kantonsschule. Neujahrsgabe der thurgauischen gemeinnützigen Gesellschaft auf das Jahr 1860. Frauenfeld 1860.

Huch, Ricarda: Frühling in der Schweiz. Zürich 1938.

Keller, Conrad: Lebenserinnerungen eines schweizerischen Naturforschers. Zürich und Leipzig 1928.

Kirchhoff, Arthur (Hg.): Die akademische Frau. Gutachten hervorragender Universitäts-professoren, Frauenlehrer und Schriftsteller über die Befähigung der Frau zum wis-senschaftlichen Studium und Berufe. Berlin 1896.

Ritter, Marie: Us alte Zyte. 4 Folgen in den «Glarner Nachrichten», Oktober 1922.

Rose, Edmund: Der Zürcher Hilfszug zum Schlachtfeld bei Belfort. Bericht. Zürich 1871.

Schröter, Carl: Trauerrede für Sophie Heim. Zürich 1931.

Sulzer-Bühler, Fanny Cornelia: Erinnerungen – überreicht an ihre Kinder an Ostern 1936. Winterthur 1973.

Tiburtius, Franziska: Erinnerungen einer Achtzigjährigen. 2. Auflage, Berlin 1925.

Walser, Hans H. (Hg.): August Forel, Briefe – Correspondance 1864–1927. Bern 1968.

Literatur

Balmer, Heinz: Walther Staub 1888–1966. In: Verhandlungen der Schweizerischen Naturforschenden Gesellschaft 1966.

Basanow, V. A.: Artikel über Erismann. In: Gigijena i sanitarija (Hygiene und Sanitätswesen), Jg. XXX, Nr. 9, 1965. Aus dem Russischen. Stadtarchiv Zürich, Dossier Erismann.

Baumann Kurer, Sylvia: Die Gründung der Schweizerischen Pflegerinnenschule mit Frauenspital in Zürich 1901 und ihre Chefärztin Anna Heer (1863–1918). Diss Zürich 1991.

Belart, Peter: «Meines guten Willens dürfen Sie versichert sein» – Marie Elisabeth Jäger 1840–1877. Eine Frau zwischen Tradition und Moderne. Bern/Wettingen 2004.

Belser, Katharina; Einsele, Gabi; Gratzfeld , Rachel; Schnurrenberger, Regula (Redaktion): «Ebenso neu als kühn». 120 Jahre Frauenstudium an der Universität Zürich. Hg. vom Verein Feministische Wissenschaft. Zürich 1988.

Blumer, Walter: Genealogie Blumer, zweites Buch. Stammreihen aller Familien Blumer von Schwanden, Nidfurn, Glarus und Engi. Bern 1946.

Bonjour, Edgar: Die Universität Basel von den Anfängen bis zur Gegenwart. Basel 1960.

Bonner, Thomas Neville: Pioneering in Women's Medical Education in the Swiss Universities 1864–1914. Gesnerus 45 /1988, 461–474.

Bonner, Thomas Neville: Rendezvous in Zurich. Seven who made a Revolution in Women's Medical Education, 1864–1874. In: Journal of the History of Medicine, Vol. 44, January 1989, 7–27.

Bono, Silvia Maria: Die Schweizer Ärztin (Beitrag zur Saffa 1958). Diss. Zürich 1958.

Brockmann-Jerosch, Marie; Heim, Arnold; Heim, Helene: Albert Heim, Leben und Forschung. Basel 1952.

Cheney, Edna Dow: Memoir of Susan Dimock. Cambridge Mass. 1875.

Courvoisier, Jean: Les monuments d'art et d'histoire du canton de Neuchâtel. Tome II. Bâle 1963.

Drachman, Virginia G.: Hospital with a Heart. Women Doctors and the Paradox of Separatism at the New England Hospital, 1862–1969. New York und London 1984.

Elston, M. E.: Eliza Louis Walker Dunbar physician. Oxford Dictionary of National Biography. Oxford 2004.

Erb, Hans: Geschichte der Studentenschaften an der Universität Zürich 1833–1936. Zürich 1937.

Erismann, Friedrich: Gemeinsames Studium für Männer und Frauen oder besondere Frauenhochschulen? In: Die Frau – Monatsschrift für das gesamte Frauenleben unserer Zeit. Hg. von Helene Lange, Berlin. 6. Jahrgang Heft 9 und 10.

Escher, Hermann: Mina Tobler-Blumer. In: NZZ, Nr. 445, 21. März 1916.

Escher, Hermann: Nachruf Adolf Tobler. In: NZZ, Nr. 914 und 918, 5. Juli 1923.

Escher, Hermann: Adolf Tobler. 1850–1923. In: Neujahrsblatt der Zentralbibliothek Nr. 6. Zürich 1924.

Ferdmann, J.: Der Aufstieg von Davos. Nach Quellen dargestellt. 2. Auflage. Davos 1990.

Forrer-Gutknecht, E.: Universität Zürich. In: Das Frauenstudium an den Schweizer Hochschulen. Hg. vom Schweizerischen Verband der Akademikerinnen. Zürich 1928.

Gagliardi, Ernst; Nabholz, Hans; Strohl, Jean: Die Universität Zürich 1833–1933 und ihre Vorläufer. Zürich 1938.

Ganser, August: Arnold Heim als Geologe. In: Schweizerische Stiftung für Alpine Forschungen (Hg.): Arnold Heim zum 80. Geburtstag. Zürich 1962.

Gerber, Eduard: Chronik von Schinznach-Dorf. Die Entwicklung einer ländlichen Gemeinde. Schinznach-Dorf 1975.

Heim, Dore: Marie Heim-Vögtlin. In: Chratz und Quer. Sieben Frauenstadtrundgänge in Zürich. Zürich 1995.

His, Eduard: Basler Gelehrte des 19. Jahrhunderts. Basel 1941.

Jahn, V.: Frau Dr. Marie Heim-Vögtlin †. In: Brugger Neujahrsblätter 1917.

Jäggi, Michèle: In primo loco. Geschichte der Medizinischen Fakultät Zürich 1833–2003. Zürich 2004.

Jenzer, Sabine: «Solche Mädchen sollen gebessert, geändert, erwogen werden.» Das Zürcher Erziehungsheim Pilgerbrunnen für «Sittlich gefährdete» und «gefallene» Frauen um 1900. Liz.-arbeit Universität Zürich, Juni 2004.

Jung, Joseph: Alfred Escher 1819–1882. Der Aufbruch zur modernen Schweiz. Teil I: Leben und Wirken. Zürich 2006.

Ingebritsen, Shirley Philips: Susan Dimock. In: Notable American Women 1607–1950. A Biographical Dictionary. Cambridge Mass. 1971.

Köppel-Hefti, Annagreth: Der Gynäkologe Theoder Wyder. Diss. Zürich 1988.

Leuschner, Immanuel: Von der Reformation ins Zeitalter der Ökumene. In: Pfister, 247–268.

Maag, Elisabeth: Die Wanduhr im Gepäck nach Kurdistan. Clara Sigrist-Hiltiy 1884–1988. In: blütenweiss bis rabenschwarz. St. Galler Frauen – 200 Porträts. Zürich 2003.

Manton, Jo: Elizabeth Garrett Anderson. London 1987.

Matter, Ernst; Schreyger, Karl; Suter, Hans: Kirchengeschichte Schöftland von ihren Anfängen bis 1983. Schöftland 1983.

McIntyre, Neil: Couples. Britain's first medical marriage: Frances Morgan (1843–1927), George Hoggan (1837–1891) and the mysterious «Elsie». In: Journal of Medical Biography 12/2004, 105–114.

Mesmer, Beatrix: Ausgeklammert – Eingeklammert. Frauen und Frauenorganisationen im 19. Jahrhundert. Basel 1988.

Mousson-Rahn, Nelly: 50 Jahre Zürcher Frauenbund. 1887–1937. Zürich 1937.

Onfel, Thomas: Frances Elizabeth Hoggan 1843–1927. Newport 1970.

Pfister, Willy: Die reformierten Pfarrer im Aargau seit der Reformation 1528–1985. In: Argovia 97. Aarau 1985.

Regierungsrat des Kantons Aargau (Hg.): 150 Jahre Kanton Aargau im Lichte der Zahlen: 1803–1953. Aarau 1954.

Ritzmann-Blickenstorfer, Heiner (Hg.): Historische Statistik der Schweiz. Zürich 1996.

Rueb, Franz: Der Gontenschwiler Huldrich Friedrich Erismann. In: Jahresschrift der Historischen Vereinigung Wynental 1981.

Ryser, Walther: Vom ersten aargauischen Kinderspital zum reformierten Kinderheim Brugg. 1866–1986. Brugg 1987.

Scherer, Sarah Brian: Die Badener Frauen- und Kinderärztin Klara Zellweger-Wyss zwischen Beruf und Mutterpflichten. In: Badener Neujahrsblätter 2006, 43–59.

Schneider, Boris: Eisenbahnpolitik im Aargau. Diss. Zürich. Aarau 1959.

Schnyder-Spross, Werner: Die Familie Rahn von Zürich. Zürich 1951.

Schoop, Albert et al.: Geschichte des Kantons Thurgau. Bd. III. Frauenfeld 1994.

Schulamt der Stadt Zürich (Hg.): 100 Jahre Töchterschule der Stadt Zürich. Erinnerungsschrift. Zürich 1975.

Segesser, Anna von: Dr. med. Anna Heer 1863–1918. Zürich 1948.

Siebel, Johanna: Das Leben von Frau Dr. Marie Heim-Vögtlin der ersten Schweizer Ärztin. Zürich 1920. Drittes bis fünftes Tausend.

Staehelin, Heinrich: Geschichte des Kantons Aargau 1830–1885. Baden 1978.

Stettler, Michael; Maurer, Emil: Die Kunstdenkmäler des Kantons Aargau. Bd. II. Basel 1953.

Studer-von Goumoëns, Elisabeth: 25 Jahre Schweizerische Pflegerinnenschule mit Frauenspital in Zürich 1901–1926. Selbstverlag Pflegerinnenschule. Zürich 1926.

SVA – Schweizerischer Verband der Akademikerinnen (Hg.): Das Frauenstudium an den Schweizer Hochschulen. Zürich 1928.

Tuve, Jeannette E.: The first Russian Women Physicians. Newtonville Mass. 1984.

Ulrich, Anita: Bordelle, Strassendirnen und bürgerliche Sittlichkeit in der Belle Epoque. Eine sozialgeschichtliche Studie der Prostitution am Beispiel der Stadt Zürich. Zürich 1985.

Urner, Klaus: Die Deutschen in der Schweiz. Frauenfeld 1976.

Volet, Héléna: La femme au temps des derniers tsars. Paris 1992.

Wassmer, Hans: Die Geschichte des Dorfes Bözen 1284–1984. Brugg 1989.

Wessendorf, Berthold: Die überseeische Auswanderung aus dem Kanton Aargau im 19. Jahrhundert. Diss. Basel 1973.

Wick, Hanspeter: Friedrich Huldreich Erismann (1842–1915). Russischer Hygieniker – Zürcher Stadtarzt. Diss. Zürich 1970.

Widmer, Marina: Die erste St. Galler Ärztin Elisabeth Völkin. In: blütenweiss bis rabenschwarz. St. Galler Frauen – 200 Porträts. Zürich 2003.

Zehnder, Carl: Die Gefahren der Prostitution und ihre gesetzliche Bekämpfung mit besonderer Berücksichtigung der zürcherischen Verhältnisse. Gutachten des Sanitätsrathes an die hohe Regierung des Kantons Zürich in Beantwortung der in den Petitionen vom Juni 1888 gestellten Begehren. Zürich 1891.

Zimmermann, Edgar: Eine Frau gründete und stiftete das erste aargauische Kinderspital. In: Aargauer Zeitung, 7. Januar 1998.

Zürcher, Regula: Von Apfelsaft bis Zollifilm. Frauen für die Volksgesundheit. Schweizerischer Bund abstinenter Frauen. Hünibach 1996.

Bildnachweis

ETH-Bibliothek, Spezialsammlungen Archive und Nachlässe: 17, 51, 100, 157, 161, 214

Medizinhistorisches Institut der Universität Zürich (MHIZ): 83, 94, 95, 109, 123

Gosteli-Stiftung, Archiv: 280, 281, 284, 285

Hans Etter, Bözen AG: 15, 295

Dore Heim, Zürich: 162, 165, 187, 203, 206, 207, 211, 224, 232, 256, 292, 293

Hanspeter Holzhauser, Zürich: 170

Denise Martin, Thalheim AG: 33

Monica Probst-Ritter, Langendorf SO: 58, 59, 223

Stadtarchiv Brugg 001.355: 66

Muralt, J. von: Das Corps Tigurinia zu Zürich 1850–1940. Zürich 1940: 42

Villiger-Keller, Gertrud: La femme suisse: un livre de famille. Neuchâtel [1912?]: 278.

Privatbesitz aus Nachlass Elisabeth Heim, Zürich: 10, 14, 24, 27, 39, 45, 88, 149, 153, 156, 172, 182, 188, 202, 210, 229, 236, 238, 244, 245, 250, 274, 278, 280, 281, 284, 285

Umschlag vorne: Privatbesitz aus Nachlass Elisabeth Heim, Zürich

Umschlag hinten: Dore Heim, Zürich

Personenregister

Marie Heim-Vögtlin, ihr Mann und ihre beiden Kinder werden im Buch so häufig erwähnt, dass auf eine Angabe von Seitenzahlen verzichtet wurde. Bei diesen Personen erscheinen nur der Name und die Lebensdaten.

Dank

Jedes Buch ist ein Gemeinschaftswerk. Die Entstehung dieser Biografie erstreckte sich über eine längere Zeitspanne, weshalb einige helfende Hände und denkende Köpfe nicht mehr gebührend gewürdigt werden können. Mehreren Institutionen und ihren Mitarbeitenden bin ich zu besonderem Dank verpflichtet:

Evelyn Boesch, Christian J. Huber, Agnes Staub, Corina Tresch und Yvonne Voegeli, ETH-Bibliothek Archive und Nachlässe;

Karin Beck und Ruth Fink, Stadtarchiv Zürich;

Gertraud Gamper, Iris Ritzmann und Prof. Beat Rüttimann, Medizinhistorisches Institut der Universität Zürich;

Hans-Peter Stucki, Archiv der Universität Zürich,

Marthe Gosteli, Archiv der Schweizerischen Frauenbewegung, Worblaufen BE;

Hans-Ruedi Gysi, Gemeindekanzlei Schinznach-Dorf;

Gertrud Kundt und Helga Krieg, Evangelischer Frauenbund, Zürich.

Im Laufe der Jahre haben mich Freundinnen und Freunde mit Rat und Tat unterstützt, Fachleute gaben mir wertvolle Auskünfte, Angehörige von Nachkommen aus Maries Umfeld stellten mir ihr Wissen und ihre Dokumente zur Verfügung:

Claudia Berther, Basel; Regula Berther, Bern; Thomas Böni, Wetzikon; Annelies Debrunner, Frauenfeld; Matthias Eckenstein-Geigy, Binningen; Gertrud Erismann-Peyer, Küsnacht; Sibylle Franks, Zürich; Maria Fricker, Luzern; Dore Heim, Zürich; Elisabeth Heim-von Brasch †, Urs F.A. und Küngolt Heim, Bern; Werner Hundhausen, Hannover; Christian Klemm, Zürich; Irene Leuenberger, Brugg; Neil McIntyre, London; Rudolph Mitchell, Boston; Mauriz J. Müller, Kaiseraugst; Monica Probst-Ritter, Langendorf SO; Heidi Rieder, Luzern; Lucienne Rosset, Lugano; Regine Schindler, Uerikon; Regula Schmid-Brunner, Diessenhofen; Ursula von Schulthess-Biber, Zürich; Rudolf Sigrist, Buchs SG; Margarete Staub, Bad Honnef; Trudy Töndury-Erismann, Zufikon.

Schliesslich hat das Team von hier + jetzt Marie «standesgemäss eingekleidet», wie es eine Freundin treffend beschrieb: Ohne Bruno Meier, Simon Wernly, Christine Hirzel, Sandra Monti und ihren äusserst professionellen Einsatz gäbe es kein Buch.

Zürich, den 12. September 2007